CORK DORK

葡萄酒宅神

那些葡萄酒宅神教我的事

比昂卡・波斯克◎著　駱香潔◎譯
BIANCA BOSKER

目錄
CONTENTS

我花了好幾個下午捧著筆電看侍酒師比賽的影片。參賽者不斷開瓶、換瓶醒酒、聞酒、吐酒，謹慎斟酌出口的字句；他們仔細觀察賓客透露的重要線索，手用著奇特角度倒酒——優勝寶座取決於眾多難以理解的細節。我被迷倒了。我對這群人感同身受，只不過我跟他們剛好是兩個極端：我的生活剝奪感官，他們的生活開發感官。看著他們，我很想知道自己可能錯過了哪些體驗。一次又一次觀看侍酒師嗅聞葡萄酒的影片之後，我決定自己找出答案。

我辭掉工作後遲遲沒找到願意雇我的餐廳。「我們的酒窖工受傷了……」餐飲界超級巨星喬說著，眼神游移到我的二頭肌。他保證這份工作有觀察葡萄酒銷售的絕佳視角，像是哪些酒好賣、何時賣出、賣給誰、如何賣出、賣出價格；還說光是整理存酒就能認識各個產區。此外葡萄酒的等價交換行規確保我能用勞力換取大量品酒機會。我趕緊答應。但是在餐廳工作幾個月後我發現，喬只是把工作當成維持生計的手段。那期間我經常碰到另一種侍酒師，對他們來說工作不只是為了餬口，而是一種宗教。我想認識的，是他們這種人。

CONTENTS

目錄

「大眾一直被灌輸一個滔天大謊，那就是他們無法控制自己的味覺，」摩根懇切說道。他準備大師級侍酒師考試已經兩年，這是餐飲界葡萄酒專家的最高榮譽，在準備這考試的那幾年，考生平均將品嘗兩萬瓶以上的葡萄酒、研讀一萬小時、製作四千多張字卡、把二十五張護貝地圖固定在淋浴間牆上。侍酒師有各種鍛鍊味蕾的技巧。他們說，首先是自我認識，留意外在因素對感官的干擾；其次是自我剝奪，避免味覺或嗅覺遭雜訊左右。接著是持之以恆、堅持習慣，降低令人混淆的變因。然而摩根戒斷的東西不多，他的鍛鍊注重心理層面。他認為，盲飲的關鍵在於鍛鍊專注力與心理控制。

摩根將前往加州參加頂尖侍酒師決賽，他鼓勵我設法加入這些活動。我確實不想錯過。比賽將反映侍酒師工作的真實情境，且完整涵蓋他們的所有正式職責，我可以趁機熟悉這些標準，為日後應考做準備。我以「外行人能提供獨特觀點」為由，說服了主辦單位讓我擔任客座評審；評審期間短短幾分鐘的經驗，使我再也無法當個無知的用餐者。侍酒師侍酒時除了得遵守諸多禁忌，還要提供建議、去酒窖取酒、幫客人點酒、向剛入座的人打招呼、應付賓客的各種突發奇想——並且表現得遊刃有餘。

現在我一週參加三、四個盲飲會，一天之內只有六小時完全清醒，若不是在品酒便是在聞東聞西。

味覺跟嗅覺真的可以鍛鍊嗎？我用侍酒師建議的傳統老法子希望加強感受力，但這群人依然相信早已被推翻的舌頭味覺區，我真正在鍛鍊的該不會是胡謅的功力？我的葡萄酒導師們多年來品嘗了成千上萬瓶酒，但我時間有限，不可能這樣做——科學能否為我指點明路呢？嗅覺與味覺診所的教授兼醫生托瑪斯邀我參加臨床化學感覺研討會，會中我問他的一名同事，大眾對味覺和嗅覺最常見的誤解是什麼，她毫不遲疑地說：「他們根本不知道味覺跟嗅覺是什麼。」

5 魔法王國 The Magic Kingdom 145

仔細翻閱專業侍酒師協會的服務手冊後，我發現這工作似乎跟人質談判專家很相似。具備專業心理學背景的侍酒師維多莉亞告訴我，某些賓客描述自己想喝的酒時，講的話其實沒有道理，「你不能糾正他們，但可以試著了解他們的心態。」她幾乎不花時間處理葡萄酒（換瓶醒酒、冰酒、開酒、過濾等），主要做的是觀察顧客。她必須判讀出顧客描述的已不是他們想喝的酒，而是他們想成為的人，然後做出適當建議。「你要創造一種夢幻體驗，」她說。從某個角度來講，這是一個陌生人能為另一個人提供的最佳幫助。

6 狂歡夜宴 The Orgy 175

某晚我第一次窺見侍酒師把自己視為守護者，守護著可能帶來開示的稀有葡萄酒，他寧可自己少喝，也要分享給公會賓客，「因為這些人真正了解它和欣賞它。」我終於具備了描述我想要的風味的詞彙與知識，但尚無法完全理解：愛酒人士為何要花大錢買酒和追逐知名酒款？我設法進入盛大的紐約布根地之夜，跟這些人飲酒同歡。晚宴鋪張浪費，酒食多到過剩，然而儘管如此，他們確實是符合我期待的感官行家，只是我必須把風味和欣賞的定義放大一些。布根地之夜用獨特方式做了一場實

CONTENTS

目錄

驗，證明風味並非如我們所想的，僅來自鼻孔和口腔。我們感受風味的工具，是大腦。

我學習了區分葡萄酒類型，卻不確定該用什麼標準來衡量好酒壞酒。我問了摩根，向來耐心的他暴怒：「天啊，給我閉嘴。這跟心靈有關，完全無法量化。」我決定尋找答案，訂出自己的標準。酒標？這些系統行之有年，其實卻不是那麼可靠。價格？葡萄酒經濟學家告訴我，價格雖對應品質，但只到某個程度。專家的評分？他們不只彼此間意見分歧，實驗證明他們連自己前後的評分都相互矛盾。還有，現在葡萄酒不只是用釀造的，還可以「設計」、「開發」，好酒與壞酒間的差距正在縮小。一路調查下來，我比較願意相信酒是好是壞，跟喝酒的當下有關。

侍酒師、科學家和我的氣味教練都強調，流利描述氣味才能培養有意識的感受力。知道氣味名稱可加深你對它的印象，鞏固記憶。專業侍酒師協會的官方盲飲表要侍酒師用相當乏味的詞彙，後者當然會想出比「蘋果」或「香菇」更豐富的詞。我加入這場詞彙軍備戰後不禁開始擔心，應該說明風味、加深印象的品酒筆記，可能反而使盲飲經驗變得更加模糊，甚至有點欺騙意味。如果我捏造了一些味道，如何確定其他人沒有做一樣的事呢？加州大學戴維斯分校有一群科學家，決定把如此模稜兩可的詞彙從逐漸現代化的釀酒學領域踢出去，我決定去會會他們……

9 粉墨登場 The Performance

美食協會每年一度舉辦青年侍酒師比賽，我沒趕上比賽的報名期限，但用花言巧語說服主辦人讓我參加準決賽，測驗項目包括盲飲、理論與侍酒。此時我還沒學會安靜打開香檳瓶塞、正常的繞著餐桌行走，還對賓客使用化學詞彙：「那是死掉的酵母產生的風味。」我用優雅語調輪著說出幾個包裝精美但意思是「老娘不知道」的句子。不過我的盲飲技巧屬於前段班，這令評審很驚訝。我自己倒沒那麼驚訝——侍酒規則的目的似乎就只是要求侍酒師遵循一套龐雜規則，我實在提不起勁去學。平素的練習我只是在建立侍酒服務的肌肉記憶，但若要通過考試，我得知道它們背後的基本邏輯。

10 考試 The Trial

認證考試的日期漸漸逼近，我一頭栽進侍酒師圈子已將近一年，在觀察摩根侍酒和領略了服務的真諦之後，更決心要嘗試外場工作。但我準備的時間短短不到一年，連自認擅長的盲飲都因協會公布將使用全新盲飲表格式，而出現變數。摩根用李小龍的智慧指引我如何戰勝盲飲：「把頭腦放空，沒有形體，也沒有形狀，就像水一樣。把水倒進杯子裡，它就變成杯子……你就是水，朋友。」據說武術大師會進入心智清澈澄明的狀態，他們放下思想、情緒、恐懼和自我，用一種純粹、零干擾的方式接受面前的經驗。在這樣的狀態裡，心智平靜無波，可以映照出面前的一切。摩根在信中強調：「盲飲跟酒無關。重點是你，以及你的偵測能力鍛鍊得如何。」

11 外場 The Floor 319

感官更敏銳的人生是什麼感覺？是什麼賦予葡萄酒永恆的魅力？還有，在這個充滿唬爛的產業，哪些事情才真有意義？這些問題都找到答案後，我最後的挑戰是帶著所學進入餐廳工作。我想接觸的是對葡萄酒感到疑懼的人，那些聽到黑皮諾有「森林地面」氣味會大翻白眼的人，因為我過去也是如此。有很多人害怕葡萄酒，害怕顯得蠢笨，害怕犯錯，害怕不了解差異，害怕問愚笨的問題，害怕聽到充滿術語的冗長回答，也害怕把未知的東西放進嘴裡。我經歷過一場感官冒險，現在，換我每天晚上在酒吧幫助其他人體驗我經歷過的蛻變，鼓勵大家踏上屬於自己的冒險。

最純粹的盲飲 The Blindest Tasting 343

給我一杯用傳統葡萄品種釀造的任何酒款，如今我能立刻說出那是什麼酒，但我看過期待欺騙感知，也一再目睹心智才是調整感官的至高力量，也就是說葡萄酒專門技術是靠不住的。我得參加最後一次盲飲測驗——用功能性磁振造影儀掃描葡萄酒專門技術的本質。掃描結果和過往研究都顯示，訓練改變我們的速度與深度都超越我們所想，不只證明我們可以演化，也顯示這種轉變為何有意義。鍛鍊感官是讓體驗更完整、更深刻的先決條件，極度熟悉風味的侍酒師並沒有比常人更好的感官條件，但他們思考的方式非常獨特，而且用更成熟的方式去感受與詮釋風味，這層濾網讓一切變得不同。

謝辭 Acknowledgements 357

INTRODUCTION

盲飲

The Blind Tasting

第一個離開的是香水，這在我意料之中。接著是含香精的洗潔劑，然後是烘衣紙。不能吃生洋蔥或辣椒醬，我覺得沒什麼。不多加點鹽調味一開始很難習慣，後來稍可忍受，但最後簡直淒慘：每次在外面吃飯，食物吃起來都像泡過濃鹽水。不能用漱口水也沒那麼糟，改用檸檬酸溶液跟摻了水的威士忌就好。我經歷過戒喝咖啡的黑暗時期。不過當時我已經習慣早上反應有點遲鈍了。白天保持清醒成了過去式，一同告別的還包括各種熱飲、我牙齒上的琺瑯質和止痛藥安舒疼。

以上就是我根據二十幾位侍酒師的建議，自己拼湊出來的戒斷日常。這群侍酒師在一年半的時間內，成為我的師傅，兼折磨我的人，兼鍛鍊我的教官，兼老闆，兼朋友。

你或許覺得奇怪，我怎麼會花一年半讓一群穿條紋圍裙的葡萄酒推銷員訓練我。畢竟侍酒師（sommelier）充其量只是稱號比較花俏、強迫客人花大錢買酒的服務生，對吧？

我以前也是這麼想的，直到我深入認識一群菁英侍酒師；對他們來說，侍酒與其說是一份工作，不如說是一種生活方式，一種以味覺為最高指導原則的人生。他們下重本參加葡萄酒比賽（就算懷孕九個月也不例外），經手價值數百萬美元的液體黃金，認為自己的使命是說服世人味覺之美應與藝術或音樂處在同等高度。他們研究天氣預報，確認下雨會不會讓嗅覺變得遲鈍。他們舔石頭鍛鍊味蕾。牙膏對味覺不利。他們抱怨那種「新玻璃」的氣味。他們為了訓練味覺寧願犧牲婚姻。有位侍酒師因為研究葡萄酒到強迫症的地步，搞到老婆跟他離婚。他告訴我：「想都不用想，如果當時通過考試跟保住婚姻之間只能選一個，我還是會選擇通過考試。」他們的工作取決於偵測、分析、描述與解釋一種飲品在味道上的各種差異，而構成這種飲品的化合物極多，使它成為地球上最複雜的飲品。「有數以百計的揮發物。有多醣類。有蛋白質。有胺基酸、生物胺、有機酸、維生素、類胡蘿蔔素，」一位釀酒學教授告訴我，「除了血液之外，葡萄酒的成分是世上最複雜的排列組合。」

過分專注於細微的味道差異會把人變得……其實，我也不知道。至少，一開始並不知道。我最初接觸這群侍酒師，是因為我想了解這種探究極致味覺的人生，以及他們如何達到這種境界。到最後，我也想知道自己（或任何人）能否達到這種境界；還有如果我真的達到這種境界，會發生什麼改變。

警告：

或許對你來說，喝酒等於放鬆。忙了一整天之後，你讓大腦的某個部位關機下班，然後倒一杯酒。如果你想繼續這樣喝酒，請盡量離這本書裡提到的人愈遠愈好。

但要是你曾經好奇過葡萄酒有什麼了不起，二十美元一瓶跟兩百美元一瓶是否真的有顯著差異，或是把感受力放大到極限會發生什麼事，那麼我可以介紹你認識幾位朋友。

○○○

只要花足夠的時間認識葡萄酒的世界，你會發現每一個品酒行家都有一個讓他們深深愛上葡萄酒的故事，因為他們遇到了**那瓶酒**。通常是宛如保羅皈依基督般的奇蹟時刻[1]，比如說，在義大利皮埃蒙特（Piedmont）一家俯瞰朗格山丘的小餐館裡，啜飲一瓶一九六一年的孔特諾酒莊（Giacomo Conterno）的巴羅洛（Barolo）葡萄酒，山毛櫸林隨風輕輕擺盪，繚繞的薄霧從谷底緩緩升起。這似乎成了一種方程式：歐洲＋天然美景＋稀有的葡萄酒＝頓悟。

我的葡萄酒頓悟來得不太一樣，是在電腦螢幕前。當時我甚至沒有在喝酒，而是在觀看別人喝酒。

那個時候我是科技新聞記者，報導全世界像谷歌與Snapchat之類的服務，客戶是一家只做線上新聞的網站，大部分的工作都在電腦上完成。我做科技新聞已有五年的時間，在吃不到、感覺不到、摸不到也聞不到的虛擬世界裡，針對虛擬主題寫出虛擬的文章。對我來說，「身歷其境」指的是觀看放了超高像素數位照片的網站，會跟「聞起來」放在一起的描述肯定有問題，像是體臭、同事的午餐、辦公室冰箱裡壞掉的牛奶。我曾叫人寫過一篇標題叫〈如何利用谷歌街景度假〉的報導，彷彿以為在螢幕上滾動夏威夷威克洛亞村（Waikoloa Village）的模糊照片，可以取代在夕陽餘暉裡啜飲邁泰調酒。

某個週日傍晚，我當時的男友、現在的老公硬把我拖去中央公園南側的一家餐廳吃飯。據說美國銀行家約翰·皮爾龐特·摩根曾說：「如果你買遊艇之前必須問價格，就表

1 保羅皈依基督是新約聖經裡的故事，原本迫害基督徒的保羅在眼盲重見光明之後加入基督教。

示你根本買不起。」[2]這家餐廳也是這種不該問價格的餐廳。我通常不會來這種地方，因為我不想破產，無論是金錢上或是心理上。這次是為了跟男友的客戶戴維（Dave）碰面才不得不來。戴維是愛酒人士。

我喜歡葡萄酒，就像我也喜歡西藏掌中戲或理論粒子物理學一樣。也就是說，雖然我對內容一竅不通，但是我可以一邊微笑、一邊欣賞。這種事情好像不值得費那麼多精神去了解。戴維收集波爾多的老酒。我頂多只能說我比較喜歡從瓶子裡倒出來的葡萄酒，但是我並不會瞧不起盒裝酒。

我們幾乎一入座，侍酒師就來到桌邊。不意外，他跟戴維很熟。說了幾個「好年分」跟「氣味高雅」之類的陳腔濫調之後，他跑去幫我們拿酒，回來之後先讓戴維試試味道。「現在正好適飲，」侍酒師輕聲說，說著只有會把「夏天」當成動詞的人才相信的屁話。就我的理解，那葡萄酒除了「坐在」酒杯裡，什麼事也沒做。

他們兩個在那裡又「喔」又「啊」驚嘆石墨屑與瀝青的強烈氣味時，我漸漸對他們充耳不聞。直到侍酒師說他正在為世界最佳侍酒師大賽（World's Best Sommelier Competition）做準備。

你說什麼？

一開始，我覺得這件事荒謬可笑。端酒上桌怎麼可能變成競賽？打開瓶塞、倒進杯子就大功告成了。對吧？

侍酒師很快地說了一遍比賽有哪些主要項目。最困難也最費勁的項目是盲飲，他必須說出五、六款葡萄酒的身家背景：釀造年分、葡萄品種、來自地球的哪個角落（單位是葡萄園，不是國家），還有可以陳放多久、適合搭配什麼食物並說明原因。

說真的，那聽起來是最不好玩的飲酒方式。但是我熱愛比賽，尤其是不耗費體力又跟大吃大喝有關的比賽。那天晚上回家後，我調查了侍酒師對決的來龍去脈。

一看就深陷其中。我花了好幾個下午捧著筆電看比賽影片，為了成為世界最佳侍酒師，參賽者不斷地開瓶、換瓶醒酒、聞酒、吐酒。感覺跟西敏寺犬展很像，差別是犬展沒有酒：在一個接著一個的比賽項目中，造型講究的參賽犬頭髮梳得油亮、指甲磨得光潔，牠們激烈爭搶的優勝寶座取決於難以理解的細節、一群表情嚴肅的評審，以及儀態優美的繞圈行走（侍酒師**只能**順時針繞著桌子走）。滿懷希望的參賽者斟酌字句，彷彿他們說出口的每個字都要付費，他們仔細觀察賓客（不是客人〔customer〕，是**賓客**〔guest〕）透露的重要線索：心情、預算、品味偏好。看著他們努力控制微微顫抖的手用一種奇特的角度倒酒，我發現這個行業必須遵守的規定我連猜都猜不到，更別提心領神會了。而且這些規定顯然非常嚴格：維洛妮克．希維斯特（Veronique Rivest）是第一位進入決賽的女性，當她忘記問賓客要不要咖啡或雪茄時，竟懊惱得用力揮拳。「Merde, merde, MERDE!」她用法語發出哀號，意思是「可惡，可惡，可惡！」沒有一絲荒謬。我看得入迷。

後來我才知道有位參賽者為了練出優雅步伐跑去上舞蹈課。有位參賽者不但請口語教

2 約翰．皮爾龐特．摩根（J. P. Morgan）是十九世紀末的美國銀行家，J．P．摩根公司的創辦人。

練幫他把聲音調整成柔滑順耳的男中音，還請記憶專家加強他的記憶力，以便記住葡萄園的名字。有些參賽者請教運動心理學家如何在壓力下保持冷靜。

如果服務是一門藝術，那盲飲根本就是魔術。我看過一支影片，維洛妮克優雅登台，相機快門此起彼落，她走向一張放了四個酒杯的桌子，每個酒杯裡都只有幾盎司葡萄酒。她拿起一杯白酒，把鼻子埋進酒杯裡。我摒住呼吸，不自覺傾身靠近螢幕。她必須在一百八十秒內辨識出定義這杯酒的香氣與風味，然後正確推斷這杯酒的身分。全球生產葡萄酒的國家超過五十個；可飲用的年分橫跨兩百年；光在法國就有三百四十幾個法定產區；世上有五千多種葡萄能用來混合釀製無數種組合的葡萄酒。你可以算算看：相乘、相加、排列組合，答案是一個天文數字。維洛妮克毫無畏懼，她不假思索地說這支二〇一一年的白梢楠（Chenin Blanc）白酒來自印度的馬哈拉什特拉（Maharashtra），語氣輕鬆得像是在告訴別人她家怎麼走。

我被這群人迷倒了，在知道他們的存在之前，我一直以為只有用嗅覺找炸彈的德國狼犬，才有這樣的感官敏銳度。我對這群侍酒師感同身受，只不過我跟他們剛好是兩個極端：我的生活剝奪感官，他們的生活開發感官。看著他們，我很想知道自己可能錯過了哪些體驗。坐在電腦螢幕前一次又一次觀看侍酒師嗅聞葡萄酒的影片之後，我決定自己找出答案。

○
○
○

記者是我的後天訓練，A型神經質是我的先天個性，因此我用我知道的一〇一種方式展開調查：閱讀可找到的每一份資料，地毯式攻擊般廣發電郵給侍酒師，厚臉皮當不速之客看看能否交到朋友。

我跟一群紐約市的侍酒師共度的第一夜下場悲慘。我闖入批發商舉辦的一場盲飲比賽，先跟評審一起啜飲了幾杯，接著幫優勝者慶祝又喝了十幾種葡萄酒，喝完大家一起到飯店的酒吧再喝一輪。我沒有吃晚餐，而一位侍酒師堅持要我跟他一起喝完一整瓶香檳，最後我搖搖晃晃地回到家，門才打開就吐了。

隔天一大早，我勉強睜開眼睛用谷歌搜尋「治療宿醉」時收到一封簡訊，是前晚點了那瓶香檳的傢伙傳來的。他傳來一張照片，六支酒在他面前一字排開。他又在品酒了。

心得一：這群人永不懈怠。

為了知道如何跟隨維洛妮克的腳步，我在書本與雜誌裡尋找線索，但是這些線索遠遠比不上這群人不眠不休的熱情。書本雜誌裡寫的品酒人生根本就是奢侈享樂：衣著高尚的男士（通常一定是男士）在高級餐廳喝著高級葡萄酒。喝一瓶不到十年的波爾多葡萄酒，就覺得自己非常可憐。「還記得我第一次去羅亞爾河的時候，年輕的我承受了種種不便，今日看來簡直是種折磨，」葡萄酒進口商克米特．林區（Kermit Lynch）在回憶錄《葡萄酒的探險之路》（*Adventures on the Wine Route*）裡如此寫道。他承受了哪些折磨人的不便呢？他「從舊金山飛到紐約轉機，在巴黎降落，租了一輛車一路開到羅亞爾河。」哇，好可憐喔！

但是跟侍酒師相處得愈久（深夜在他們家喝酒，並接受吐酒的技術訓練），我對葡萄酒文章裡沒有提到的一種次文化就愈感興趣。表面上，這是一個跟享樂有關的領域，但是現代的侍酒師（sommelier，簡稱 somm）選擇了一條千辛萬苦的路。他們長時間站立工作，直到深夜；早早起身，把葡萄酒百科全書裡的資訊塞進腦袋；下午練習換瓶醒酒，放假的日子參加比賽；所剩無多的時間用來睡覺，但更有可能用來癡心妄想那瓶稀有的麗絲玲（Riesling）。借用一位侍酒師的話來說，這是一種「以開瓶器為工具的血腥運動」。另一位侍酒師把他們對葡萄酒的感覺形容為「生病」。他們是我遇過最誇張的享樂受虐狂。

我看過的影片或文章，都沒有完全掌握這個行業的特色。很多年、很多年以前，侍酒師大多是當不成廚師的人。他們先被踢出廚房，然後被找去做類似馱獸的苦差事，這也是「sommelier」這個名稱的由來（「sommelier」的字源是「sommier」，在中古法語裡的意思是馱馬）。他們的形象是身穿深色西裝、表情嚴肅，在拘謹的法國餐廳裡走來走去，像個挑剔的殯葬業者。但新世代的侍酒師是好學校的畢業生，他們熱切地追求天職。他們跟我一樣，年紀坐二望三，還沒生孩子，要為房租擔心，仍在試著說服父母他們不會因為沒念法律系就自毀前程。他們擁有哲學碩士學位或史丹佛大學的工程學位，自稱「白領難民」，信奉跟服務業有關的崇高理論，以及葡萄酒可以撼動靈魂的偉大理想。他們把年輕人與XX染色體帶進一個長期以來像兄弟會一樣獨尊男性的領域。

起初，我的興趣以新聞報導為主。我一直著迷於別人著迷的事情。我從來不曾為任何青少年偶像心醉尖叫、花好幾個小時排隊，也不會跟電玩裡的角色「約會」，但是我用了很多年的時間報導（以及試著了解）會做這些事的人。侍酒師的滿腔熱血當然一下子就吸引了我。我很想理解他們的動力。為什麼他們對葡萄酒如此沉迷？這種「病」如何徹底改變他們的人生？

在我愈來愈深入他們的世界時，發生了一件出乎我意料的事：我感到不安。不是因為侍酒師，除了幫我倒太多酒之外，他們都非常可愛。令我不安的是我自己的態度與偽裝。事實上，我對葡萄酒感受到的最強烈情緒，是一種帶著羞愧的罪惡感。地球上沒有任何一種可食用的東西像葡萄酒一樣，被視為文明生活的基本要件。羅伯特・路易斯・史蒂文森（Robert Louis Stevenson）說葡萄酒是「裝在瓶子裡的詩篇」。[3] 班傑明・富蘭克林（Benjamin Franklin）說葡萄酒是「神愛世人的證明」。從來沒人這樣形容過羊排或千層麵之類的食物，雖然它們也很美味。侍酒師說，葡萄酒像拉赫曼尼諾夫的交響曲一樣讓他們的心情飛揚。「葡萄酒讓人覺得自己很渺小，」一位侍酒師熱情地說。我聽不懂他們在說什麼，老實說，聽起來像天方夜譚。是他們滿口胡謅，還是我沒有能力欣賞人生最極致的樂趣？我想聽懂這些愛酒人士說的話，也想了解為什麼平常很理性的人願意花費大量的金錢和時間，追逐只能停留短短數秒的味道。說得更直接一點，我想知道的是：葡萄酒到底有什麼了不起？

我喝葡萄酒的時候，味蕾用密碼傳送源源不絕的訊息，而我的大腦只解讀得出幾個

3 羅伯特・路易斯・史蒂文森是十九世紀蘇格蘭詩人、小說家和旅遊作家。

字。「嘰嘰咕咕葡萄酒！你正在喝葡萄酒！」

但是對專家來說，這個亂七八糟的訊息說的，可能是一個發生在托斯卡尼的故事，有個人決定顛覆傳統，對義大利的釀酒規則說Vaffanculo!（去你的），改種法國的卡本內蘇維濃葡萄。或是一位無懼砲火與坦克的瘋狂釀酒師，在黎巴嫩長達十五年的內戰期間年復一年地製造佳釀。同樣的一口酒可能敘述了一個國家的法律變革，或是懶惰的酒庫工人沒有把酒廠的橡木桶洗乾淨。品酒行家的感官帶領他們進入一個更完整的世界，經由味覺和嗅覺看見歷史、渴望與生態系統。

我對自己沒有留意到這些細微差異漸漸感到無法忍受。當我聽到朋友發誓不再喝星巴克一杯四美元的冷泡咖啡，或是極力誇讚單一產地的巧克力棒時，我開始注意到美食文化裡的矛盾現象。我們忙著尋找或製作更美味的食物跟飲料：規劃旅遊行程，花大錢吃品嘗套餐，購買異國食材，追求最新鮮的農產品，但是我們沒有提升自己的味覺。「美國是一個味盲的國家，」二十世紀初的美國美食作家瑪莉．法蘭西絲．甘迺迪．費雪（M. F. K. Fisher）如此寫道。就我的觀察看來，這句寫於一九三七年的評論今日依然適用。

還有一個更私人也更深刻的考量，迅速戰勝我身為記者的好奇心。那陣子，圍繞著科技的人生偶爾令我感到沮喪，我的報導與生活在結構上都被光滑單調的螢幕壓得很扁平。愈深入探究，愈發現我貧乏的人生經驗是多麼狹隘與不足。忽然間，光是寫侍酒師的報導似乎還不夠。我想要變得跟他們一樣。

我問自己：如果要在葡萄酒裡喝出跟他們一樣的東西，需要做哪些事？這些專業人士只靠練習就辦到了嗎？他們是不是天生就有高超嗅覺的幸運怪物？

我一直以為敏銳的感官是天生的能力，而非後天學習而來，就像諾瓦克・喬克維奇（Novak Djokovic）天生擁有擊敗每個挑戰者的能力一樣。後來我知道，不能以此為藉口。除了狂看YouTube影片，我也開始找科學研究來看，我發現鍛鍊鼻子跟舌頭要從鍛鍊大腦著手。

只不過，多數人沒有下工夫這麼做。在柏拉圖等大思想家的影響之下，味覺與嗅覺被貶低為「次等」官能，我們對這兩種感官的基本認識非常有限（其實我們很容易搞混味覺跟嗅覺）。我們在辨認不同的味道時（提示：不只靠嘴巴）會混淆味覺跟嗅覺。我們甚至不確定味道總共有幾種（肯定超過你聽過的五種）。我們相信人類已演化成嗅覺能力最差的動物（但最近有研究指出這是個迷思）。基本上，在我們用來感受和詮釋環境的五種感官裡，有兩種幾乎被我們完全忽略。

我迫不及待想要改變自己，探索在葡萄酒和生命中被我忽視的一切。我認識的侍酒師告訴我訓練帶來的幫助，從在日常生活裡發現全新樂趣，到如何誠實面對感官知覺，不要讓價格或品牌等外在雜音干擾判斷。只要開始接收原本疏忽的感官資訊，任何人都有機會體驗更豐富的生活。我躍躍欲試。

○　○　○

這本書記錄了我與味覺怪咖、感官科學家、追逐名貴酒款的人、嗅覺大師、醉醺醺的享樂主義者、打破規則的葡萄酒商，以及世上最渴望成功的一群侍酒師相處的一年時光。這不是一本葡萄酒購買指南，也不會盲目歌頌葡萄酒的各種飲用傳統。事實上，這本書探究的是葡萄酒這個行業為什麼（引用一位葡萄酒經濟學家的話）「特別容易充斥胡謅」。而掃除胡謅之後，只剩下意涵遠遠超越美食與美酒的真知灼見。

與其說這是一場從葡萄到酒杯的旅程（雖然偶爾也會提到葡萄酒的製作過程），不如說這是一場從酒杯到食道的冒險：深入熱愛與鑑賞葡萄酒的瘋狂世界，囊括各種形式，涵蓋各種缺陷。這項調查深究人類對一種有七千年歷史的飲料所懷抱的感情，從埃及帝王、窮困貧農、俄國沙皇、股票大亨、中產夫妻到中國大學生，都為它痴迷。我們將一窺米其林星級餐廳的幕後花絮，走入頂級葡萄酒宴飲的世界，還要鑽進fMRI功能性磁振造影儀跟實驗室裡。你將在書中遇見把我灌醉的瘋子、指導我的葡萄酒阿宅、試圖勾引我的布根地葡萄酒收藏家，以及拿我做研究的科學家。

味覺和體會生活之間的關聯，從語言裡就看得出來。我們說變化是生活的「調味料」。西班牙語的動詞「gustar」意指喜歡或取悅，字源是拉丁文的「gustare」，意思是「品嘗」；英語的形容詞「gustatory」（味覺的）同樣源自這個字。當你用西班牙語說自己喜歡某樣東西，無論是衣服、民主制度、藝術品或開罐器，從古意來說，你的意思是它的味道很好。在英語裡，當我們帶著熱情全心投入的時候，我們會說自己帶著「gusto」（熱情；活力）完成一件事，「gusto」也是源自拉丁文的「gustare」。喜歡好東西的人「品味」高超，儘管他喜歡的東西根本不能品嘗，例如音樂。

我們不僅用味覺來比喻對生活的體會，味覺也在思考結構裡根深蒂固到不再是一種比喻。對我遇到的侍酒師、感官學者、葡萄酒商、葡萄酒行家與收藏家來說，提升味覺等於提升生活，也是提升對自己的了解。而我發現，提升味覺必須從最複雜的可食用物質下手：葡萄酒。

CHAPTER

1

酒窖老鼠

The Rat

當你告訴親朋好友你辭掉了穩定的記者工作，現在待在家裡品酒，你會開始接到很多關懷的電話。你說：我要鍛鍊感官，了解葡萄酒到底有什麼了不起。他們聽到的是：我辭職之後天天酗酒，變成遊民的機會大大升高。

我告訴他們別擔心。這是真正的專業工作。我打算在葡萄酒產業找份工作。我付得出房租。問題是將近兩個月過去了，我還沒找到工作，連工作的影子也看不到。而且我確實愈喝愈凶。參加品酒活動、和願意接受訪談的人碰面、一次打開兩瓶或三瓶黑皮諾紅酒（Pinot Noir）。我家浴室的擦手巾上都是紫色汙斑，那是我擦掉卡在嘴唇上的紅酒漬留下的。我老公單獨出席的聚會上，朋友問他：「比昂卡怎麼沒來？」然後壓低聲音問他：「她又在喝酒嗎？」

我告訴自己，喝酒的人一定愛講跟酒有關的事。我只要露臉，表現出興趣，就能搭乘葡萄酒特快車抵達目的地。我辭職的時候，並非毫無計畫。我帶著令人畏懼的強硬記者作風，寫下一個實驗性質的三階段計畫。首先，我要找新工作。我推想若要了解侍酒師在做什麼，唯一的方法就是加入他們。我謙虛地先以米其林二星餐廳的助理侍酒師為目標（然後努力往上爬到三星餐廳）。第二，我要找一位師傅，像歐比王（Obi-Wan Kenobi）那樣充滿智慧，他會看出我的體內充滿原力，把味覺和嗅覺的祕密傳授給我。第三，我要通過專業侍酒師協會（Court of Master Sommeliers）的侍酒師認證考試。這是為時一天的葡萄酒專業考試，通過考試後，我可以爬到更高的業界層級。

那是在我知道侍酒師如何稱呼像我這樣的人之前。對他們來說，我是「老百姓」：外行人、客人、業餘人士。我不知道一天大部分的時間待在寒冷的酒窖裡清點幾千瓶酒是什麼感覺，也不知道當餐廳老闆愛挑剔的朋友嫌棄價值兩千一百美元、一九八八年的積架酒莊（Guigal）的浪東（La Landonne）「太單薄」時，該怎麼安撫他（嫌棄這支酒太單薄，就像是嫌棄火箭發射器「爆發力不足」）。為舌頭上與鼻腔裡曇花一現的化學反應而活，並且重新安排整個人生，這麼做到底意義何在？別說老百姓不知道，就連收藏葡萄酒的行家也未必**真的**曉得。老百姓只管享用葡萄酒，但侍酒師把自己獻給葡萄酒，熊熊燃燒的熱情使他們盲目，做出不理性、甚至自我毀滅的人生選擇。老百姓是大爺，因為他們是侍酒師的服務對象，畢竟用餐結束後得有人付清帳單。但侍酒師會跟老百姓保持距離，兩者之間有一條無法跨越的界線。知識不足的門外漢（我無疑屬於這個類別）沒有資格進入侍酒師神聖的酒窖、品酒團體與餐廳。

簡言之，我一開始的自信根本是場誤會。在最初的幾個月裡跟許多葡萄酒界的人談過之後，我真正掌握的葡萄酒常識可以說只有一種：什麼酒跟一大塊內臟肉派最搭？（答案是任何一種。）

我差不多就是在這個時期認識喬・坎帕內爾（Joe Campanale）。

餐飲業是個吝於讚美的行業，但每一個跟我聊過的人都說喬是超級巨星。喬年僅三十不到，就已經在曼哈頓下城區開了四家成功的餐廳，他是合夥人兼飲品總監。他的成績之所以特別引人注目，是因為在紐約開餐廳的失敗率，跟沙烏地阿拉伯的石油產量差不多高。餐飲業者常告訴我同一個笑話：如何在餐飲業賺一小筆錢？答案是先花一大筆錢。

目前為止，我試著騙到手的工作全都要求一項我所缺乏的資格：經驗。但是獲得經驗的唯一途徑是找到工作。為了爭取面試機會，實現找到雇主的願望，我的最新戰略是逾越記者的職業道德界線，暗示對方我打算為餐廳中令人期待的各項服務寫一篇精采的介紹。我會在談話的過程中，若無其事地提到我對侍酒師的工作有興趣。這個戰略沒什麼成效。

我覺得自己像個運氣不好的釣客，再度空手而歸之前，意志消沉地最後一次拋出魚竿。這次我遇到了喬，結果很有意思。

他上鉤了。

「我們的酒窖工……她受傷了，沒辦法完成必須的……」喬的眼神游移到我的二頭肌。「總之，這工作需要一點體力，」他說，「你搬得動箱子嗎？」

說真的，搬不動，但我當然沒有說實話。我想更加了解酒窖工負責做什麼。它聽起來不像現代的工作，有一種清掃煙囪或報馬仔的感覺。我很快就發現，酒窖工是這份工作比較稱頭的職稱，在餐廳裡，這個職位叫做酒窖**老鼠**（cellar rat）。聽起來跟我的前一份工作有天壤之別，以前我好歹是「科技新聞執行編輯」。沒所謂。我已被逼入絕境。我亟需入行，亟需向愛我的人證明這不是一條毀滅之路。當然，當時情況也急迫到讓我看不見任何警訊。

我當場接受這份工作。我將在拉皮奇歐餐廳（L'Apicio）工作，這是喬日漸壯大的餐飲王國裡最新、也最大間的餐廳。面試結束得很快，令人起疑，而且我對工作內容只有模糊概念。時薪十美元，但是真正的收穫是我有機會接觸喬的餐廳跟葡萄酒。

失業的那幾個月，我忙著收集侍酒師與業界老鳥給我的職涯建議。他們描繪的傳統師徒制比較像是文藝復興時期的佛羅倫斯，而不是二十一世紀的紐約。侍酒師跟律師不一樣，你無須接受多年的正規學校訓練，也沒有政府核發的證照。理論上，任何人都能從容走進一間餐廳並且自稱侍酒師。但實際上，這樣是行不通的，尤其是在紐約這樣的世界級美食之都。這麼做就像一個穿著條紋上衣配飛鼠褲的路人想要參加洋基隊的春訓一樣。如果你的目標是在全球頂級餐廳當侍酒師，它的過程會相當漫長，相較之下律師訓練是既簡短又輕鬆。

在非正式的學徒制度中，新手先從整理存酒的酒窖老鼠做起，然後升級當傳菜員或酒庫管理員，接著晉升為服務生，最後才能當侍酒師。或許有一天能成為首席侍酒師或飲品總監，負責監督從濃縮咖啡到金芬黛葡萄酒（Zinfandel）等所有的飲品。下一步可能是餐廳總經理，或是離開餐廳現場，成為餐飲集團的葡萄酒總監。早期的侍酒師靠口耳相傳建立名聲，利用師傅的聲譽找到好工作。但是競爭愈來愈激烈，新進的葡萄酒專家正在整合傳統師徒制與正式文憑、胸針和證照，這些核發機構都有令人肅然起敬的名字，例如葡萄酒大師協會（Institute of Masters of Wine）、葡萄酒與烈酒教育基金會（Wine & Spirit Education Trust）或專業侍酒師協會。要擠進頂級餐廳工作可能得花好幾年，就算擠進去了，你仍需要具備真材實料、個人魅力，以及那種只可意會不能言傳的特質。

酒窖老鼠的工作並不吸引人，但是它完全符合我（修改版）的計畫。喬保證這份工作有觀察葡萄酒銷售的絕佳視角：哪些酒好賣、何時賣出、賣給誰、如何賣出、賣出價格。他還說光是幫他整理存酒，我就能認識各個產區。此外，葡萄酒的等價交換行規確保我能用勞力換取大量的品酒機會。每個星期四我可以跟喬一起試酒；希望喬把酒款放入酒單的批發商會輪流來向他推銷酒款。**除此之外**，我還可以免費參加當地批發商舉辦的品酒會，只要我能喝，葡萄酒任我暢飲。這種葡萄酒喝到飽的品酒會幾乎天天都有，用意是向侍酒師介紹新酒款。

在某種意義上，葡萄酒業界的入門工作賺到的不是錢，而是品酒機會。年輕侍酒師最渴望得到的，就是有機會品嘗多種酒款的工作。我碰過一位侍酒師，他辭去在納帕谷（Napa Valley）一家時尚餐廳的葡萄酒總監工作，拋下了女友、房子、車子跟狗，跑到紐約做一份沒那麼體面的工作，只是為了提升自己的味覺。「我在紐約一個晚上能品嘗到的酒款，比在加州一整年還多，」他說。

成為酒窖老鼠之後，我的生活從一週獨自品嘗三到四支（廉價）葡萄酒，變成一週品嘗幾十支甚至幾百支葡萄酒，涵蓋每一個你想像得到的產區以及每一個價位。正因如此，除非你在葡萄酒業界工作或是非常非常有錢，否則幾乎不可能成為品酒達人。我將有長達好幾週的時間，可以免費品嘗價值數千或數萬美元的葡萄酒。對像我這樣想要從零開始建立味覺資料庫的菜鳥來說，這無異於美夢成真。

喬沒有說的是，這份夢幻工作總是以災難收場。

○ ○ ○

星期三的一點鐘，我向拉皮奇歐餐廳的助理飲品總監拉拉・羅文哈爾（Lara Lowenhar）報到。拉拉年約三十，眉毛很細，臉頰圓潤，擦深紫紅色的口紅，完美無暇的指甲也是這個顏色。她仔細說明歷任酒窖老鼠啟人疑竇的工作情況。

第一位最讓人難忘的事蹟，是搬酒箱上樓時總是氣喘吁吁，整張臉「變得超紅」；她沒有撐太久。繼任者花了很多時間在酒窖裡哭泣。「她受不了，」拉拉的聲音低沉沙啞，我猜是在客滿的餐廳裡高聲說話十年左右的結果。「我說這份工作是體力活，不是在開玩笑。她是**真的**受不了。」接替的人工作做到一半就生病了，好像是低血壓之類的。下一個接替的人，也就是受傷的那一位，從一開始就是個麻煩。「我忘了她叫什麼名字，反正她一點也不重要，」拉拉一邊嘆氣一邊說，「她是最考驗耐心的一個，因為我完全不明白問題出在哪裡。因為她，我學會壓抑吼叫……她讓我充滿無力感。」而現在，拉拉有我。

「我很有耐心，」拉拉告訴我。但她的語氣比較像是警告，一種空洞的保證，就像魚類罐頭上的「海豚安全」（dolphin-safe）標示——刻意聲明反而啟人疑竇。

拉拉先是帶我參觀拉皮奇歐餐廳的貨用入口。從現在起，我必須使用貨用入口進出餐廳。拉皮奇歐餐廳位在下東區，隔壁是一家鍋爐維修公司和兩家手工果汁吧。推開餐廳的雙扇門，就能直接從東一街（East First Street）進入熱鬧的廚房。廚房又吵又忙，我一踏進去就成了阻礙。我像抽筋般跳開，閃過了兩鍋烘烤蔬菜，卻不小心猛然撞到一盤燭台。拉拉準確推測我對自己和別人來說都很危險，於是開始流利講解餐廳的工作禮節。「在餐廳裡走路時，一定會碰到前面有人的情況。你經過時可以把手放在對方背上，或是直接說『後面有人』，這樣對方就知道不該轉身，」她很有耐心地教我。我們往旁邊站，讓路給一個穿布希鞋的男人，他把壓扁的紙箱用力扔在垃圾車上；接著我們經過（**後面有人！**）一個端著湯鍋走向水槽的人。有些人在擦玻璃杯，有些人在切香菇，有些人在秤磨碎的帕馬森乳酪，有些人跟著夏奇拉的歌聲輕輕哼唱。再過去，是呈白色交叉的料理區，熱鬧非凡。一群模糊的身影或拿著重重的銅鍋，或用刀輕快地切著綠色蔬菜。拉拉完全沒打算帶我穿越料理區。

廚房的事與我無關。我將孤伶伶地把自己鎖在一間陰暗又寒冷的小房間裡，拉拉大方地說，這裡就是酒窖。酒窖狹窄到我們兩個無法並肩站立，但是很長，可以並排擺放四十瓶葡萄酒。酒窖非常高，我必須爬上細細的金屬梯才能看見上層的酒架。

「這本就是聖經，」她把一塊筆記板塞進我手裡，上面夾著一疊皺皺的白紙。「這是你生命中最重要的東西。」

我生命中最重要的東西似乎是以代碼書寫。我茫然地看著一行字：「DETTORI MOSCADEDDU 2010L12DE」。

「這是酒窖的地圖。以酒廠名的第一個字母排序，內容是酒廠、酒名、年分跟位置。」

「L12 DE」是左邊酒架第十二排的D行跟E行。「DETTORI」是戴托利酒廠（Tenute Dettori）的簡稱。「MOSCADEDDU」是*nome di Fantasia*，也就是這款酒的名字，酒廠可能會給特定系列的葡萄酒取一個名字做為區別，或是（我愈來愈覺得）用來折磨像我這樣的酒窖老鼠。拉拉試著為我解惑。她說大致而言，酒標上會有酒廠名、酒名和年分（葡萄的採收年分）。有些酒標會標示葡萄品種（「黑皮諾」、「菲亞諾」〔Fiano〕、「艾格尼柯」〔Aglianico〕）或產區，也就是葡萄的栽種區域（「索諾瑪谷」〔Sonoma Valley〕、「索阿韋」〔Soave〕、「奇揚替」〔Chianti〕）。通常不會同時標示葡萄品種跟產區，尤其是歐洲酒，因為酒廠認為喝酒的人只要知道產區，就知道這支酒用了哪種葡萄。只有愚蠢的俗人，才會不曉得DOCG等級的奇揚替葡萄酒依法必須含有至少百分之七十的山吉歐維列（Sangiovese）葡萄（DOCG意指「保證法定產區」，是Denominazione de Origine Controllata e Garantita的縮寫）。同樣地，一支DOCG等級的巴羅洛葡萄酒必須使用百分之百的內比歐露葡萄（Nebbiolo）。

我拿起L15J的一支酒研究酒標，試著靠自己找出酒廠名稱。最上面用大大的字母寫著「Coenobium」。這肯定就是製造商了。

「寇諾必恩姆？」我瞎猜它的發音。

原來這是酒名，而且發音是「森諾必恩姆」（意指修道院）。我再接再厲。「是拉契優（Lazio）嗎？」這是鎮名。拉拉的手指劃過一大段義大利語，經過標示酒精濃度、瓶號、硫含量與某種政府核可編號的小字，最後停在酒標下緣靠近瓶底的地方，那裡有一行超小的字：「Monastero Suore Cistercensi」（熙篤會修女院）。這才是酒廠名。當然。

我負責把剛送到的酒放入酒窖。如果酒窖空間不夠，我應該設法生出空間。我必須搬出箱子裡的酒，把每一瓶酒各就各位，再把位置記入聖經。

「我不在乎你把酒放在哪裡，」拉拉說。她猶豫了一下又補充說明：「但是出貨頻率高的酒款，例如這支，放在這裡會比較好。」她思考了一會兒。「還有這支，」她指著一瓶看起來跟大家一模一樣的紅酒，「不要放在這麼下面比較好。」其實拉拉非常在乎我把酒放在哪裡，因為拉皮奇歐餐廳的用餐區看得到酒窖。「拿走前面的酒之後，要把後面的酒推到前面。」酒架上的一個槽位可放兩瓶酒，頭尾相接。「這樣酒窖看起來比較滿。」喔，千萬別搞混紀錄，否則會找不到客人點的酒。「那我們會很慘。」

拉拉用宛如外語的詞彙滔滔不絕地介紹，我則試著趕緊抄下來。「標示為BTG的酒就是BTG，除非這支酒已經拿掉。」「你的p-mix在酒窖位置圖板上。」這非常重要，因為我必須仔細檢查酒窖位置圖上（哪裡？）的p-mix（等等，那是什麼？）才能完成我沒聽懂的某件事。我也需要PO（你說什麼？），拉拉說她一定會在每次送貨之前寄PO給我。新到的白酒必須收進矮櫃，拉拉必須……是每款兩瓶嗎？還是三瓶？可惡。她帶我走出酒窖，我得負責維持酒窖的陰暗，以免沉睡的葡萄酒升溫。我們在矮櫃前停下腳步，矮櫃指的是吧台後方高度齊腰的冰箱。我在連珠炮般的說明中抓到一個空檔問清楚：「BTG」是單杯葡萄酒（by the glass），「拿掉」（eighty-six）是沒有存貨，「PO」是訂單（purchase order），「p-mix」是產品組合（product mix）。至於我一直偷瞄到旁邊那幾盆淋上大量辣醬的雞肉飯，那是給員工吃的「家庭餐」。

「我們以家人相稱，」拉拉說。「因為跟同事見面的時間超過跟家人見面的時間。」

她帶著我走進衣帽間，伸出手臂從天花板上的活門裡拉下一把原本折起來的梯子。這把搖搖晃晃的梯子有點像油漆工用的長梯，只是更陡。這把懸吊在天花板上的梯子顯然年久失修，它通往閣樓——一個非常陰暗、非常擁擠、非常可怕的地方，裡面塞滿紙箱、堆滿髒衣物，像是制服、餐巾、抹布。這裡是二號酒窖。紐約租金高昂，拉拉不得不冒險使用沒那麼理想的儲存空間，把多出來的酒塞進天花板裡。

拉拉把我輕輕推向她口中那把「恐怖的梯子」，爬上梯子，上面有一個平台，是沿著活門邊緣架設的一個結構，寬度一英呎，照理說應能容納我和一箱酒，但看起來不管是我或酒都容納不下。我必須扛著一個裝著十二瓶酒的箱子（重約四十磅，將近我三分之一的體重），在這把「恐怖的梯子」上進出閣樓。

「我很怕這把梯子，但我已經用它爬上爬下兩年了，」拉拉說。我笨拙地爬進天花板的夾層裡，看拉拉示範最不危險的離開方式。最好的方式顯然是以坐姿移動，身體跟箱子慢慢地一次移動幾英吋，然後站在上層的梯階上，用胸口頂住裝著十二瓶酒的箱子，還得注意不要往前摔落在底下的水泥地上。「我看過幾個人掉下來，看起來不太好玩，」拉拉主動提道。

我不是那種經常想像自己如何死去的人，但是我知道，為了幫高高在上的雅痞搬運幾箱灰皮諾白酒（Pinot Grigio）而摔死：一、不是我想要的死法，二、極有可能。

我不禁羨慕起廚師。他們處理食物：色彩繽紛、顯而易見、熟悉又容易辨認。我處理一千八百瓶冰冷的葡萄酒，我連它們的名字都不會念，也從沒聽過這些產區跟葡萄品種。廚師在廚房裡團隊合作，而我孤軍奮戰。他們身處在有把握的環境裡，而我水深火熱。

○　○　○

我的前一份工作是記者，五年來的作息大同小異：起床，搭地鐵到第八街，早上九點半以前抵達辦公室，剛好來得及開編輯會議。按照喬賦予酒窖老鼠的權力，我開始參加葡萄酒批發商舉辦的免費品酒會。批發商是把酒賣給店家與餐廳的仲介，有些批發商自己進口，有些則是向進口商買酒。我正式成為紐約葡萄酒大軍的新成員之後，品嘗第一杯葡萄酒的時間，差不多是以前瀏覽早報頭條的時間。我通常中午前就已喝醉，下午兩點宿醉，下午四點對自己中午吃了漢堡而後悔不已。

紐約的飲酒風氣遠遠超乎我的想像。一週內的任何一天，一天內的任何時間，我隨時能加入步履蹣跚的西裝男士團，牙齒被酒染成紫色，微醺地品嘗紐約市的最新酒款。我聽從一位年輕侍酒師的建議，利用品酒會認識每一種「貴族葡萄」的獨特味道，他當初也是在經濟拮据的情況下學習品酒。貴族葡萄之所以被稱為貴族，是因為它們是世上種植數量最多的葡萄。我會一整個星期只喝白蘇維濃釀的酒（Sauvignon Blanc），產區涵蓋法國的松塞爾（Sancerre）、紐西蘭的馬爾堡（Marlborough）、美國的聖伊內斯谷（San Ynez Valley）、澳洲的瑪格麗特河（Margaret River），喝到我的鼻子跟舌頭已熟悉那種青草味與萊姆味排列組合而成的氣味。下一週我只喝格烏茲塔明那（Gerwürztraminer），然後是田帕尼優（Tempranillo），以此類推，就這樣喝遍最有名的各種葡萄。我想透過連續喝單一葡萄，讓舌頭浸淫在每一種的特色裡（例如梅洛〔Merlot〕的李子味），同時感受同一種葡萄如何呈現出氣候和地區性的差異。

星期四我不參加批發商對大眾開放的免費品酒會，而是回拉皮奇歐餐廳跟喬一起試酒。業務帶著酒過來，在三小時內介紹酒款。我每一款都喝。批發商知道喬喜歡有故事的酒，所以會特別強調他們最近找到某個歷史沿革與眾不同的小酒廠。「家族已經營五代，在曾孫女手上重新振作……葡萄園旁邊有羅馬時代的遺跡，這座高高的山丘是凱薩大帝度假時住的建築……酒廠養了一頭心理治療的驢子……有一部電視電影描述酒廠主人進入勞改營的故事……」

但光是這樣，喝得依然不夠多。如果我想提升品酒能力，加入侍酒師互相考驗味道判別技術的盲飲會非常重要。我可以請盲飲高手指點品酒技術，向他們學習箇中訣竅，還可以大家一起分擔八到十二支酒的費用。目前為止，我已設法加入兩個盲飲會。星期五是初學者，星期三是進階侍酒師。他們喜歡在早上品酒，因為他們相信跟接受了一整天的刺激比起來，感官在早上比較敏銳，而且大部分的成員都是晚上工作。所以每個星期三早上十點，我們帶著用皺皺的鋁箔紙或長襪包起來的葡萄酒，齊聚在一個侍酒師位於皇后區的公寓裡。這間公寓只有一個臥室，裝潢風格應該叫做葡萄酒時尚。牆角有一個高度齊腰的瓶子，裡面裝滿了軟木塞；有一座高度直達天花板的紅酒櫃；茶几上放的不是裝飾用的精裝書，而是葡萄酒百科全書，還有一面漆成希哈葡萄（Syrah）那種深紫紅色的牆面，上頭掛著裱框的酒標。盲飲會通常以聊八卦做為開場，例如前一天晚上誰誰誰用很糟糕的方式醒酒。結束前，沒吃早餐的我們為了哪種葡萄酒跟軟掉的多力多茲最搭而爭論不休。

參加完第一場專業人士的盲飲會之後，他們給我出了功課。我參加盲飲會的目的是學習品酒，但是這顯然遠遠超出我現在的程度。「你必須先學會怎麼吐酒，」看到我艱難地喝完一杯酒之後，認真的侍酒師梅根（Meghan）如此告訴我。吐酒需要技術。我的方法是嘴巴對準漂浮著泡沫的吐酒桶，張嘴「哇」地把酒吐進去。錯。他們教我如何「吐得有自信」：噘起嘴唇，強勁而穩定地射出嘴裡的酒。還有「兩次吐」：一口酒分兩次吐出，更能確定我沒有把酒精吞進肚子裡，只有口腔粘膜吸收到最少量的酒精。我第一次嘗試這種高級吐酒法的時候，吐酒桶濺起幾滴酒落在我的臉頰跟額頭上。「一開始我也很難吐得有自信，多練習就對了。」梅根向我保證。

品酒訓練以外的時間，我用力聞木梨，吃不同品種的蘋果，在我家附近的菲爾威超市聞各種香草，在引來警衛的注意之前大聞特聞。我聽從建議開發感官記憶，把我對動物、蔬菜和礦物的印象深植腦海，以便在葡萄酒裡聞到這些氣味時能夠辨認出來。多年來我一直幻想暴飲暴食能讓我變成更好的人，所以一聽到大吃大喝是我最該做的事，我無比興奮。「首要之務是把大量資訊存進腦子裡，」伊恩・科伯（Ian Cauble）說，他是來自加州的大師級侍酒師（Master Sommelier）。「盡量吃各種食物，品嘗各種水果。你必須嘗嘗不同的柑橘類水果。你必須嘗嘗它們的皮、籽和汁，包括成熟柳橙、未熟柳橙、過熟柳橙、臍橙、梅爾檸檬（Meyer lemon）、未熟的青檸檬、萊姆……」原來不是吃生蠔跟魚子醬。但要是咀嚼葡萄柚的皮能鍛鍊我的品酒能力，我願意。

另一位專家說服我吃泥土。

「出門散步時可以舔舔石頭，」給我這項建議的侍酒師顯然不住在曼哈頓，因為這項嗜好一定會使你中毒或被送進精神病院。「我常常舔石頭。」

「什麼樣的石頭？」我這麼問主要出於客氣的好奇心，而不是因為我想仿效。

「任何一種我從沒舔過的石頭，」他說。「紅板岩跟青板岩的味道不一樣，很有意思。紅板岩的鐵含量較高，有一種帶血的肉味。青板岩嘗起來比較像潮溼的溪岩。」

透過這些聚會，我的非正式葡萄酒顧問們讓我發現，我最初擬定的三階段計畫至少有一個部分正確無誤：參加專業侍酒師協會的侍酒師認證考試。

專業侍酒師協會成立於一九七七年，協會的英文名稱使用了充滿貴族氣息的「Court」，展現出不許任何人對「侍酒師」頭銜不敬的神聖使命。做為專業侍酒師的主要測驗機構，協會為侍酒師的每一種行為訂立了標準（連如何感謝客人的讚美也有準則）。你不需要協會的證照也能工作，但就像企管碩士學位或是人類版本的特級園酒標，協會的證照就像一張許可證，能幫侍酒師賺取更多收入、快速升職，並且為他們的實力提供具體證明（考試分四級，從初級〔Introductory〕到大師級〔Master〕）。愈來愈多餐廳要求侍酒師取得協會證照，儘管有些測驗報名後得等十二個月才考得到，每年仍有數千人參加考試。堅持到最後並且通過考試的人，會進入有力的葡萄酒專家組成的大家庭，他們對自己人照顧有加。有位熱血的大師級侍酒師說，通過考試很像完成加入黑社會的儀式。果真如此，我已經準備好歃血為盟。從我決定踏上這條路開始，就一直認為，只有投入侍酒師的日常工作並且成為他們的一員，才能完全領悟侍酒師的感官世界以及他們對葡萄酒的狂熱。由於我無法花那麼多年循正常管道一步步往上爬，取得協會證照才有機會升職，從酒窖老鼠變成在外場佔有一席之地。

為了證明自己有資格取得證照，滿懷抱負的侍酒師必須證明自己熟悉葡萄酒理論（馬得拉島〔Madeira〕栽種最多的葡萄是哪一種？），具備侍酒的技術（倒紅酒時，有沒有確實完成十七個必要步驟？），以及盲飲的高超本領（能否推斷出一杯匿名葡萄酒的香氣、味道、酸度、酒精濃度、單寧濃度、甜度、產區、葡萄品種和年分？）這三個領域反映出侍酒師工作的基本能力，但光是完成這些任務還不夠。想通過考試的人，就算面對怪獸賓客或是用餐區的災難，仍要保持優雅與從容。這場考試考的是壓力下的心理強度、自信與風度。每一個參加過考試的人都把它講得很恐怖。

「它會殘忍地揭發你任何脆弱的跡象，」我請大師級侍酒師史提芬・波（Steven Poe）提供建議時，他如此說道。「我去考侍酒測驗之前，對著車子的照後鏡大喊：『那些渾蛋！他們一定會故意整你！他們不會得逞的！你一定會通過！走進去叫他們通通不許動，然後給他們好看。』然後我喝了這麼多威士忌，」他用兩根手指舉起一杯隱形的烈酒杯，一口喝下。「順利過關。」

沒有能夠幫我通過考試的課程，但協會提供了長達兩頁的書單，列出十一本書籍以及三部葡萄酒百科全書。我必須具備的知識，全都只能靠自學。參加認證考試之前，必須先通過資格考，而他們給資格考考生的的警告是「強烈建議」至少有三年的葡萄酒及服務業經驗。我只給自己一年。

不難想像，當他們知道我想在短短一年內從酒窖老鼠變成認證侍酒師，有什麼反應。

「他們現在更嚴格限制人數，而且一定會對你特別嚴厲，因為你是記者，」週三盲飲會的一位侍酒師提醒我。紀錄片《頂尖侍酒大師》（*Somm*）與系列節目《開瓶》（*Uncorked*），都讓大家對協會的認證考試更有興趣，聽說考試因為這樣變得更難了，目的是淘汰差勁的考生。尤其是差勁的老百姓。

一位監考過多場測驗的大師級侍酒師試著鼓勵我，卻反而使我更加焦慮。

「他們只是想要確定你具備侍酒能力，不會緊張到崩潰大哭、跑出考場，」他說。聽到可能會發生這種事，我很擔心。

「這種事常發生嗎？」我問。

「**一天到晚**。」但這還不是**最糟**的情況，他說。在火焰上換瓶醒酒的時候，身上著火的考生不在少數。

我把這些事告訴老公麥特（Matt），他說出最實際也最委婉的預言。

「你有沒有考慮過回原本的公司上班？」

○ ○ ○

我能理解他為何這麼悲觀。

我的酒窖老鼠生涯在某天下午跌到新低點，當時我正在準備喬為一小群行家舉辦的品酒晚宴。

我在做下班前的收尾工作時，喬請我拿一批「七五〇」下來，他跟拉拉把這批酒收在酒窖的上層（葡萄酒的標準容量是一瓶七百五十毫升）。拉拉斬釘截鐵地告訴過我，擺放葡萄酒不用像照顧嬰兒那般小心翼翼。為了讓喬看看我有多熟練，我沒有溫柔對待這些酒。我手肘裡夾著幾瓶酒下樓梯，酒瓶上下顛倒，以各種角度從我的胸口向外岔出去。

我把它們重重放在桌上的時候，才發現它們有多珍貴。這幾瓶酒來自義大利具代表性的知名酒廠，包括安蒂諾里酒廠（Antinori）的天娜露（Tignanello），這款酒是托斯卡尼葡萄酒運動（Super Tuscan）的領頭羊，結合山吉歐維列葡萄與法國品種，開創出全新風格。這場餐酒會的一個席位，大概是我當酒窖老鼠一個月的薪水。喬走過來瞥了酒一眼。

「這幾瓶酒昨天在酒窖裡改成直立擺放，讓沉澱物都沉到瓶底，」他說。「我們不應該粗魯對待這些葡萄酒。」

我啞口無言。

喬從口袋裡拿出螺絲錐開瓶器，動手切除覆蓋瓶塞的金屬箔片。靠近瓶口有一圈突出來的地方，他把開瓶器一英吋長的刀刃放在突起的地方底下，分兩次劃完一圈：順時針半圈，逆時針半圈。他的拇指在瓶口邊緣往上推，接著用刀刃把金屬箔片掀開取下。箔片自然剝落，就好像這支酒正在脫帽致意。喬把開瓶器的螺絲錐鑽入瓶塞，瓶身文風不動。只見喬的手腕輕輕一動，這支天娜露心甘情願地交出瓶塞。

我觀察他重複這個過程，然後問他，我能不能試試看。我在瓶子的頸部鋸啊鋸，喬顯然看得很痛苦。

「瓶身不要晃得那麼厲害，」他說。

我放輕力道。

他的臉皺成一團，彷彿喝到一口有瓶塞味的奇揚替。「拜託，盡量穩住瓶身。」

我停止鋸金屬箔片，學他一樣把刀刃放在切口上，然後用力一翻。刀子直接插進我的拇指裡，冒出血滴。

喬比較關心酒有沒有怎麼樣。「你不必晃動酒瓶，」他再次強調，就好像我前幾次沒聽懂，以為晃動酒瓶才是正確動作。他從我受傷的手裡拿走開瓶器。我甚至不想嘗試把螺絲錐鑽進瓶塞，他也沒有給我這個機會。

接下來我該做的是換瓶醒酒，我這輩子從沒試過。

「你知道怎麼換瓶醒酒嗎？」喬問。

「喔，當然，」我說謊。

餐酒會約有十二位賓客，每一款酒只有一瓶，每個人只能分到幾盎司。為了不浪費任何一滴酒，對我的技術沒什麼信心的喬幫我「複習」了一下醒酒步驟。他左手微微傾斜地拿著玻璃醒酒器，右手拿著一瓶已經打開的葡萄酒，把酒倒入醒酒器，瓶頸與桌面平行，瓶頸底下有一支點燃的蠟燭。當微小的黑色顆粒遮蔽了燭光時，他停止倒酒，以免沉澱的單寧與酒石酸鹽結晶流入醒酒器。喬告訴我，陳放的葡萄酒瓶底可能會有沉澱物，換瓶醒酒可以消除沉澱物，也可以讓酒呼吸並接觸氧氣，帶出它的風味。他走了，留下我完成剩下的醒酒工作。

我重複以下步驟：左手拿醒酒器，右手拿葡萄酒，酒倒入……可惡。酒滴得桌上到處都是。我把酒瓶拿穩。慢慢來。問題是如果我盯著瓶頸確定酒都有流進醒酒器，就無法盯著瓶肩確定沒有深色沉澱物漂進去。如果我盯著瓶肩，就無法注意是否滴酒不漏；漏出的酒沿著醒酒器狹窄的瓶口往下流。此外，我當然也很注意喬的動靜，他在廚房裡，我不希望他看見這裡發生了什麼事。我的眼神來回游移，努力融入酒瓶咕嚕咕嚕的節奏裡。然後，漏了一大片。

葡萄酒潑濺在桌上，浸濕了我的雙手與燭火搖曳的蠟燭。白色的蠟似乎融化成血。仔細想想（我瞄了瞄拇指），那說不定真的是血。我抓起一疊白色小紙巾，想在喬發現之前把酒擦乾淨。我看到他在廚房裡的談話即將結束。桌上已經沒有酒，但是有一座染成紅色的紙巾小山。我把紙巾塞進口袋裡，拿起下一瓶酒，倒入下一個醒酒器裡。再度外漏。

葡萄酒一滴一滴落下，再一次浸濕蠟燭。喬朝我走來，距離我只剩下幾英呎了。我用紙巾輕擦蠟燭，只有輕微燙傷。喬已經來到我身旁。他看了看滲出山吉歐維列紅酒的蠟燭，又看了看我塞滿紙巾的口袋。他什麼都沒說。也什麼都不用說。

「我想請你幫個忙，」他說。「你可以去買貼紙嗎？」

○ ○ ○

我不小心成為名符其實的酒窖老鼠。我像一隻溜進知名餐廳的超大老鼠，一步步破壞這裡的秩序和禮節。我把酒弄丟、摔在地上、藏起來，還使成箱的葡萄酒消失不見。

我曾花一整個月找一瓶酒，那瓶酒要價一百九十二美元，在拉皮奇歐餐廳算是高價位，我把它錯放在酒窖某處。拉拉要我檢查每一瓶酒的位置，數量將近兩千瓶。她叫我檢查了三次，最後不得不放棄。後來又不見了一瓶瑟瑞塔斯的酒（Ceritas）。這家時髦的有機酒廠賣給餐廳的酒不多，所以酒單上有他們的酒是拉拉必須爭取的榮耀象徵。她每年只能分配到幾瓶瑟瑞塔斯，這是批發商獎勵拉拉的一種方式，因為她經常大量購買該批發商賣的其他酒款。她花了一整年促銷立歐可（Lioco）的夏多內白酒（Chardonnay，一款好喝但沒那麼厲害的加州酒），這為她換來購買三瓶瑟瑞塔斯的配額。我搞丟了其中一瓶。

起初，非常有耐心的拉拉處理這些災難時，依然客氣有禮。在我擔任酒窖老鼠四週之後，她親切地提醒我補貨時要劃掉舊的位置。在那之後不久，她問我為什麼她總是找不到我記錄的數量不足酒款。喔，那個。我完全不記得要做這件事。一週一週過去，她寫的訊息愈來愈簡短，頻率也愈來愈高。格拉西酒廠（Graci）的阿克利亞（Arcuria）在哪裡？拉吉賈酒廠（La Ghiga）的巴巴瑞斯柯（Barbaresco）明明送了四箱，為什麼酒窖地圖上只記錄了一箱？

有一個星期五，我收到五封拉拉寄來的電郵，每一封都是一張條列式的抱怨清單。店裡進了一款白酒，可是我沒有把它放進矮櫃。她到現在還會看到同一個酒架槽位上放著兩支不一樣的酒。我又沒有把白酒放進矮櫃裡。我真的不能繼續用酒窖位置圖的頁邊空白處做紀錄。我難道無法分辨紅酒跟白酒的差別嗎？我把奧奇品提（Occhipinti）的白酒跟紅酒放在一起。格魯埃（Gruet）的酒不是我們的，普里瑪特拉（Primaterra）的也不是。它們屬於我們的姊妹餐廳，難道我沒看拉拉的電郵嗎？

隔週我們在清點存貨時，我才明白我的工作對拉拉的情緒造成什麼影響。我們每個月都會以十分之一瓶為單位，記錄店裡每一個液體容器裡剩餘的飲料，目的是讓拉拉計算利潤與成本。她打開筆電放在吧台上，站在吧台旁，我蹲在地上念出矮櫃裡的酒名與數量。我最近才記得我必須每天檢查矮櫃，確認每款酒不多不少正好有兩瓶。

「福隆荷普酒廠（Forlorn Hope）的灰特魯索（Trousseau Gris），三瓶！」我高聲說。

「三瓶，」她複述確認。

「格拉西酒廠的阿克利亞，三瓶！」

「三瓶？」她問。

「菲拉酒廠（Failla），三瓶！」

三週前，我告訴她這款酒賣完了。

拉拉突然安靜下來，她閉上眼睛。她彷彿頭痛般捏著鼻子的山根，然後開口說話。說得非常、非常慢。

「我建立一套系統是有原因的，」她說。「我們必須按照這套系統工作。大家都不遵循系統。他們，就是，不肯，遵循，系統。」她頹喪地坐在地上，就坐在我身旁，背靠著矮櫃。

她沒有看我，而是茫然望著前方。「這就是我看心理醫生的原因。」

○○○

我漸漸習慣餐廳的工作節奏，也因此發現紐約市玩咖的享樂節奏。我們最貴的葡萄酒都是在週二、週三跟週四賣出，紐約在地人會在這三天晚上出去玩。拉拉語帶欽羨地說，他們是「真正的曼哈頓食客」，才不想在週末跟那些庶民人擠人呢。週五跟週六葡萄酒賣得不多，烈酒才是大宗。原因是「橋和隧道」帶來了新澤西與紐約市其他行政區的訪客。花大錢的客人同樣難逃被揶揄的命運。有個星期二，我問拉拉叫我保留的昂貴歌雅（Gaja）是誰點的。「喔，某個凱子的生日派對，」一位廚師嘲諷地說。還有一位來用晚餐的客人被形容為「錢多到花不完」。

我也漸漸明白酒單的隱藏意涵。我發現餐廳的單杯酒價格等於一瓶酒的批發價，這表示我付了四倍的價格（一瓶葡萄酒可以倒成四杯……一算就知道答案）。拉皮奇歐餐廳的葡萄酒，價格是奇數的賣得最好，最便宜的酒一杯也要十美元。

對整個供應鏈來說，單杯酒是賺錢利器，酒廠跟批發商都很喜歡賣單杯酒的合作對象，因為這意味著周轉快速、訂單穩定。高檔餐廳為單杯酒定價時，目標都很明確——「強取豪奪，」一位侍酒師說。精明的飲品總監會用大家都認識的葡萄酒來賣單杯酒，例如夏多內跟馬爾貝克（Malbec），這戲稱為徵收「貪婪稅」。這種酒可以賣得貴一點，因為大部分的客人一看到熟悉的葡萄品種，就會進入自動駕駛模式，只想快點喝到酒，不在乎價格。這種酒是地位的象徵，安全可靠。現在我外出用餐時，已不再點大家常喝的經典酒款了。「卡本內」是侍酒師口中的「橫財」，所以為了喝到物超所值的好酒，我會點看起來不熟悉又有點令人膽怯的品種，例如來自法國薩瓦區（Savoie）的蒙德斯（Mondeuse）。賣酒的最高指導原則是「客人不認識的酒沒有賺頭」，所以有些侍酒師會給自己喜歡但默默無名的酒較低的定價，少賺的用那些大酒補回來就好了。我發現對細緻風味的喜愛可以戰勝利慾。

於此同時，我搞清楚了紐約市的葡萄酒供應鏈。白天跟我一起喝酒的那些人屬於一個三層體系：酒廠、批發商與侍酒師（或零售商），葡萄酒跟所有酒類飲料一樣，在端上餐桌之前必須經過這三批人的手。這個複雜的過程是刻意而為的結果。禁酒令廢除之後[1]，立法者規定由酒類仲介商（也就是批發商）負責賣酒，希望他們能防止開放酒品買賣的遊說活動出現。這項規定拉高了酒的售價，使得買酒較不方便，使美國不至於成為酗酒酗到肝硬化的國家。

酒廠生產葡萄酒。碰到買賣旺季時（九月跟五月），酒廠主人偶爾也會露面，用甜如蜜糖般的法國口音吸引顧客。

批發商賣酒。頂尖的批發商都是業界名人，因為擅長發掘好酒而聲譽卓著，連侍酒師都會搶著買他們認可的酒。很多批發商都是侍酒師出身，因為厭煩了每天晚上單調的餐廳

1 美國會於一九二〇至一九三三年實施禁酒令。

工作而轉行；他們幾乎都知道，討好前同事非常重要。他們用交際費招待侍酒師與飲品總監吃豪華大餐，或是送他們飛到世界各地參觀生產他們銷售酒款的酒廠。我在品酒會上碰到的侍酒師幾乎總是忙著打包，準備跟批發商一起前往科西嘉島、澳洲、智利等地旅行，費用全由酒廠或貿易局買單。除了我之外，似乎沒人覺得這有什麼利益衝突。難道侍酒師不會因為旅途愉快而推銷一瓶酒，而不是因為酒本身真的好喝嗎？「這是行規，」一位身材圓胖、五十幾歲的批發商告訴我，「他們去到那裡玩得很開心，為了表達謝意，把酒款放進酒單裡。」拉皮奇歐賣酒的方式講究個人交情，喬和拉拉會向交情好的朋友買酒。「我們酒單上的單杯酒一定會有特利（Turley），」拉拉說，她指的是加州的酒廠主人賴瑞・特利（Larry Turley），「我們剛好跟他和他女兒是好朋友，所以就把這張訂單送給他們。」

用最直白的方式來說，侍酒師負責幫餐廳買酒，然後把酒賣給餐廳的賓客並且為他們侍酒。他們為酒單選擇主題、數量、推銷方式、如何傳達酒廠的理念，以及如何維持餐廳的正常財務。以一個晚上來說，拉皮奇歐的葡萄酒跟烈酒佔總營業額的三分之一。酒水的利潤比牛排高，是拉皮奇歐的金雞母。「如果我的工作方式出了錯，餐廳會很慘。真的很慘，」拉拉說。跟廚師或製作調酒的酒保比起來，侍酒師的角色似乎比較像信差。但是最有才華的侍酒師其實也是創作者，他們透過酒杯裡的液體，用葡萄酒、語言、環境、心理學和感官，為品酒的人打造與眾不同的經驗。十九世紀小說家大仲馬說：「葡萄酒是餐桌上的智慧。」

○ ○ ○

人類幾乎從開始釀造葡萄酒（約七千年前）就開始要求專人侍酒。儘管侍酒師的職責逐漸演化，但有個特色始終如一，或許也可解釋侍酒師為何給人高高在上的印象，這個特色是：被賦予侍酒任務的幸運兒，地位高於抄寫員、僕役和員工。葡萄酒是特別的，古人相信葡萄酒來自神聖的起源，因此在延伸的定義上，處理葡萄酒的人也很特別。

最早提到「sommelier」這個身分的其中一份文獻，是聖經的《創世紀》（當時 sommelier 這個字尚未誕生）。負責倒酒與侍酒的斟酒人，都是埃及帝王的密友和參事。聖經裡有篇故事提到法老王請他的酒政幫忙解夢。酒政聰明地找了約瑟（Joseph）來解夢，這個夢境是乾旱的預兆，因此埃及儲備穀物因應（這讓侍酒師贏在起跑點上，這位酒政可說是歷史上第一位間接防止七年饑荒之災的侍酒師）。這份工作並非總是如此令人沮喪。拉美西斯大帝（Ramses the Great）在西元前十三世紀擴增了埃及的葡萄園面積，並且仰賴他的專屬「侍酒師」團隊為他獻上「*nfr*」（好喝）或「*nfr-nfr*」（非常好喝）的葡萄酒。

往北數百英哩，古羅馬人的盛宴由特別的侍者負責斟酒。這些侍者跟普通僕傭不一樣，他們如貴族般穿著裝飾華麗的束腰外衣，上面有紫色與金色刺繡。羅馬的社交常客都知道，斟酒的侍者跟葡萄酒一樣值得細細品味，因為東道主會派最俊美的年輕男子為最尊貴的賓客斟酒。根據西元一世紀哲學家塞內卡（Seneca）的描述，這些侍者要滿足的肉體慾望不只是賓客對酒的渴望——斟酒侍者「擁有士兵的體魄」，但仍須「剃除或是連根拔除鬍鬚，同時必須整晚保持清醒，適時滿足主人對酒與肉體的慾望」。

現代侍酒師誕生於幾千年之後。中世紀的斟酒侍者不用再滿足肉慾和拔掉鬍鬚，卻依然在歐洲皇室的宴會上扮演地位的象徵。年輕的貴族爭取為皇室斟酒的機會，地位較低的貴族也有樣學樣，用自己的斟酒侍者妝點宴會。一三一八年，法國國王腓力五世（Philip the Tall）頒布命令，讓「侍酒師」（sommelier）成為正式工作，不過侍酒師在長達幾百年的時間裡，也必須管理在家戶之間運送物資的馱獸。

到了十七世紀，侍酒師的地位已有提升：「莊園領主」有一位「司酒官」（bouteiller）負責購入和儲存葡萄酒，一位「侍酒師」負責選酒和把酒送到上桌，還有一位「斟酒人」（échanson）負責倒酒。

早期的侍酒師在私人宅第工作（此時餐廳尚未誕生），職責範圍遠遠超越侍酒師協會的考試內容。十七世紀的服務手冊《餐飲服務司掌完整指南》（*A Perfect School of Instructions for the Officers of the Mouth*）中記載，侍酒師必須負責把水果切成異想天開的形狀、清洗和燙熨床單桌巾、擦拭銀器、擺設餐桌，到了用餐時間，還得拿取、呈現及試飲葡萄酒。富裕人家的「監酒」身兼僕傭與釀酒師，碰到假酒、有瑕疵的酒、劣酒、口感不佳或摻假的葡萄酒，他們還得精心設計配方加以挽救。牡蠣可以調整太酸的葡萄酒。一八二六年的一本僕傭手冊甚至包含假造法國經典酒款的方法（若要假造波爾多紅酒，將德文郡蘋果酒與波特酒以一比一的比例倒入酒瓶，擺放一個月即可：「連最厲害的鑑賞家都會以為這是一瓶波爾多好酒。」）。以私宅僕傭的階級來說，侍酒師的地位高於其他僕傭，這也反映在他們的行為舉止上。「威爾貝克（Welbeck）的高階僕傭對低階僕傭態度相當傲慢，」曾於愛德華時代的英格蘭，在波特蘭公爵（Duke of Portland）府邸工作的前男僕在回憶錄中憤怒地說，「最高傲也最自大的就是監酒，克蘭西先生（Mr. Clancy）。」

率先為大眾提供侍酒師的餐廳，出現在法國大革命尚未發生的前幾年。一開始是巴黎的熱門餐廳，例如大仲馬與巴爾札克最常去的金色之家（LA Maison Dorée）。金色之家常有名人出沒，它的酒窖高達兩層樓，存酒八萬支，大約是拉皮奇歐餐廳的五十倍。經過漫長的等待，任何人，無論階級，都能獲得侍酒師的建議與服務，他們發揮影響力提升了葡萄酒的名聲。歷史上有很長一段時間，葡萄酒只是用來解渴的普通飲料，人們成天在喝葡萄酒，主要原因是非酒精飲料可能會致命，例如充滿細菌的水（維多利亞時代的作家塞謬爾．巴特勒〔Samuel Butler〕建議：「如果一個地方水質不佳，最安全的作法是只喝用葡萄或麥芽過濾的飲料。」）隨著侍酒師長期駐守餐廳為葡萄酒發聲，他們把葡萄酒升級為一種帶有高雅氣息的文化追求。隨之而來的是講究餐與酒要搭配合宜。到了十九世紀，不會致命的飲料以及喝這些飲料的地方愈來愈多（咖啡館喝咖啡，酒吧喝威士忌），葡萄酒則是與餐桌密不可分。廚師們曾一度建議用客人的個性來搭配葡萄酒。戴蒙尼可餐廳（Delmonico's）曾是曼哈頓的頂級餐廳，主廚查爾斯．朗霍弗（Charles Ranhofer）支持這種作法，他曾寫道：味覺「建立在性情之上」，所以「脾氣暴躁」的人一定喜歡「味道強烈的葡萄酒，例如波爾多」，而「性情憂鬱的人」可能會喜歡「激發情慾」的酒，例如布根地。這是幫客人與葡萄酒配對的一種方式，但時至今日，大部分的侍酒師使用另一種度量衡：味覺。客人對「好酒」的看法可能與侍酒師大相逕庭，但侍酒師對味道的一絲不苟，卻能幫他們為客人挑選適當的葡萄酒，這個過程神祕難解。我下定決心要親眼看看它究竟是怎麼回事。

○ ○ ○

在拉皮奇歐餐廳工作了幾個月之後，我（大致上）已不會再把酒放錯位置。我已能掌握吃力的攀爬、酒窖地圖、庫存，以及酒窖裡百分之九十九的酒廠名稱。我幫拉皮奇歐餐廳的服務生寫單杯酒的品酒筆記，而且征服了「恐怖的梯子」。我覺得我不但已理解餐廳如何運作，也已理解餐廳為什麼如此運作。

但或許我學到最重要的一件事，是拉皮奇歐餐廳只能帶我走到這裡。喬和拉拉把工作當成……工作。只是維持生計的手段，而不是生活本身。他們都是適應良好的正常人。但我辭去工作並不是為了一直跟適應良好的正常人混在一起。

我在紐約市到處走跳時，經常碰到另外一種侍酒師，對他們來說工作不只是為了餬口，甚至也不是一種生活方式。而是一種宗教。不是假日上上教堂的那種宗教。我們說的是馬丁・路德把《九十五條論綱》釘在諸聖堂大門上的那種狂熱程度。[2]「說是邪教也不為過，」一位這樣的侍酒師告訴我。

他們的工作不是到了餐廳打卡才開始。他們每天早上參加盲飲會磨練味蕾，連續七小時複習字卡，嗜好是嗅聞石板。「度假」的意思是到加州或西班牙的葡萄園收集情報。嗅覺與味覺是他們安排生活的準則，除了他們自己的生活，也包括你的生活。他們身價非凡。中城區餐廳的一位侍酒師告訴我，她一年賣出價值三百萬美元的葡萄酒。後來她糾正我，我才發現我理解有誤：是一位客人一年向她購買價值三百萬美元的葡萄酒。這群侍酒師給彼此的暱稱是「葡萄酒阿宅」(cork dork)。

我想認識的是他們這種人，但是這種人拉皮奇歐餐廳沒有。他們是更狂熱、更與世隔絕、更菁英的一群侍酒師。通常他們工作的餐廳，是那種會讓《紐約時報》美食評論家覺得當美食評論家很走運的餐廳，顧客不乏商業巨擘與科技大亨，一位難求（或令人望價興嘆）。這群侍酒師經常為和他們一樣沉迷於味道的客人，準備價值六千美元的葡萄酒。他們堅持為味覺品嘗百味。而且他們跟我一樣正在準備認證考試，只不過他們考的是大師級證照。

在我與侍酒師、批發商和收藏家的交談過程中，有一位侍酒師的名字不斷出現，據說他很有希望獲得大師級證照。有些人叫他「雨人」，就是達斯汀．霍夫曼飾演的那名自閉症天才。「很多侍酒師覺得他有點古怪，」有人告訴我。「但是，他無所不知。」

雖然我不再是老百姓，但要當侍酒師還差得遠。我仍在尋找師傅，尋找我的歐比萬，尋找一位有智慧、仁慈又深不可測的長者。但摩根．哈利斯（Morgan Harris）完全不是這樣的人。

2 一五一七年神學家馬丁．路德把抨擊贖罪券的《九十五條論綱》貼在諸聖堂的大門上，引發十六世紀的宗教革命。

CHAPTER

2

祕密社團

The Secret Society

老實說，我一開始與摩根的互動很奇怪。我們是在葡萄酒吧台大戰認識的，這是侍酒師之間的比賽。摩根沒有用詼諧幽默的話當開場白，而是大大讚揚了自己的葡萄酒櫃有多棒。比賽場地是布魯克林區的一間倉庫，熱得不得了，只有摩根的吧台提供酒窖溫度的紅酒，他對自己如此深謀遠慮極為自豪。我很欽佩這種強迫症等級的享樂主義，加上我已經聽過一些跟摩根有關的傳聞，所以幾週後我寫了一封電郵給他，問他是否有空跟我聊聊他如何以及為何成為侍酒師。

「我自己也經常思考與書寫這個主題，想確定為什麼我所做的事在文化上與社會上具有重要性，而不只是在產銷鏈裡面擔任搬貨的中間人，」他用這段話回覆我，表示同意。他提議我們到風土酒吧（Terroir）喝酒，這間小小的葡萄酒吧位在東村，播放伊吉．帕普（Iggy Pop）與何許人樂團的音樂，酒單放在畫滿塗鴉的活頁簿裡。摩根說，這裡是他「在葡萄酒世界裡的『心靈家園』」。

他騎著單車出現，身穿潮人必備的牛仔褲搭配復古T恤，頭上是灰色的比尼毛帽，腳下是一雙從他爸爸衣櫃裡偷來的破舊索康尼球鞋。他一雙長腿在窄窄的吧台底下交疊，說到跟買衣服比起來，他寧願把錢用來喝酒。他摘下帽子，一撮卷髮垂掛在額頭上舞動，像毛茸茸的驚嘆號。摩根的脖子以下是單車快遞，下巴以上是休．葛蘭（Hugh Grant）：帶著慵懶與調皮的俊美，藍眼睛，線條分明的下巴，誇張的蓬鬆波浪卷髮。

我還沒說我想喝什麼，他就點了兩杯雪莉酒。「雪莉酒是最複雜的酒，」他說。接著他用電視廣告描述藥物副作用的語速，滔滔不絕地說起阿蒙蒂亞度雪莉酒（Amontillado）的生物與氧化的陳年過程；芬諾（Fino）、曼查利亞（Manzanilla）、阿蒙蒂亞度與奧羅索洛（Oloroso）雪莉酒之間的細微差別；奧羅索洛雪莉酒跟橄欖和陳放十八個月的西班牙火腿搭在一起有多迷人；「氧化之後帶出更多鮮甜甘醇的風味」；很多人把「乾」和「單寧」混為一談；一八〇〇年代的葡萄酒趨勢。很快地，他已把兩隻腳放在我的凳腿上，捶打我面前的桌面來加強語氣，額上的卷髮也跟著興奮跳躍。他問我知不知道湯瑪斯．傑佛遜熱愛馬得拉島的酒？巴羅洛直到一八七〇年才變乾？十九世紀的菜色油膩到令人反胃？「拿起一八八〇年代的菜單，例如那個年代的戴蒙尼可餐廳，你會覺得：**我的老天！**」他一邊頭往後仰，一邊揮舞高舉的雙手做為強調，但或許他只是克制不住自己。「這些人只是在**努力別死！**」他希望我知道鐵達尼號上最貴的酒是德國的麗絲玲白酒。他說品酒筆記「本質上非常邪惡」。他承認自己非常渴望一瓶一千四百美元的香檳（「超便宜！」），那會是「非常接近宗教的經驗」。他就像籃球明星向球探提供統計數字般，一口氣說出他的味蕾有哪些優點和缺點：喝不出莎草奧酮（rotundone），會搞混內比歐露與山吉歐維列，愧對味覺天才這個地位。他正在寫一本跟葡萄酒有關的畢生之作，「不是講葡萄酒的書，比較像是宣言或是跟信仰有關的短文」，目的是「掀起巨大的變化，調整美國人如何透過葡萄酒看待自己的後設敘事」。

「美國大眾一直被灌輸一個滔天大謊，那就是他們無法控制自己的味覺，」他態度懇切，額上的卷髮晃動宛如表示認同。

這就是摩根：幾乎像個教授，講話有點誇張，而且極度冗長。他後來告訴我：「我天生對某些事情感到自信又自在，所以不擅長聽別人說話。」其實我老早就發現了。

摩根又點了兩杯葡萄酒，然後開始細數他的人生歷程。他今年二十九歲，曾在愛默生學院（Emerson College）讀戲劇（這是一間小型的人文學院，成立之初是一所「演講學校」，不意外），後來放棄演戲，改行踏上侍酒師一途（你或許記得摩根的指節曾在電影《決勝21點》裡出現，他的手是那部電影的替身演員）。他本來在波士頓的義大利餐館幫客人倒差強人意的葡萄酒，經過七年的努力後他進入歐瑞奧餐廳（Aureole），為有權勢的富豪挑選葡萄酒，這是主廚查理・帕爾默（Charlie Palmer）開的米其林星級餐廳，地點在時報廣場旁邊。摩根在歐瑞奧工作之前，曾遭尚・喬治餐廳開除。在法國主廚尚・喬治・馮格伊許坦（Jean-Georges Vongerichten）的國際餐飲王國中，這家餐廳的地位最特別。愛喝酒的摩根在辦公室裡一邊喝瑪格麗特調酒，一邊檢查訂單，結果被直接開除。

他準備大師級侍酒師考試已經兩年了，這是餐飲界葡萄酒專家的最高榮譽。以難度和聲譽來說，在餐飲界取得這張證照，相當於獲選進入海軍海豹部隊。不過海豹部隊有兩千四百五十名隊員，但目前取得大師級侍酒師證照的，只有兩百三十人。說得更清楚一點，每年有兩百人參加考試，其中百分之九十五不會通過。平均而言，在準備大師級考試的那幾年裡，考生將品嘗兩萬瓶以上的葡萄酒，研讀一萬小時，製作四千多張字卡，並且把二十五張護貝地圖固定在淋浴間牆上。考試的理論測驗通常是用來蕪存菁的（菲亞諾迪阿韋利諾葡萄酒〔Fiano di Avellino〕法定產區的海拔高度是多少？不對唷）。摩根第一次就通過了理論測驗，接下來還得通過品酒與侍酒測驗。他將在春末參加這兩場測驗，我也打算在那時候參加認證考試。我對他有一種親切感，他也為了參加認證考試而顛覆自己的人生，考試的時間跟我差不多，而且說不定（或許，我希望）他願意讓我跟著他一起訓練。

我能對他感同身受還有一個原因，那就是我也是書呆子類型的人。我的體能糟糕到令人絕望，但是沐浴在電腦LED螢幕的光芒裡使我悠然自得，我老公向朋友介紹我的時候，都說我是「宅女」。這不難理解，畢竟我是某網站的科技新聞編輯。跟其他書呆子密切聯繫就是我的工作。我經常跟他們碰面，人數眾多而且各個領域都有，像是程式設計師、駭客、未來學家、機器人學家，應有盡有。但是就連像我這種領先全球的怪咖專家，也對摩根心生敬畏。他完成令人難以望其項背的壯舉：他的書呆子程度嚴重到一種很酷的境界，或是擁有某種令我更加欽羨的特質。他散發的氣息與他對葡萄酒的狂熱產生共振。他的熱情充滿磁性。

我們初次見面的那天傍晚聊了將近三小時。由於我完全找不到話縫插話，只能趁摩根去上廁所時請店家給我帳單。我約了一個朋友吃晚飯，此時已經遲到半小時。

「無論你想從這段經驗裡分析出什麼結果，都可以告訴我，我願意幫你抽絲剝繭，」我們告別時摩根這樣說。

我已經知道要問他什麼，也知道柏拉圖肯定不會同意。

○ ○ ○

我們對味覺（以及嗅覺）的集體厭惡是從柏拉圖開始的。對這位偉大的希臘哲人來說，它們是五感中有害的墮落感官。柏拉圖說聽覺與視覺可帶來美學上的享受，但嗅覺跟味覺只是短瞬的、徹底缺乏智力的刺激，在最好的情況下，它們使身體感到快樂；在最糟的情況下，它們使人變得野蠻。柏拉圖認為，刺激食慾的味覺器官（「靈魂裡渴望吃肉喝酒的部分」無異於「一頭綁在人類身上的野獸」。若不加以控制，這頭內在野獸可能會使人陷入暴飲暴食，進而導致「人類全體成為哲學和音樂的敵人」）既然哲學家都這麼說了，這種罪行肯定令人髮指。

世世代代的思想家鞏固了這種心態，他們也同樣對自己的鼻子（還有舌頭）……呃，嗤之以鼻。鼻子跟舌頭是不可靠的感官，是通往貪吃與罪惡的墮落途徑，它們都跟醜陋的肉體需求有關。中世紀時的歐洲神學家多瑪斯．阿奎那（Thomas Aquinas）寫道：「人類的幸福顯然不可能存在於身體的歡愉裡，這類歡愉尤以飲食與性愛為首。」笛卡兒認為視覺是「最高尚也最全面的感官」。康德也同意視覺「最高尚」，把味覺與嗅覺貶為「低下的生物感覺」（他特別指出嗅覺是「最令人厭惡」也「最可有可無」的感官，「完全不值得開發」）。這種對味覺與嗅覺的鄙夷，影響範圍遠不僅於哲學，就連科學家也不願意研究這兩種原始的、退化的器官。就連賈克·勒梅格寧（Jacques Le Magnen）這位二十世紀開創味覺與嗅覺研究的先鋒，都說它們是「次要感官」，並且在一本討論氣味的書籍中解釋自己的研究興趣。[1]

我聽說，有一群想成為大師級侍酒師的人，每週都會在麥迪遜公園十一號餐廳聚會（Eleven Madison Park，內行人都叫它EMP），一起嘲笑這種鄙視感官的觀念。

據說他們的聚會是紐約盲飲界的聖杯，位居全紐約最高等級。一位侍酒師告訴我，想參加只能等候補，「因為競爭非常激烈」（她曾遭到拒絕）。我聽過有人因為帶錯酒或未先告知就缺席一週，而被列入黑名單。想加入無須通過測試、申請或面談。但就像鄉村俱樂部或骷髏會（Skull and Bones）一樣[2]，最好的方式是認識對的朋友，在對的地方工作，並且找機會（例如參加比賽）讓大家知道你懂得分辨梅索（Meursault）與馬沙內（Marsannay）；前者是在布根地梅索村栽種的一種夏多內葡萄，後者是在布根地馬沙內村栽種的一種夏多內葡萄，這兩個村子相距約二十英哩。葡萄酒天才維多莉亞·詹姆斯（Victoria James）是這個菁英團體的一員，我問她我是否有機會加入。「這個團體非常認真，」她說。然後又重複了兩次：「他們非常認真。他們真的**非常認真**。」她提到曾有人為了幾瓶夏布利（Chablis）的葡萄特性激烈爭吵。「例如，『你怎麼可以因為二〇一三年是氣候溫暖的年分，就帶這支夏布利來呢？它顯然沒有展現出葡萄特性。』」

不同的盲飲會通常反映出不同的經驗值，所以我沒有資格跟大師級侍酒師的候選人一起盲飲。但那正是我打算要做的事。跟味覺厲害的人一起「盲飲」收穫肯定豐富，因此這些團體對於有意加入的新成員都很挑剔。我認識一位女性在正職之外又接了第二份工作，通車時間兩個小時，只因為這位新雇主是大師級侍酒師，她有機會經常在他面前品酒。很多人為了相同目的而全美飛透透。一位好的老師可以指出你對酸度的判斷有誤，教你如何分辨蒙塔奇諾（Montalcino）與奇揚替生產的山吉歐維列葡萄酒，以及你的感官記憶中缺少了哪些花香。

雖然有人答應我會介紹我認識盲飲會的管理人，但是幾週過去了，我也提醒了對方很多次，這件事都沒有發生。摩根是盲飲會的一份子，我們在風土酒吧碰過面之後，我幾乎立刻寫電郵問他：我可以參加嗎？

他一開始含糊帶過，但經我不斷地催促、提醒與懇求，終於許可我入會。某一個寒冷的日子，剛巧盲飲會的十二名成員都因工作有突發事件而忙得不可開交，所以摩根大發慈悲。不過，他要我遵守以下條件：我可以觀察，也可以品酒，但是我的程度太差，不准發言。

○ ○ ○

對摩根的盲飲會成員來說，每週二早上十點在EMP品酒，就像使用踏步機鍛鍊一樣。多年來，他們每週都要鍛鍊一次。這是舌頭的有氧運動。

1 編註：這部分的歷史可以參閱行路翻譯出版、普立茲獎得主約翰・麥奎德（John McQuaid）寫的《品嘗的科學》（*Tasty: The Art and Science of What We Eat*），它是本書作者撰寫這本書時的參考書目之一。

2 骷髏會是耶魯大學的一個菁英兄弟會。

但是我喝過的酒不夠多，經驗很少，也沒玩欲擒故縱的把戲。我拉開EMP的黃銅大門時心中充滿驕傲，一方面是因為我即將和厲害的侍酒師一起品酒，另一方面是因為我獲准加入這個祕密品酒團體，它大喇喇地隱身在紐約市最著名的餐廳裡。而EMP富麗堂皇的用餐區強化了我虛有其表的自信，這感覺就像被別人富可敵國的曾姨媽抱了一下。我掀開厚重的絨布簾幕，走進本身就是裝飾藝術傑作的空間裡。大大的格窗眺望公園，挑高天花板上的層層飾板鑲滾著粉紅色荷葉邊。摩根在後面一張鋪著桌巾的桌子旁邊向我招手。我繞過一位正在整理山茱萸和孤挺花束的花匠，花束的數量之多，我的套房公寓應該塞不下。我的靴子踩在地板上的回音很響，猶似走在空蕩蕩的教堂裡。EMP在飲食界享有接近神聖的地位。這家餐廳備受讚譽，其中一項是被聖沛黎洛（San Pellegrino）選為全球最佳餐廳的第四名。[3] EMP光是訓練員工倒水就花上十個月，還會雇用「織夢人」。舉例來說，如果有客人在吃第三道菜時提到想玩雪，織夢人就會為他送上一把雪橇。晚餐每人兩百九十五美元起跳，歷時三個半小時，據說是令人一輩子難忘的經驗。如果你加點了幾瓶頂級葡萄酒，可能得花一輩子才能付清卡費。

盲飲會大概有十二名成員，已有四人先到。他們聚在一起品酒將近四年了。戴納．蓋瑟（Dana Gaiser）從侍酒師變成批發商，他畢業自史丹佛大學，擁有機械工程學位。戴納三十五歲左右，頂著剪刀手愛德華般的亂髮，緊身西裝搭配粉紅色襯衫，散發當月《GQ》雜誌的瀟灑氣質。強．羅斯（Jon Ross）只比戴納小幾歲，穿著皺皺的長袖運動衫，看起來疲憊不堪；這也難怪，因為他一週工時長達七十小時，這是EMP侍酒師的標準工時。「你是老闆的奴隸，這不是比喻用法，」摩根告訴我。亞尼克・班哲明（Yannick Benjamin）是大學俱樂部（University Club）的侍酒師，這是一家會員制的俱樂部，會員大多是紐約市的銀行家、律師、醫生與信託基金受益人。亞尼克在二〇〇三年出了一場車禍，從此得坐輪椅，但是這並未阻止他跟多位家族成員一樣投身餐飲業。摩根就是摩根。這四位品酒人都在為大師級侍酒師考試做準備。亞尼克已考了八次，這次是第九次。

戴納、強與亞尼克都悶悶不樂又愛睏。摩根則是喋喋不休，好像剛才在廚房裡嗑了藥一樣亢奮。「有人跟你說過侍酒師記住酒瓶大小的下流口訣嗎？」他一邊說，一邊把葡萄酒倒進醒酒器裡，如此一來包括酒瓶形狀在內的細節都可以隱藏起來。「麥可・傑克森真的讓小男孩緊張萬分。（Michael Jackson Really Makes Small Boys Nervous.）。『麥可』是馬格南瓶（Magnum），『傑克森』是以色列王瓶（Jeroboam），『真的』是猶太王瓶（Rehobaum），『讓』是瑪士撒拉瓶（Methusalem），『小』是亞述王瓶（Salmanazar），『男孩』是珍寶王瓶（Balthazar），『緊張』是巴比倫王瓶（Nebuchadnezzar）。」（馬格南瓶等於兩個標準瓶，以色列王瓶是四個，猶太王瓶是六個，瑪士撒拉瓶是八個；接下來改成以四瓶為差距，一路到相當於二十個標準瓶的巴比倫王瓶，保證喝得痛快。）

我為自己沒有帶酒來向大家致歉，並且主動表示下次我會帶些酒過來。

「沒關係。如果你帶酒過來，我們八成會像潑婦一樣抱怨連連，大聲斥責你，」強說。

3 聖沛黎洛氣泡水公司每年都會選出全球五十大最佳餐廳。

他不是說說而已。用經典酒款練習盲飲效果最好。無論是阿根廷門多薩（Mendoza）的馬爾貝克，或是法國教皇新堡（Châteauneuf-du-ape）的格納希（Grenache）混釀，都應該呈現典型風格。「如果你帶一支七年的智利卡本內和一支沒泡過橡木桶、價格十六美元的馬貢夏多內（Mâcon Chardonnay）過來，根本就是在浪費我的時間，」摩根毫不客氣地說。據信大師級考試只會出現大約五十種葡萄，因此另一個禁忌是常帶與考試無關的特殊品種葡萄酒出席（雖然協會不會透露考試所使用的葡萄酒，但考生花費多年逆向推測出考官可能會用哪些酒當考題，所以大家都很清楚）。

「我嘴裡的牙膏味還沒散掉，」強抱怨道。「通常刷牙不會影響我的味覺，但我換了一條跟平常不一樣的牙膏。我不會再用了。」

希望沒有人會靠我太近，不然就會聞到我離家前曾用漱口水漱過口。我隱隱覺得自己不該再刷牙了。

今天要喝八支酒。強拿出幾個塑膠吐酒桶，也因為服務永不止歇，所以我們可以選擇喝氣泡水或非氣泡水。今天的盲飲方式是「圓桌盲飲」：每個人一次品嘗一款酒，並且按照大師級侍酒師考試的形式，大聲說出自己的分析。其他人仔細聆聽，提出評論。

「好，我來計算『呃』出現的次數！」摩根說。受過戲劇訓練的他認為洗鍊的表達很重要。此外，大師級侍酒師考試的盲飲測驗是在二十五分鐘內盲飲六款酒：三白三紅，一杯酒只有四分鐘左右，每一個「呃」或「嗯」都會浪費寶貴的時間。

白酒先來，戴納率先登場。

「他光用鼻子聞就能知道答案，」摩根誇讚他。戴納沒有提出異議。

我拿起酒杯，把鼻子伸進去。戴納還在觀察顏色，所以我把鼻子拿出來，仔細觀察這杯酒。以顏色來說，這不是紅酒，而是白酒。到此，我想我還算有信心。錯。

「淡金色，彎液面有一點邊緣色帶，有金色與綠色光斑。清澈透亮，沒有氣體或沉澱物，黏稠度中等偏高，」戴納用最快的速度說出分析，聲音低沉，語氣平緩。看來「白」不是他們想要的答案。

我嗅聞手裡的酒。儘管我不想承認，但我只聞出它是葡萄酒。你是作家，一定可以想出更好的說法，我斥責自己。我嗅聞得更用力，還把酒杯舉高，讓酒杯更貼近我的臉。酒液流進我的鼻孔，沿著下巴往下滴，落在我的大腿上。我用筆記本的其中一頁把臉上的酒拍乾。我再次嗅聞……也許有蘋果的味道。某一種甜甜的氣味？沒錯，蘋果跟甜味，我確定。但我心中閃過一絲懷疑：甜味是聞得出來的嗎？

戴納已搶先開口。「成熟的梨子和桃子糖果。杏李。梅爾檸檬。糖漬葡萄柚。幾種很像利口酒的水果，淡淡的糖漬味。橘子。糖漬橘子與糖漬橙皮。淡淡的干邑橙酒氣味。金銀花。呃……」摩根打了個勾。「百合花。濃郁的鮮奶油。優格。奶油。奶油糖。些許龍蒿與羅勒氣味。還有呃……」（打勾）「香草與烘焙香料的味道，應該是用了新的波爾多桶（barrique）。」

他根本還沒喝呢。

我感到既懷疑又敬佩。糖漬橘子？干邑橙酒？真的假的？我趕緊啜飲一小口。我喜歡這個味道，我確定。蘋果的味道再度出現……對吧？我只喝到漱口水的味道。

戴納啜飲一口並且以酒漱口。他喝到一整個香草花園與各種春季花朵。甜羅勒、乾燥的紫丁香、金銀花。「百合花，麝香百合，各式各樣的百合。」他說這款酒口感偏乾，酸度中等偏高，酒精中等偏高。

戴納停了下來，深吸一口氣，慢慢說出最後的結論：「這是二〇一〇年……不對，二〇一一年的維歐尼耶（Viognier）。法國。隆河河谷，北隆河，恭得里奧（Condrieu）。」

摩根抽出一支酒瓶，念出標籤上的資訊。是維歐尼耶，一種帶花香、香氣濃郁的葡萄。來自法國北隆河一個叫做恭得里奧的法定產區，面積五百英畝，差不多是半個中央公園。年分是二〇一二年。

我目瞪口呆。我想用力鼓掌。但是我學其他人一樣不動如山，露出「這沒什麼」的表情。摩根說，戴納的時間超出十秒。強挑剔戴納對酸度的看法。

「我認為這款酒有一種鹽味，讓你以為酸度偏高，」他說。

摩根嗅聞酒杯。「聞起來有熱狗味。」

「柳橙味的 tic tac 爽口糖，」強糾正他，「或是太老的雞肉。」

戴納搖搖頭。「太老的雞肉比較像是……克雷兒谷（Clare Valley）。澳洲的麗絲玲。」

摩根、強和亞尼克輪流盲飲一款白酒，並且對彼此的分析提出評論，然後才換紅酒上場。我沒有資格發言，只好認真聆聽他們的分析，一邊試著猜測每一款酒的答案，一邊努力捕捉他們宣稱聞到的各種不可能的氣味。一個多小時過去了，多采多姿的形容詞在酒杯形成的腔室裡迴盪：「濕瀝青」、「手術手套」、「乾掉的石榴」、「蘆筍尿」、「吡嗪」（pyrazine）、「萜烯」（terpene）、「戴納身上的汙垢」。有些氣味是我熟悉的，有些氣味我從沒聞過，有些葡萄酒裡的化學物質我是第一次聽到。他們花了不少時間爭論如何準確形容氧化的白梢楠。戴納說是乾掉的厚紙板，強反駁說應該是早餐穀片或蘋果傑克穀片的盒子。摩根認為是喜瑞爾穀片。

結束後，我和摩根到街角一間油膩膩的小餐館吃午餐。我們埋頭大吃，在只准嗅聞與品嘗卻不准吞嚥的盲飲會結束後，我們都餓瘋了。摩根大腦裡的盲飲區仍在超速檔。我漸漸意識到，其實它從未關機。他提到某一個週末他跟室友辦了一場比較培根的品嘗會。他仔細剖析如何從那種「牡蠣殼海草優格」味裡認出夏布利。他解構我手裡的漢堡為什麼這麼好吃。「這個漢堡之所以好吃，關鍵在於酸甜與鹹油之間的對比，」他一邊咀嚼雞蛋沙拉三明治，一邊解釋。「你無法否認它確實有一種鮮甜甘醇的味道。為什麼要在漢堡裡放番茄跟萵苣？番茄含有大量的酸。正因如此，漢堡才會如此美味，就是因為味道形成的對比。番茄醬的甜加上又鹹又油的東西。當然，番茄醬裡有**一大堆醋**。」

用這種方式思考食物稱不上浪漫，但是我很欣賞摩根的解構方式，它使我用全新的方式享受每一口食物帶來的樂趣。摩根繼續喋喋不休說著他會用什麼來搭鵝肝。我專心想著番茄醬裡的糖與酸，以及番茄醬如何與薯條的油膩相輔相成。

○○○

下一個星期二，以及接下來的每一個星期二，他們都准許我繼續參加EMP的盲飲會。結束後和摩根一起吃午餐成了慣例，我一邊吃著烤乳酪與燻牛肉三明治，一邊漸漸熟悉他的人生故事。他在西雅圖長大，「不折不扣的中產階級」，父母都是內科醫生，家裡有三個孩子，他是老大。他的父母偶爾會喝葡萄酒，通常是半瓶肯德傑克遜酒廠（Kendall-Jackson）的夏多內，這款酒平易近人，是葡萄酒界的量產愛情喜劇。

面對自己熱愛的事情，摩根的熱情猶如森林大火，吞噬他能得到的一切資訊。「我的大腦有一種把微小差異單位組織成系統的傾向，」他說，「部分是因為我渴望完整。完整地知道一件事，或是盡可能趨近完整。」他小時候把樂高玩到出神入化。媽媽會幫他買最複雜的樂高組合，他花一個下午就拼完了，然後再也不碰。接著他開始玩交換卡牌。小學時代的摩根把《魔法風雲會》（Magic: The Gathering）的每一張卡都背了下來（魔法力費用、延伸系列標誌、超類別、攻防值），整套卡牌數量多到連現在的他都扛不動。接下來是電玩。他每次開始玩一款新遊戲時，都覺得「我要每個角色都玩一遍，每隻怪獸都打一遍，每個任務都完成一遍，因為這樣才能把遊戲摸透。然後你就可以把它裝回盒子裡封好，說『那個世界大功告成』。」不難理解，當摩根發現搖滾樂時，他無法只是單純地享受音樂。「我一開始接觸傳統搖滾的情況是：『喔，這是齊柏林飛船（Led Zeppelin）的專輯。我把每一張專輯都買下來，每一首歌都聽一聽，了解它們之間的關聯。』還有『我要了解這些樂團的所有細節。我要了解這種音樂。我要徹底了解每一首古怪的非主打歌。我要知道他們搞了哪些人的女朋友。』」然後，是葡萄酒。摩根終於找到一個資料片永不枯竭的主題。[4]

剛到紐約的頭三年，摩根一邊追逐演戲的夢想，一邊在葡萄酒吧工作。但是他很快就發現，葡萄酒對他的吸引力更加強烈。他喜歡跟別人聊天。他甚至喜歡站著，這是別人覺得當侍酒師比較耗費體力的一件事。「我寧願變成一隻烤乳豬，也好過做臨時的工作，」他說。他決定放棄戲劇之路，是有一年秋天在華盛頓州的葡萄園採收葡萄之後。當時他與一位牛仔競技表演的小丑同住，這位小丑是業餘雕塑家，揮舞著噴燈用馬蹄鐵做雕塑。那年冬天，也就是二〇一一年，摩根回到紐約市之後全心投入葡萄酒的世界，磨練自己的技術。他在寇克巴茲酒吧（Corkbuzz）找到一份管理職，這家葡萄酒吧位於下城區，專門服務葡萄酒超級行家，老闆是大師級侍酒師。後來他去了尚．喬治餐廳，然後又到了歐瑞奧餐廳。摩根畢竟是摩根，他無法不用超越邏輯的極端方法去了解葡萄酒。他不停地看書、參加比賽、上課、參加品酒會。不只是為了賣出好酒。他相信葡萄酒可以重塑一個人的生命。所以他喜歡買酒，不喜歡買毛衣。毛衣只是物品。摩根說，透過葡萄酒「我的人類本質將會改變」。

摩根雖然總是高談闊論，但他（以及我後來認識的許多侍酒師）對這份工作的諷刺之處並非毫無察覺。他知道在普通的旁觀者眼中，自己的工作可能非常荒謬——根本就是個被捧上天、薪水過高卻有酗酒問題的服務生。還有更惡毒的形容：逢迎拍馬，專門從富豪權貴身上揩油，賣酒不只是因為酒的品質好，而是因為價格高。摩根也知道自己做的事不

4 資料片是增加遊戲內容的擴充軟體。

能拯救地球或幫助孤兒，但是經過一番自我覺察之後，他看開了。葡萄酒只不過是葡萄酒，就像畢卡索的畫只不過是帆布上的油彩，莫札特的音樂只不過是震動的空氣。

後來我們從每週碰面一次變成每週兩次。摩根把我弄進他的另一個盲飲會，時間是星期六早上，地點在丹尼・梅耶（Danny Meyer）的聯合廣場餐飲集團總部（Union Square Hospitality Group）。這個集團在紐約擁有十幾家餐廳，每一家都是地標等級。漸漸地，我甚至獲得發言資格。我可以大聲說出盲飲心得，接受每一個人的評論。

週二的盲飲會兩人一組，分兩次輪流盲飲六支酒。週六則是圓桌盲飲，由每週的主辦人選定主題，大家一起仔細鑽研，主辦人也要負責購買符合主題的酒（例如單寧強烈的紅酒、酸度高的白酒，或是溫暖氣候且泡過橡木桶的酒）。盲飲會用的酒平均每支二十五美元，不會便宜到無法表現酒款的典型風格，也不會貴到害我們破產。儘管如此，累積起來仍是可觀的開銷。在重要考試前最密集的準備時期，摩根每週花費兩百五十美元買練習用的葡萄酒。加上搭飛機去找大師級侍酒師指導的花費，或是測驗費用，摩根每年為了準備大師級侍酒師考試的開銷約為一萬五千美元。以他在歐瑞奧餐廳七萬兩千美元的年薪來說，這是一筆不小的支出。我問摩根開銷的事，他顯得不以為意。「跟念大學或研究所比起來，還是便宜多了，」他說。而且他還有足夠的錢可以揮霍在有趣的葡萄酒上。我們碰面不久之後，摩根買了三箱酒，價值一千兩百美元，幾乎是他每月房租的兩倍。

在盲飲會裡正確辨識酒款感覺像是不可能的任務，因此我第一次做到的時候，心中只有一個想法：我是天才。那一刻我發現我必定是不世出的感官奇才。我（很可能是空前絕後）的味蕾準備在世上大顯身手。知名酒廠會求我品嘗他們的佳釀。葡萄酒雜誌會給我六位數的酬勞，懇求我成為他們的明星酒評家。說不定是七位數。

以上的幻想只持續了三十七秒整，因為我得開始喝下一款酒。從第一口就毫無頭緒。兩個星期之後，我才再度辨識出下一款酒。

一次與六款葡萄酒搏鬥，就像站在設定為尤塞恩・波特（Usain Bolt）模式的跑步機上。[5]第一款酒還可以。到了第三款，我已陷入極度恐慌。單寧在我嘴裡漸漸累積。我把酒杯拿起又放下，試著聞別的東西重振嗅覺。橡木？胡椒？誰可以給我一些胡椒嗎？我犯下盲飲的終極大忌，為求生存借用外在邏輯，而不是靠杯子裡的酒尋找蛛絲馬跡。第一杯是格納希，戴納會帶兩支格納希過來嗎？（答案：第二杯酒不是，為什麼不是？）我陷入恐慌。該不會每一杯酒都是同一瓶吧？我的嗅覺死掉了嗎？計時器響起，但是我沒有停下來：我當機了。

儘管如此，我還是自認品酒技術慢慢進步了，直到我收到一封電郵。那封信的寄件人是不久前某個星期二跟我同一組的侍酒師，我們是在德爾弗里斯可餐廳（Del Frisco）的那場盲飲會上認識的，這家牛排館位在中城區，不再使用的雪茄櫃上方掛著裸女畫像。我的拍檔盲飲時，我有樣學樣地跟其他侍酒師做了一樣的事情：邊聽邊做筆記，然後根據筆記提出評論，指出他遺漏的細節。**大錯特錯**。當然，我或許進步了，可是說到提出有參考價值

5 尤塞恩・波特是百米短跑的世界紀錄保持人。

的意見，我還差得很遠。這是他們的世界，我必須證明自己的實力才能佔有一席之地。

「我想向你道歉，因為在德爾弗里斯可品酒的那一次，我對你很不客氣，」他的信如此開頭，「對我們來說，品酒是一件神聖的事。就像傘兵的降落傘一樣。如果你沒有降落傘，你就不是傘兵的一份子，也永遠無法明白背後的原因。當你對我的盲飲提出評論時，我心想：『這女的以為自己是誰啊？』」

○　○　○

摩根似乎很喜歡拉著我當他的忠實觀眾。因此他自告奮勇，要教我品酒的基本常識。他建議我跟他一起參加一場批發商的活動。除了指導我，他也將練習盲飲會裡沒有出現的葡萄品種，以及收集釀酒師的想法以便向客人（或測驗與比賽的評審）推薦酒款。

我到的時候，他正在幫型錄分類。大約有九十五家酒廠，每款酒會開二到十瓶。今天將是漫長的一天。摩根提醒我，我們必須全神貫注，按部就班。

「首先，這是一場社交活動。來這裡的人不只是為了品酒，也想拓展人脈，」他帶著我穿梭在桌子與桌子之間的擁擠走道。「第二，不要把酒喝下去，不然你會死得很慘。」

他停在一排香檳前面，舉起我們的杯子請對方倒酒。他啜飲一小口之後，瞪大了眼睛。

「這酒太棒了！」摩根驚呼。他經常這麼說，使我不得不重新思考「太棒了」的定義。對摩根來說，「太棒了」指的可能是：德國一九七〇年代為改善地籍圖缺點進行的土地改革：「cru」和「crû」之間的細微差異，可能導致「特級」（Grand Cru）的定義曖昧不明[6]；波利維亞的「生命之水」[7]；或是沒加「dosage」的香檳[8]，氣泡酒經常添加糖與酒的混合物，有時也稱為「liqueur d'expedition」。（警語：愛酒人士的日常生活裡充滿無謂的大量法語。餐巾是serviette，氣泡是pétillance，整理餐桌叫做mise-en-place。很做作？Oui。）

我們造訪摩根事先標示的每一個酒廠攤位。他形容葡萄酒的方式，總是令我想要立刻聞一聞他剛才品嘗的酒。「薩拉米乾腸屁，」他正式宣布。我們嘗了一支布根地紅酒之後，他說它是「葡萄酒界的蘇菲亞・羅蘭」。他叫一支夏布利「快客古柯鹼版本的夏多內」，還說一款麗絲玲具有「發動千艘戰船的容貌」。[9]有一支出色的黑皮諾是「從側面搞死你的酒」，一支非常好喝的加州卡本內是「搞死你的酒」，又叫「紫色火箭筒」、「有料葡萄汁」、「紫色橡木汁」。有一款白蘇維濃，他說是「蘆筍屁水加上一點葡萄汁」。

摩根全心鑽研建立葡萄酒「結構」的五大特性：糖分、酸度、酒精、單寧與口感，又稱「酒體」。這些特性構成我們對酒的整體印象，也是葡萄酒專業術語的世界語言。摩根和強可以花一整天，爭論維歐尼耶聞起來比較像熱狗還是太老的雞肉（他們很可能早就做過）。但是酸度或酒精濃度都是量化、客觀、可以立即了解的特性。

6 cru指特定區域的葡萄酒，crû意指「耕種、生長」
7 指波利維亞的特產辛佳尼白蘭地（Singani）。
8 dosage是法語，意指混合物。
9 這句話本是用來形容引發特洛伊戰爭的美女海倫。

那麼，你如何辨認出這些特性呢？

想像你面前有一杯酒。第一步：仔細觀察。在使用鼻子或舌頭之前，先用眼睛蒐集結構與風味的線索。手指捏著杯腳，手腕快速轉動幾圈，讓旋轉的酒覆蓋在杯壁上。停止轉動後，觀察酒滴（又稱「酒淚」）流下來的速度與寬度。酒淚濃稠緩慢、輪廓清晰的話，意味著酒精濃度較高；較稀較快，或是成片流下，則意味著酒精濃度比較低。

下一步：聞。一定要聞，而且不能只聞一處。舉起酒杯，使酒面幾乎與地板平行，這樣能增加酒與空氣接觸的面積。一邊聞，鼻孔一邊在酒面上方畫十字，捕捉來自每個角度的香氣。有些人喜歡張著嘴聞酒，所以聞酒時很像氣喘吁吁的狗。誰說品酒很「文明」。

接下來，你終於可以啜飲一小口。讓酒液掃過嘴邊，噘起嘴唇，嘴型像是要說「喔，不」（oh no），吸入酒液上方的空氣，讓酒液感覺像在舌頭上沸騰冒泡一樣（確實是個「喔，不」的情況）。幫酒「透氣」（aerating）是品酒行家大聲喝酒的正式說法，有助於釋放氣味分子，氣味分子與味覺結合，形成風味。雖然看起來很蠢，也可能因此沒朋友，但這麼做能使你更加了解酒。

下一步，吐酒或吞酒。舌尖頂住上顎，仔細觀察自己分泌了多少唾液。很多或很少？是游泳池，還是灑水器？若你不確定，請低頭望向地板。如果此時張開嘴巴，口水會流出來嗎？如果會，就是高酸度的酒。如果不會，可能是低酸度的酒（前者大多來自比較涼爽的種植地區，後者來自溫暖地區）。若想確定口腔對酸的反應，可使用檸檬。把一顆酸檸檬切半，拿一片鮮黃色的酸檸檬，對著杯口擠出檸檬汁。舉起杯子，放在唇邊，喝一口酸酸的檸檬汁。我無意探究你的隱私，不過現在你嘴裡有多少口水？你的舌頭上應該累積了一灘口水才對。這就是口腔對酸味的反應（甚至光想到酸味就有這種反應）——我們分泌唾液做為緩衝，用來中和酸的刺激。

當你準備好判斷酒精濃度時，請再啜飲一小口。佐餐酒的酒精濃度通常在百分之九到百分之十六之間（龍舌蘭酒約為百分之四十）。此時的關鍵在於精確度：盲飲時，百分之一的差距，是決定一支麗絲玲白酒來自法國或澳洲的關鍵。酒精濃度可能會透露葡萄的種植區域（還有其他資訊，例如種植季節的溫度）。如果你覺得奇怪，別忘了每一瓶酒的起點都是甜美的葡萄汁雜燴，也就是「葡萄漿」，混雜著葡萄皮、葡萄籽、梗和壓爛的果肉（葡萄酒不會添加品酒筆記說的什麼金銀花、桃子或柳橙味 tic tac 爽口糖，倒是有可能添加不小心跟葡萄一起挖起來的蜘蛛、大鼠、小鼠跟蛇）。葡萄漿的發酵由酵母開啟，包括天然酵母以及為了特定效果而添加的酵母。酵母會把葡萄的糖分全數或部分轉化成酒精。溫暖氣候種植出的葡萄比較成熟，含糖量也比較高，以發酵的原則來說，應可釀出酒精濃度較高的葡萄酒。涼爽氣候的葡萄通常含糖量較低，會釀出酒精濃度較低的葡萄酒。你正在喝的酒是哪一種？酒精濃度是高是低？吞下一口酒然後呼氣，就像在檢查自己是否有口臭那樣（吐酒會失去完整的效果）。請注意酒精的燒灼感最遠抵達口腔與喉嚨的哪個部位。是舌根嗎？那酒精濃度大概不高，可能是百分之十二的紅酒。是喉嚨根部，靠近下顎的地方嗎？中等濃度，差不多百分之十三，逼近百分之十四。燒灼感一路流到胸口？可能是高於百分之十四，屬於高濃度。酒精是一種超越味覺的感受。試著回想一下你上一次喝的那口龍舌蘭酒，烈到你的舌頭、喉嚨、食道跟胃都發燙。燒灼感愈強，酒精濃度愈高。

再啜飲一小口。感覺還不錯吧？接下來是單寧。化學上，單寧是天然的多酚類化合物，來自葡萄的皮、梗或籽，以及用來陳放葡萄酒的木桶（白酒的單寧主要來自木桶，因為白酒浸泡葡萄皮與葡萄籽的時間通常少於紅酒）。單寧與其說是一種味道，更像是一種口感。所以跟葡萄酒乾不乾沒關係，「乾」指的是不甜。之所以會令人混淆，是因為單寧會在嘴裡留下乾澀的感覺。單寧強烈的酒喝起來像砂紙（例如年輕的內比歐露），單寧較弱的酒喝起來像絲綢（例如黑皮諾）。有些品酒的人斷言自己分得出單寧來自葡萄或木桶，葡萄的單寧會給舌頭跟上顎一種粗糙感，木桶的單寧會讓嘴唇跟牙齦之間的縫隙特別乾。

所謂的酒體同樣是比較像觸覺，而非味覺，它來自酒精與糖分。可以想想脫脂牛奶、全脂牛奶和濃稠奶油之間的差別。或者更好的作法是，把這三種東西都放進嘴裡感受一下。輕盈（light）、中度（medium）和飽滿（full）的酒體，就是類似這樣的差別。

請再啜飲一口。最後要辨認的是甜度。跟組成結構的其他特性一樣，甜度也有程度之分。但是在這裡的甜度並非一端是「高」甜度，另一端是「無」甜度，那樣就太合乎邏輯了。當初某一個熱愛葡萄酒的虐待狂，決定把甜度表的一端設定為「甜」，另一端是「乾」，中間是「半甜」（semi-sweet）或「略乾」（off-dry）之類的形容詞。沒錯，博學的葡萄酒行家必須用「乾」來形容一種液體。請回想一下爛泥狀的葡萄漿：「乾」的酒裡，所有糖分都發酵變成酒精。但酒廠有時候會選擇中止發酵，所以最後釀出來的酒甜度較高，含有「殘餘糖分」。

甜度應該很容易判斷，因為我們都吃過糖。但有趣的是，如果葡萄酒的酸度夠高，我們可能會低估它的實際糖分，或甚至以為它完全無糖。讓我們回到那杯想像中的檸檬汁。想像你面前有第二個杯子，裡面裝著糖水。喝一口糖水。噁，很甜。接著喝一口檸檬汁。超噁，太酸了。把檸檬汁跟糖水一比一混合。好喝。少許酸度可以把甜膩的一口酒變成美味佳釀，反之亦然。這正是可口可樂的祕訣。一罐可口可樂含有十顆方糖，但十顆方糖融化在白開水裡難以入喉。十顆方糖放在可樂裡之所以好喝，是因為可樂含有適量的磷酸，使可樂的酸鹼值等同於某些動物的胃酸。同樣的邏輯亦適用於酸度與糖分都很高的白酒，例如某幾種麗絲玲，使它們如此順口的正是這種充滿活力的味覺張力。「生氣勃發的能量，」摩根喝到這樣的酒時如此說道，就像是「把重達一千磅的槓鈴放在一條拉緊的繩索上保持平衡」。怎麼做才能把酸跟甜分開呢？流口水測試可以提醒你酸度很高，這表示你可能低估了甜度。既然殘餘糖分會讓酒變得濃稠，你也可以先感受酒是厚重或輕柔來判斷甜度。

我和摩根一起品酒時，我們飲酒的比率是我牛飲四口，他才啜飲兩口。我後來才知道專業品酒人會安排啜飲跟嗅聞的比例。「連續多次品嘗同一款酒毫無用處，這樣重複品酒只會讓人徹底失去感受力，」知名釀酒學學家艾米爾．培諾（Émile Peynaud）在著作《葡萄酒的風味》（*The Taste of Wine*）中如此寫道。長期接觸同一種氣味，會使鼻子暫時對這種氣味「失明」，這種作用叫做嗅覺疲勞。聞同一款酒三到四次之後，你的鼻子可能已聞飽了它的香氣，所以對它的味道不再敏感。若你必須在時間限制內猜出三號白酒的身分，嗅覺疲勞非常惱人。這種時候，如果坐在你旁邊的人沒有使用體香劑，你算滿幸運的。「只要已將味道仔細留在腦海裡，第一印象最為準確，」培諾堅稱（他也反對一邊品酒一邊喝水，這樣會混淆味蕾。所以我堅持在品酒之前或之後才補充水分）。

批發商的品酒會，我和摩根連一半都沒逛完。但是我不斷重複結構分析：嗅聞、搖酒、流口水、呼氣、吐酒，很多很多次，很多很多酒，多到我算不清。我吐酒，分兩次吐。儘管如此，酒精還是滲入我的口腔表面。我感到噁心，臉色微微發青。

我們巧遇摩根的朋友潔露莎（Jerusha），她在蘇活區的一家餐廳工作。我問她應付這種馬拉松式的品酒有沒有什麼訣竅，她建議我喝排毒茶來解酒。

摩根對我們感到不屑。他依然非常清醒。「努力不懈就是我的最佳解酒劑，」他說。

○ ○ ○

優秀的品酒人早在初次品酒之前，就已開始鍛鍊舌頭跟鼻子。在我拿起面前這杯酒之前的每一天、每一小時、每一分鐘如何對待自己的身體，將決定我的味覺與嗅覺能否發揮作用。簡單地說：我的生活需要大幅度改變。

每一位侍酒師都有一套用來保持味蕾敏銳的習慣，為品酒做好準備。麥克（Michael）戒除咖啡。克莉絲蒂（Kristie）堅持用牛奶稀釋咖啡。亞尼克只喝冰咖啡。另一個麥克相信光靠冰水就能把他的味蕾震醒。保羅．巴索（Paolo Basso）曾在世界最佳侍酒師大賽贏得一次冠軍、三次亞軍，他堅信隨時保持輕微飢餓對他有幫助。正如動物世界裡最強大的掠食者一樣，他相信這會讓他變成「一頭嗅到獵物蹤跡的飢餓野獸」。

我調查了侍酒師鍛鍊味蕾的各種技巧。他們說，第一步是自我認識。我必須觀察舌頭的恢復時間，也就是無論我吃了什麼東西，舌頭得花多久時間才能擺脫餘味。經由試誤法，我確定我的舌頭大約需要兩小時才能完全恢復。因此在我品酒之前的兩個小時內，我不能吃、喝或刷牙。這麼做的另一個好處是我會餓著肚子參加品酒會，蓄勢待發嗅聞出各種味道。我認識的葡萄酒達人都和摩根一樣，為鼻子與舌頭的「脾氣」累積了詳盡的資料。「我發現如果我住得離水邊近一點，味蕾會變得比較敏銳，」芝加哥的侍酒師克雷格・辛德勒（Craig Sindelar）說。康拉德・瑞迪克（Conrad Reddick）是克雷格在現代風格的艾利尼亞餐廳（Alinea）的前同事，他建議我用生物動力曆法（biodynamic calendar）來記錄味蕾的表現。這是以生物動力法種植葡萄的農夫所使用的曆法，把有機運動的自然意識價值觀，跟水晶球治療師的正能量／快樂氣氛神祕主義結合在一起（例如，這套曆法建議想要「使精神滲透物質」的生物動力酒廠，把一個塞滿蓍草的鹿膀胱埋在葡萄園裡）。康拉德發現，酒款的風味會隨著生物動力曆法上的日子變化，例如「果日」（fruit day）風味較佳，「根日」（root day）風味較差。有些愛酒人士表示，氣壓也可能突顯或壓抑葡萄酒的表現。我開始記錄外在因素對感官的干擾，例如我家暖氣吹出的乾風，或是下雨的早晨。

下一步是自我剝奪。不可以讓味覺或嗅覺雜音干擾訊號。摩根在品酒之前不刷牙，他認為薄荷的味道會汙染那天早上的味覺。為了不燙傷舌頭，侍酒師戴文・布羅格利（Devon Brolie）與克雷格・柯林斯（Craig Collins）在參加大師級侍酒師考試之前，整整一年半不喝比微溫更燙的液體，無論是咖啡、湯、茶，他們都只喝冷的。亞尼克只喝冰咖啡也是基於相同的原因。只吃冷食：打勾。有些侍酒師在品酒的前一天不吃重口味的食物。我發誓戒除生洋蔥、大蒜跟易醉的調酒，這些味道很容易死巴著舌頭不放，就像在主人家待了太久的客人。香菸顯然是種負擔，但是我本來就不抽菸。我上了美國侍酒師協會（American Sommelier Association）主席安德魯．貝爾（Andrew Bell）開的盲飲課，他建議學生避免接觸極端的味道，這可使舌頭變得更敏銳，捕捉到微量的味覺刺激物。你覺得判斷葡萄酒的酒精濃度很難？「一個月不要碰該死的烈酒，」這是他給一位學生的建議。葡萄酒的酒精濃度低於烈酒，喝過加了烈酒的調酒會讓葡萄酒喝起來清淡如水。安德魯甚至不在食物上多灑一點鹽，端上桌就直接吃。有段時間他甚至完全不喝咖啡，他說咖啡是「味蕾殺手」。我覺得難以置信，因為很多侍酒師都嗜飲濃縮咖啡。但安德魯堅稱：「味道全都變了，咖啡使味蕾變得遲鈍。」

我在努力追趕錯過的鍛鍊時間，所以只要是可以幫我加速進步的方法，我都願意嘗試。管他的，我心想。我把咖啡列入戒斷清單，也決定不在食物裡多灑鹽。保險起見，我還多加了一道禁令：我不再吃超辣的食物，因為我有一位朋友的父親是知名法國主廚，聽說他嚴禁廚房裡的員工吃辛辣的東西，以免味覺遲鈍導致菜餚過度調味。這是有可能的。每天接觸辛辣的食物可能會使舌頭的神經末梢變得遲鈍，所以一開始只加少許是拉差辣椒醬（Sriracha），最後可能會演變成用辣椒醬淹沒食物。我們似乎也會習慣唾液的鹹度，因為我們攝取的鹽分會影響唾液（值得注意的是，辣是一種活化痛覺受體的溫度感受，而不是對味蕾產生作用的味道)。

接下來是持之以恆。無論是品酒之時或品酒之前,堅持自己的習慣都很重要。這樣才能把令人混淆的變因降到最低,認真辨認酒的特性。克雷格・辛德勒品酒前,會用洗鼻器沖掉鼻子裡的髒東西。我參加的盲飲會裡,有個成員出遠門會自備燕麥捲,這樣在路上品酒時才能維持相同的味覺基值。他的一位加州侍酒師朋友覺得自己早上十點的味覺表現最好,所以當他知道進階級侍酒師考試將在德州時間早上八點舉行(也就是太平洋時間的早上六點),他決定調整生理時鐘,好讓考試當天德州的早上八點對他來說等於加州的早上十點——他的黃金時刻。考試前整整三個星期,他老婆每天早上四點就起床幫他倒好一組酒。我是在週六的盲飲會上聽到這件事,摩根也在。我的反應是:「太誇張了。」其他人的反應則是:「盲飲測驗的時間提前多久公布?」在幾位侍酒師的建議之下,我囤積了我常用的佳齒牙膏(Crest),消除換牙膏的煩惱。因為持之以恆的意思是控制身旁事物散發的氣味,所以我也囤積了我常用的體香劑、洗髮精、潤髮乳、沐浴乳,並且改用無香精洗衣劑。我老早就不用香水了,因為只有無知的人才會噴香水去參加品酒會。

我愈來愈擔心技術方面的問題。我按照侍酒師的指示建立感官記憶,把握嗅聞植物跟食物的每個機會。但是這麼做的時候,我很擔心自己嗅聞的方式不對。我應該快速、短暫地吸氣,還是吸得深一點、久一點?我該想些什麼才能留住嗅覺印象?光是把物品在鼻子前面揮一揮是不夠的。

我請教了法國調香師尚・克勞德・岱爾維爾(Jean Claude Delville),我停止使用的香水剛好是他的作品，倩碧的香水「快樂」（Happy）也是他的諸多經典作品之一。在他努力成為「鼻子」（業界稱呼調香師的術語）的過程中，他記住了一萬五千種氣味。他願意幫助我用更系統化的方式進行嗅覺訓練。我們在他的辦公室碰面，那是一間位於翠貝卡區（Tribeca）的閃亮閣樓，有挑高的天花板跟白色柱子。他迅速帶領我走進實驗室，棕色玻璃瓶放滿整個牆面。他把兩張白色紙片放進一個標示著「潘柏木」（Pamplewood）的容器裡[10]，然後把其中一張拿給我聞。顯然，我就連學吐酒也還嫌太早。「重點是學會怎麼呼吸，」尚・克勞德說。他叫我跟著他一起做。他把紙片放在鼻子前面，深深地吸入一口氣，深到我看見他的胸腔鼓起來。他摒住呼吸（一秒鐘），然後呼氣。「要用鼻子呼氣，否則氣味分子會卡在鼻子裡，」他說。他還是學生的時候，會帶著他想掌握的氣味樣本一起鎖在黑暗的房間裡，一次聞一種氣味，同時一邊試著建立氣味跟地點、人物、時刻或形狀之間的關聯。「對我來說，廣藿香是棕色的、紅色的、大地的、神祕主義的。它的形狀很奇怪，是三角形，因為它有一點兇，」他說，「你必須相信它才能記住它，無論是好是壞。」另一位法國調香師告訴我，如果不用文字描述氣味，就不可能記住氣味。「最好是大聲說出來，」他說，「洗澡的時候。吃早餐的時候。吃午餐的時候。香草、香料、肉類，所有東西。甚至在街上也可以。汽車、柴油、空氣。只要有時間，就算只是短短幾秒，都可以用文字描述氣味。慢慢地，你會愈來愈上手。」那天晚上我站在廚房水槽旁，打開香料罐一一吸入它們的香味。搭地鐵成了辨識人類身體功能的練習：汗、尿、一絲微弱的嘔吐物氣味。我試著像尚・克勞德那樣燃起對這些氣味的熱情，他很喜歡大眾交通工具裡的嗅覺真人秀。他每天早上一定會聞一次。「我吸氣，摒住呼吸。然後呼氣……哇！如此豐富，卻如此單純。」

○○○

侍酒師堅持的習慣與犧牲，有些比較像是迷信，缺乏科學根據。但是對這些人來說，它們確實有用。當然，這也是因為輸贏大到他們願意放手一試。

令我驚訝的是，摩根戒斷的東西不多。他的味覺鍛鍊注重心理層面。從心態下手，而不是飲食習慣。他最喜歡的其中一本書叫《箭術與禪心》（*Zen in the Art of Archery*），是一位德國哲學家描述自己在日本跟隨一位禪師學習箭術六年的故事。摩根寄了書中的一段話給我，這封電郵的主旨是「很有共鳴的一段話」：

> 若你不釋放自己，就無法在正確的時刻射出正確的一箭。你……因為害怕失敗而畏縮。如此一來，你不得不尋求並非操之在己的協助；尋求這樣的協助，你的手就無法如同孩子的手那般，以正確的方式張開。

摩根在註解裡說明這段話與盲飲的關聯。「如果你跟行為融為一體，並且精準地執行

10 潘柏木是一種利用氫化試劑還原酮製造出來的化合物，用於香水製造。

過程，你就會變成結果本身，」他寫道。「失敗的本質是恐懼和憂慮。」

摩根認為，盲飲最重要的關鍵在於鍛鍊專注力與心理控制。你必須一邊全神貫注聆聽葡萄酒傳達的訊息，一邊消除必然會悄悄爬進大腦的懷疑，它輕聲地說：你總是喝不出蜜思嘉葡萄。「你需要意識。你需要專注力。你需要告訴自己：『我要與感官同調合拍，我要聆聽這杯酒，』」摩根說。

他叫我去做瑜珈，他說瑜珈幫助他關掉大腦的某些區域，使他專注於當下的行為，對盲飲超有幫助。

「完成二十五分鐘的盲飲之後，我感覺不到時間流逝，」他說。「因為有意識的、嘈雜的心智消失了，對吧？……你完全融入行為之中。你不再是你自己，而是變成做這件事的工具。你必須把自己完全交給葡萄酒，才能夠了解它。例如，我不可能硬把這瓶酒變成加州夏多內，再怎麼努力都不可能。你必須學會如何聆聽。」

專注品嘗（學習聆聽）始於對身旁的一切敞開心胸，摩根說。他建議我練習隨時隨地接收全新的經驗。可以從簡單的事情做起，例如搭地鐵不要戴耳機。「不要沉溺在自己的故事裡，」摩根說，「這意思不是說，一上車就想知道『今天發生什麼事？這世界怎麼了？』。而是專注於內在，自我參照。」

無論是做瑜珈的下犬式，或是在批發商的品酒活動上，摩根（以及其他侍酒師）的生活幾乎全部用來賣酒、品酒、評酒、喝酒以及思考跟酒有關的事。「這是一個每當你不用功的時候，就會覺得超有罪惡感也超討厭自己的領域，」一位侍酒師跟我喝咖啡時這麼說。

侍酒師米雅（Mia）是摩根在愛默生的同學，某天早上在品酒會上，她說自己會在上班途中複習字卡。這種習慣還算常見，但米雅騎單車上班。

在餐廳的階級制度裡，侍酒師是拿著字卡的溫柔書呆子，廚師是揮舞刀子的性感壞男孩，男人不壞女人不愛。但那又如何，誰在乎這個？侍酒師沒空戀愛。他們經常一天工作十二到十四小時，一週工作六天。「一週工作五天是種奢侈，」維多莉亞語帶諷刺地說。不工作的夜晚，通常是週一跟週二，他們會在派對上碰面，參加派對通常只是喝特別酒款的藉口。說不定有人會拿出一支瑪土撒拉瓶的二十年加州卡本內，或是一瓶葡萄漿裡撒入大麻花苞的大麻酒。摩根的朋友辦過一場叫做「不公平比賽」的葡萄酒派對，每位參加者都必須帶奇特到無法盲飲的酒款。他們成群結隊在紐約市遊蕩，通常會在老百姓離開很久之後才進入酒吧。在他們的字典裡，「均衡」只跟酒的風味有關。

從專業侍酒師協會延伸出來的人際關係，成了一個真正的大家庭。「他們缺乏立刻成家的動力，因為這個大家庭給人歸屬感，」大師級侍酒師蘿拉．威廉森（Laura Williamson）告訴我。我認識的侍酒師之中，和侍酒師交往的人數多到不成比例。就算不是跟侍酒師交往，也是跟葡萄酒領域的人交往。摩根目前還不考慮談戀愛。他說部分原因是他無法一直負擔兩人份的品嘗套餐，而他還沒打算捨棄品嘗套餐。

CHAPTER

3

比賽

The Showdown

雖然我在葡萄酒領域漸漸站穩腳步，但是對侍酒師比賽的興趣絲毫未減，我非常渴望親眼觀賞一場比賽。侍酒師一直使我感到好奇不已，因為他們身上結合了兩種極端人格：認真好學與奢侈享樂，我很少在同一個人身上看見這種組合。而侍酒師比賽正是這種特質的具體呈現。

單從他們飲酒的數量與夜貓子習性看來，我以為他們都是奢侈揮霍的派對動物。其實不然。他們一絲不苟如學者般研究自己與客戶的享樂經驗，猶如十九世紀美國政治家丹尼爾・韋伯斯特（Daniel Webster）與滾石樂團的基斯・理查茲（Keith Richards）開枝散葉，形成一個全新種族（侍酒師跟這兩位名人也有共通點：他們大多是白人男性）。侍酒師對葡萄酒即將提供的歡愉感到焦慮，他們把飲酒這件事抽絲剝繭，從酒的溫度到酒杯的擺放。我問摩根他會買一瓶三百美元的酒，還是三瓶一百美元的酒。他變得極度嚴肅，沉默了幾分鐘之後才回答。「對我來說，這是最複雜的享樂計算題，」他說。

幸好侍酒師比賽比我想像的更加普遍。有德州侍酒師比賽（TexSom）、頂尖侍酒師比賽（TopSomm）、侍酒師大滿貫（Somm Slam）、火線下的侍酒師（Somms Under Fire）、最佳青年侍酒師比賽（Best Young Sommelier）、美國最佳侍酒師比賽（Best Sommelier in America）、美洲最佳侍酒師比賽（Best Sommelier of the Americas）和世界最佳侍酒師大賽，以特定產區為主題的盲飲比賽更是多得不得了。幾乎每個月都會舉行一場比賽，佔據了侍酒師所有的時間。除了獲勝能拿來自誇之外，這些比賽也像是專業侍酒師協會各級考試的彩排，令人熱血沸騰。另一個好處是有機會親近有力人士。冠軍可以獲得獎金，或是前往贊助比賽的任何國家，旅費全免。

我認識的侍酒師都認為，頂尖侍酒師比賽是規模最大、最重要、名望最高的比賽。它就像侍酒師的超級盃，經過多輪淘汰之後選出全國最優秀的侍酒師。以美國國內的比賽來說，頂尖侍酒師是水準最高的品酒（與侍酒）大聯盟比賽。

週六的盲飲結束之後，大家通常會多留一會兒，互相推薦餐廳，或是聊自己看完那本關於巴巴瑞斯柯產區的新書之後有什麼心得。但是這天早上，每個人都急著結束盲飲。我已經喝到第六杯酒，連畫著色畫都有問題，更加不可能完成計時測驗，但是其他人都急著回家考頂尖侍酒師比賽的資格考。那是二十分鐘內完成八十道題目的線上測驗，通過才能參加第一輪比賽。

我想要近距離觀察摩根的一舉一動，所以問他能否讓我看他做線上測驗。摩根和我不一樣，他的能力似乎永遠不會因為酒精而變鈍，或許他早已對酒精的影響免疫。在前往布魯克林區的L線地鐵上，他語氣高傲地指出美國顧客用餐時常見的心態問題：他們認為餐廳應該完全遷就客人，不願意敞開心胸接受新的、陌生的事物。

「你進戲院看《安娜．卡列尼娜》的時候，不可能期待她最後不會死吧，蠢蛋。所以不行，這道菜不能不加香菇。也不可能去除麩質。因為義大利麵不可能無麩質，渾蛋，」他罵道。「無論是一切如你所想，或是碰到難以理解和接受的、不符合期待的情況，那又如何？……對我來說，走進一家餐廳就像去看一場表演。我不期待自己一定會喜歡。我期待看見的是主廚、葡萄酒總監與服務人員的想法。」

我們經過加油站，來到他居住的街廓，一路上他的男高音獨白未曾停歇。沿途有改建過的嶄新公寓，也有用鐵絲網圍住的老舊磚造無電梯建築。摩根住的房子是戰前建築，不是嶄新的那種。他的兩個室友都不是葡萄酒業界人士，但他們顯然允許摩根在家裡任意布置。

一進門就看到兩個塞滿葡萄酒的酒櫃。五張大大的法國葡萄產區地圖掛在客廳牆上，每張都有將近四英呎寬。我數了數，廚房流理台上有五個空葡萄酒瓶，書架上有一個空的烈酒瓶。摩根的書桌上有一個空的獨立酒莊香檳酒瓶，這是職人版本的傳統法國氣泡酒，最近在侍酒師的 Instagram 上很流行。「這是我昨晚的開胃酒，」摩根朝香檳點了點頭。沒有放酒的平面堆滿了跟酒有關的書。《一〇〇一款必飲威士忌》（*1001 Whiskies*）、《侏羅葡萄酒》（*Jura Wine*）、《北美洲黑皮諾》（*North American Pinot Noir*）、《布根地葡萄酒》（*The Wines of Burgundy*）、《德國葡萄酒地圖》（*Wine Atlas of Germany*）、《來回布根地》（*To Burgundy and Back Again*）、《葡萄酒簡史》（*A Short History of Wine*）、《廚房裡的酒窖達人》（*Cellarmasters in the Kitchen*）、《葡萄酒的字裡行間》（*Reading Between the Vines*），還有一本格格不入的《罪與罰》（*Crime and Punishment*）。有扇窗戶底下放著一個木條箱，塞滿了手掌大小的筆記本，裡面是摩根用潦草字跡寫下的品酒與用餐感想。他隨手打開一本，是他在哈斯餐廳（Hearth）單獨享用品嘗套餐的感想，哈斯是風土酒吧的姊妹餐廳。「關於待客之道，」他寫道，「應該隨時有人在門口迎賓。」

摩根在廚房裡慢條斯理煮咖啡、吃貝果，然後我們在他的電腦前坐下來。他的螢幕上貼著一張便利貼，上面寫著：

未來的摩根，請善用時間、好好努力。
過去的摩根上

線上測驗可以翻書，但如果你必須浪費寶貴的時間找答案，分數一定不會高。為了以防萬一，摩根翻了一下小抄（一百一十六頁）跟字卡（兩千兩百張），確定他知道可以在哪裡找到答案，例如貴腐酒葡萄漿的最低重量是多少。

通過頂尖侍酒師資格考的人將受邀參加區域準決賽，舉辦的地點包括美國的幾座城市。比賽有兩個類別：頂尖侍酒師與頂尖新進侍酒師（TopNewSomm），兩個類別的前六名參賽者將飛到加州參加決賽。摩根連續兩年進入全國決賽，但是他從未得過優勝（優勝者不准再度參賽）。

「開始吧，」摩根說。他身體前傾，臉跟螢幕的距離只有幾英吋。

我只捕捉到零星的幾個題目。摩根答題很快，我根本來不及抄題目。「請把以下幾款阿馬羅利口酒（amaro）從最乾排到最甜（上至下）。」「請配對河流與法定產區。」「請配對國家與目前種植葡萄的約略面積。」

「這一題糟透了，」摩根一邊低聲抱怨，一邊打字點滑鼠。「可惡，好吧，看一下……從北到南，我的老天……這一題真的很難，因為原酒是未經稀釋的清酒……非常刁鑽的題目……這一題賤透了……」

雖然他滿嘴抱怨，但說真的，他看起來非常興奮。

○　○　○

摩根晉級到區域賽，但是他馬上就在侍酒測驗裡犯了錯：他手上的銀托盤掉在沒鋪地毯的木頭地板上，嚇壞了評審。儘管如此，他還是順利晉級決賽。他即將前往加州參加決賽，他認為這對訓練與建立人脈來說都很重要。「你必須想辦法加入這些社交活動，」他強調。

我也不想錯過。比賽將反映出侍酒師工作會碰到的真實情境，而且保證會完整涵蓋侍酒師的每一項正式職責。除此之外，雖然餐廳有時會為了節省時間或空間而便宜行事，但頂尖侍酒師比賽將以最高的侍酒標準要求參賽者。為時一整天的決賽，是我親眼觀察侍酒師把理想付諸實行的好機會。我也可以趁機熟悉這些標準，為我自己日後應考做準備。畢竟，我一直到最近才知道，打開氣泡酒的正確方式不是把拇指卡在瓶塞底下，瞄準某一樣打不破的東西。你應該旋轉瓶塞，並且用餐巾取下瓶塞，此時會發出「嘶」的一聲，音量不能大於（以下是我學到的術語）「修女放屁」或「伊莉莎白女王排氣」的聲音。

頂尖侍酒師比賽的評審通常也是大師級侍酒師考試的評審，但是我說服主辦單位讓我擔任客座評審。我向他們保證，身為外行人，我可以提供獨特觀點。我可以基於一種整體的……感覺，為參賽者的服務提供更好的評斷。神奇的是，他們同意了。

比賽包含三項測驗，跟專業侍酒師協會的考試一樣。有理論測驗，摩根與其他參賽者必須回答各種艱難的問題，從陳放原則到土壤種類等等。盲飲測驗無須多加解釋。至於侍酒測驗，參賽者必須服務吝嗇、吵鬧、愛問問題，或是三種毛病兼具、保證非常惱人的賓客（由在下我和其他評審扮演）。

協會的考試堅守「公平」的字面定義，但頂尖侍酒師比賽似乎只想一視同仁地折磨每位參賽者。

「你會覺得他們很可憐，」一位前評審警告我。但是我得到的指示清楚明瞭：不准同情參賽者。

○ ○ ○

我是個堅決不在公共場合出糗的人，所以我決定在比賽之前先自己研究一下。短短幾個月前，我曾大步走進葡萄酒店想買一支以夏布利釀製的經典白酒，這就好像請旅行社幫我訂一張前往鹹派的單程機票一樣。店員面露不屑的笑容說：「夏布利是法國的一個地區，不是一種葡萄。」（更精確地說，它是一個位於布根地、以夏多內葡萄釀酒的地方。）

我不能再做出這種外行人的愚蠢行為。我即將成為評審。我必須對葡萄酒瞭若指掌才對得起參賽者。首先，我必須知道哪些葡萄以哪些方式種植在哪些地方，為什麼、有什麼作用，以及如何釀製成葡萄酒：包含全世界所有的產區。了解形塑一杯葡萄酒背後的常識與動力，除了能在頂尖侍酒師比賽中當個有水準的評審，也是提升盲飲功力的必備條件。想要正確猜出來自莫瑟爾河（Mosel）的麗絲玲，我必須知道莫瑟爾河在哪裡（德國），天氣如何（涼爽、大陸型氣候），土壤成分（泥盆紀青板岩跟紅板岩），種植哪種葡萄（主要是麗絲玲，其次是米勒－土高〔Müller-Thurgau〕），以及葡萄酒的釀造方式（在不鏽鋼槽裡發酵，幾乎不放橡木桶）。再說，如果沒有牢牢記住這些資訊（以及更多資訊），我連協會考試的第一階段都沒有機會通過。

我在侍酒師同業公會（Guild of Sommeliers）註冊了一個帳號，這是一個葡萄酒教育機構，網站上為專業服務人士提供各種參考手冊與資源，例如酵母的品種（同業公會跟專業侍酒師協會之間沒有正式關聯，但兩個機構都很愛用舊制的行話）。在同業公會網站的參考手冊與一疊葡萄酒百科全書的協助下，我開始用一個叫做Cram的讀書ＡＰＰ製作字卡，摩根稱呼Cram為他的「好兄弟」。普里奧拉（Priorat）的傳統品種、西澳法定產區的土壤成分、納帕谷的山脈……細節無窮無盡。

我開始在曼哈頓的街道上出沒，兩眼無神，口中念念有詞：「利奧哈（Rioja）產區沿著**厄波爾河**（Ebro River）橫跨三種不一樣的氣候亞帶……」

我在比賽前一天飛往舊金山，飛機上仍在複習字卡。我想像中的加州酒鄉是個主題樂園，擠滿大批遊客，新古典風格的酒廠裝飾成鋪了糖霜的生日蛋糕，還有各種可愛的細節（「金芬黛巷」）。但這個季節還太早，看不到加長禮車載著成群未婚女性在品酒會場間穿梭。那天下午我開車前往位在聖羅沙（Santa Rosa）的飯店，沿途經過的葡萄園都散發著靜謐氣息。眼前的田園風光提醒我，無論每一支酒上桌時有多麼矯揉造作，這個行業終歸必須仰賴葡萄的種植、採收與壓榨。路上有汽車也有轟隆隆的牽引機，十字路口有穿著牛仔褲的男性等待日薪短工的工作機會。

歡迎晚宴的服裝規定是「加州休閒風」，但我還是穿了高跟鞋跟裙子。對科技業來說，任何需要乾洗的衣服都會被視為太過正式，因此離開科技業之後，我的服裝需要升級。侍酒師最自在的裝扮似乎是合身的外套與黑色休閒褲。經歷過幾次格格不入的慘劇之後，我從衣櫃裡翻找出及膝裙與西裝外套，上一次穿是大四那年找工作面試的時候了。我後來才知道，摩根帶了八條口袋方巾。

侍酒師都有一種奇妙、保守又過時的氣質，就像二十幾歲的年輕人身體裡住著一個小老頭（連女性也一樣）。他們打扮得像《大亨小傳》的男主角傑．蓋茲比（Jay Gatsby），花大量時間思考過去，例如仔細想想一家有五百年歷史的酒廠有哪些傳統，或是遙想三十年前某個特別溫暖的春季。他們侍酒時儀態沉穩，舉止充滿一種拘謹的正式感，即使私底下也是如此。所有父母都夢想孩子像他們這樣：姿態完美，眼神堅定，口齒清晰地說出完整句子。摩根傳給我的簡訊裡只要出現法語，都一定會花時間打出字母上的重音，例如「Bandol rosé」（邦斗爾粉紅酒）或「Chaîne」（連鎖店）。

我跟參賽者與其他評審一起乘坐豪華觀光巴士，前往由羅尼史壯酒廠（Rodney Strong）舉辦的晚宴。如果侍酒師很誠實的話，應該不會推薦客人這家酒廠的酒，就算酒廠包辦了今晚的各項活動也一樣。酒廠的一位女性代表把裝著羅尼史壯白蘇維濃的塑膠杯遞給大家。對參賽者來說，這至少是他們喝的第二輪開胃酒。從機場前往飯店的路上，他們早已在便利商店買了兩手藍帶啤酒（Pabst Blue Ribbon）跟莫德羅啤酒（Modelo）。有時候，就連專業侍酒師也放空喝酒。

巴士把我們送到一片戶外台地上，這景色簡直就是Pinterest的心情板。侍酒師的工作真是好康不斷。晚宴雇用的樂手們在綠草坡地上彈奏吉他。露臺俯瞰一座火盆，火盆後方的葡萄園連綿不絕，直達天際。閃閃發光的燈串在野餐桌上方交錯，桌上鋪著有花飾的桌布，放著蠟燭。我緊張地注意到，每個席位都至少放了七個酒杯。

晚宴上的話題是大家以前喝過哪些酒，最近喝了哪些酒，還有將來想喝哪些酒。大師級侍酒師傑奧夫（Geoff）要大家投票表決什麼食物最搭他帶來的梅索老酒。侍酒師一致認為是牡蠣。同樣晉級決賽的戴納回想起幾年前他在生日派對上，開了一支九六年的哈維諾酒莊的多內爾丘白酒（Raveneau Montée de Tonnerre）。他和摩根想到去年的那支魯切紅酒（Ruché）依然心懷恐懼，這款來自義大利皮埃蒙特的紅酒是去年頂尖侍酒師考試的盲飲考題。說到這裡，摩根想起幾年前他在認證考試中盲飲的一款白酒。他至今依然相當震驚，居然有考生蠢到以為那是維歐尼耶。

「我想說『你什麼時候喝過帶有殘餘糖分的高酸度維歐尼耶？喝到什麼就說是什麼，這明明是……』」

「酸化的中央海岸！」戴納插嘴說道，整張桌子的人都笑了，這句話顯然戳中笑點。「也許是『我們不小心在維歐尼耶裡倒了一桶檸檬酸！』」

「哈！酸化的中央海岸！」傑克森（Jackson）捧腹大笑，他從西雅圖飛過來參加決賽。「有賣袋裝的檸檬酸嗎？」

「有啊，當然有，」戴納說。

「肯定有，」摩根說。

「我家有袋裝的檸檬酸，用來做通寧水，」戴納說。

「你自己做通寧水？」傑克森問。「我自己做奎寧水！」

戴納露出「沒什麼了不起」的表情。「我都用金雞納樹皮（cinchona），不用奎寧，」語氣帶著明顯的驕傲。

「沒錯，沒錯，我也用樹皮，」傑克森立刻澄清。「一開始只找得到粉劑。後來我找到一家賣樹皮的店。」他試著彌補剛才的失言。「我想自己做苦艾酒。」

一位男士吸引了我的注意力。他穿著有金色鈕釦的海軍藍外套，在餐桌之間遊走，熱絡地跟大家拍背、握手。他是佛萊德．丹姆（Fred Dame），年約六十，是具有大師級侍酒師證照的批發商。佛萊德可說是專業侍酒師協會與侍酒師職業工會的非官方吉祥物。這位有遠見的先生把協會從英國引入美國，他是頂級俱樂部的行家，這些俱樂部的成員都是有錢、有閒又有權的人。「我老婆說：『不准再去俱樂部！』」他高聲說，描述著他所參加的波希米亞俱樂部（Bohemian Club，基本上就是權貴夏令營）和訪問牧場主俱樂部（Rancheros Visitadores，基本上就是權貴牛仔營）。他開參賽者的玩笑，雖然他們都很緊張也努力掩飾緊張。

「你們對俄國酒知道多少？」他問某一桌的侍酒師。一片沉默。他瞇起眼說：「你們完蛋了。」

他來到摩根、戴納和傑克森的桌子，傾身向前不懷好意地說：「這是比賽，不是考試。什麼比賽戰術通通忘了吧，」他提醒他們。「把對手灌得愈醉，他就表現得愈差。」

他們似乎記住了這個建議。在喝了啤酒、巴士上的葡萄酒、餐前調酒與佐餐的幾杯葡萄酒之後，大家依然持續暢飲。到了飯店後，我們停下來重新集合。有人在一張大廳的茶几上發現一個空馬丁尼杯。幾位侍酒師輪流聞這只空杯。

「應該是綠色蚱蜢，」其中一人說。

摩根嗅了一下表示同意。「有綠薄荷利口酒跟加利安諾利口酒（Galliano）的味道。」

摩根帶領眾人前往俄國河流（Russian River），這家微型啤酒廠跟我們的飯店在同一條街上。跟吧台一樣長的黑板上大概寫了一千種啤酒，名字都很費解，例如「驅逐」和「詛咒」。我犯了一個錯，那就是問有沒有人可以推薦好喝的啤酒，這基本上無異於把自己當成魚餌，跳進養著飢餓食人魚的魚池裡。混亂即刻爆發。

我不知道自己最後喝了哪一款啤酒。其實不重要，因為我的杯子立刻就被一個也想嘗嘗味道的侍酒師奪走。每個人都交換手上的啤酒喝喝看，為不斷擴充的感官記憶庫多輸入一筆資料。

我沒把啤酒喝完。時近午夜，除了一個跟男友一起來的女生之外，我是店內唯一的女性。深夜、酒精加上性別比例，這樣的組合會往什麼方向發展，似乎不難預料。我漸漸明白侍酒師的工作看似風光，但是對屬於少數的女性來說，可能會有不太愉快的副作用。有一位評審主動邀請我到他的「大」房間過夜（我沒問到底有多大）。還有一位侍酒師讓我愈來愈難忍受，他已經酩酊大醉，對我的態度從笨拙的調情慢慢變成公開騷擾。所以我決定回飯店。回去我的標準客房。

○ ○ ○

隔天早上去吃早餐的時候，剛好聽見兩位評審在討論自來水的品水心得。

「喔，你選的水不錯，」說話的是大師級侍酒師傑森（Jason）。他指指另一位大師級侍酒師潔西卡（Jessica）帶來的阿魁菲納礦泉水。「我打開水龍頭才知道這四美元花得真是值得。我一喝自來水就覺得『這水有瓶塞味』。」

只有一個參賽者下樓時沒精打采，是四十幾歲的侍酒師約翰。他焦急地想知道這麼早可以上哪兒找一杯溫的灰皮諾。這是他品酒前的儀式。就像小提琴家幫小提琴調音一樣，他必須喝一口白酒讓舌頭適應酸和酒精。沒有喝到白酒，他打死不可能進行盲飲。「週日有禁酒令，我真的不知道今天早上能不能喝到灰皮諾，」他煩惱地說，「我猜飯店裡的酒吧全都沒開。」

傑森與潔西卡沒理他。他們在爭論大氣壓力、海拔高度與濕度對味覺的影響。例如，暴風雨的天氣可能會削弱葡萄酒的香氣。

「我離開夏威夷之後，所有氣味都變得強烈許多，」傑森說。

潔西卡點點頭。「大家都應該到亞利桑那州去品酒。」

「你覺得這裡有賣義大利灰皮諾嗎？」約翰問。

他去服務櫃檯詢問，我去協助其他評審做第一輪盲飲的準備工作。聖羅沙凱悅飯店提供了幾間會議室做為頂尖侍酒師的比賽考場，我們確定每個考場裡都有一張桌子、六個酒杯和幾把椅子。參賽者輪流盲飲，評審坐在椅子上評分。我的座位正對著考試用的那排酒杯，坐下後，我與另一位評審一起歡迎第一位參賽者。

表面上看起來，侍酒師解讀葡萄酒的方式似乎各有巧妙。嗅聞或噴氣，豪飲或啜飲，吐酒或吞酒，站立或坐下。有些侍酒師會對著杯口說話，一邊聞一邊說。有些侍酒師只需要聞一下或兩下就能評估氣味。有些侍酒師先盲飲紅酒，有些喜歡從白酒開始。

儘管有這些差異，而且這也不是正式的協會考試，但是他們的分析有著相同的基礎，也就是協會開發的「推導品酒法」(deductive tasting)。協會的「盲飲表」是一張一頁的表單，列出盲飲四階段的檢視項目：「視覺」、「嗅覺」、「味覺」、「結論」，以及檢視的順序和用語。這套系統的目的是幫助侍酒師「有意義地品酒：專注於自己嘗到什麼味道」，它形塑了數以千計的侍酒師品嘗葡萄酒的方式。其他高級品酒機構也有自己的盲飲表，例如葡萄酒與烈酒教育基金會。但大致而言，盲飲表都大同小異。

雖然我知道在派對施展盲飲會很酷，但盲飲不只是厲害的派對技巧，它的目的是訓練侍酒師辨識出優質葡萄酒，提升買賣葡萄酒的功力。看不到酒標的時候，你不得不完全仰賴葡萄酒給你的感覺，而不是依賴別人提供的資訊。漸漸地，你會牢牢記住特定的葡萄、地區、年分與各種特性。你會分辨出哪些葡萄酒與眾不同，這有好有壞，你可以根據葡萄酒的特性做出調整。批發商給你喝一支很好喝的紐西蘭白蘇維濃，但是你盲飲過幾十款白蘇維濃，所以知道這支酒的味道比較接近奧地利的綠維特利納（Grüner Veltliner），不符合多數人對酒標上「紐西蘭」和「白蘇維濃」的期待：活潑輕快、帶甜椒味的檸檬水香氣。你知道你將會面對這樣的期待，也必須向客人解釋一番，這樣你還會進這款酒嗎？還是買更具典型特色的酒呢？

透過盲飲訓練，侍酒師也會知道哪些葡萄酒物超所值，不容錯過。例如波爾多右岸的聖愛美濃（Saint-Émilion）生產三種等級的酒，由高而低分別是一級特等A級（Premier Grand Cru Classé A）、一級特等B級（Premier Grand Cru Classé B）與特等（Grand Cru Classé）。摩根偶爾會花大錢買酒，因此理想的情況是，昂貴的一級特等酒莊A級與B級他應該喝得夠多，知道這兩個等級的酒有何特別之處。當他喝到味道接近更高等級但價格較便宜的特等酒莊葡萄酒，他會知道這酒「非常划算！」，立刻搶購。「買低賣高」適用於各行各業，不只是餐飲業。正因如此，摩根才能過著暢飲葡萄酒的生活。他可以買到很多酒，而且是很多好酒，因為他聞得出價值。

摩根自詡為「套利專家」，他告訴我以前他管理寇克巴茲酒吧的酒單時，會遇到一種情況：假設他要找一款單杯能賣二十三美元的卡本內蘇維濃，他會打電話給所有批發商，請他們提供每一款單瓶價格十二到十五美元的卡本內，這是批發價。他會試飲每一款，選出具備單杯二十三美元實力的那一款。「如果沒有，只有喝起來價值二十美元的酒，那我就賣二十美元，」他說。

一款酒進入餐廳的酒單之後，推銷酒就成了侍酒師的工作。此時盲飲也能發揮效用，因為侍酒師藉由盲飲能夠流利說出精準的描述詞彙：「干邑橙酒」、「糖漬橘子」等等，為顧客提供一場風味的試演會。當然，說一支酒是「伯爵茶混合黑醋栗的香氣」聽起來很做作，但是這樣的描述提供較多資訊，也應該比「喝起來像葡萄酒」更有幫助。

侍酒師也必須知道哪些酒有類似的風味特質，雖然種植在不同的大陸上，或是由不同的葡萄釀製。盲飲可鍛鍊這種能力，幫助侍酒師在外場扮演偶爾棘手的媒婆角色。二十三桌的男士想點利奧哈的田帕尼優紅酒，但是酒單上沒有，怎麼辦？侍酒師可以推薦義大利的山吉歐維列紅酒，這是很適當的替代品。適切地建議風格類似但種類不同的葡萄酒，客人會很高興。熟悉風格類似但價格不同的葡萄酒，餐廳老闆會很高興。

「舉例來說，」某天下午品酒會結束後，摩根說道，「有一桌坐了四位客人，是一對父母跟兩個小孩。爸爸戴著五萬美元的百達翡麗手錶，媽媽戴著七萬五千美元的珠寶。他們顯然是有錢人。結果你走到桌邊，媽媽說：『我想喝灰皮諾。』你知道酒單上沒有單瓶價格高於八十美元的灰皮諾。你心想：『絕對不行。你不准賣灰皮諾。拒絕她。』這時你必須找爸爸，跟他說：『是這樣的，酒單上只有一款灰皮諾。』最後你賣出一瓶兩百七十美元的夏布利特級園的葡萄酒，因為你必須這麼做。因為你無法提供令他們滿意的灰皮諾，而且你也不想賣。因為賣灰皮諾會讓餐廳、讓你負責的外場少了兩百二十美元的營收。」

「他們已經十年沒檢查過銀行存款！」另一位侍酒師插嘴說。

「關鍵是找到風格類似又能讓客人高興的酒，但是價格高昂許多，」摩根做出結論，「因為對他們來說，這點錢不算什麼。」

○ ○ ○

輪到摩根盲飲，他走進考場，坐在評審對面的皮椅上。我跟他一起盲飲過許多次，早已熟知他的習慣，此刻他只是再次重複。他摘下眼鏡，彷彿剝奪一種感官可以強化其他感官。接著，他把吐酒桶挪到他的左邊，手肘支撐在桌面上。

從他碰到酒杯的那一刻開始計時。一如往常，他從紅酒開始。

「這是一杯濃度中上的澄澈紅酒，中央是深紅寶石色，彎液面是比較淡的紅寶石色，沒有氣體或沉澱物，」他說。協會許可的「紅色」同義詞包括「紫色」、「紅寶石色」與「石榴色」，他使用了其中一個。

「澄澈」（clear）表示酒可能去除過雜質或過濾，移除酵母、細菌和其他可能破壞葡萄酒、使酒液混濁的雜質，但有些人說這些雜質賦予讓酒美味的個性。「濃度」（concentration）指的是酒的濃稠或透明程度，也就是從酒的中央看穿杯子有多容易或多困難，再加上顏色是「紅寶石色」，這兩個條件都能為摩根提供線索，推測葡萄品種與年分。透明程度與色澤因葡萄品種而異。根據我在品酒會的練習與私底下的瘋狂研究，我知道希哈跟金芬黛顏色偏紫、質地濃稠，而黑皮諾比較澄澈，是偏粉的紅寶石色。摩根手上的酒並不透明，顏色偏褐紅色，不是茄紫色。希哈、梅洛、山吉歐維列、卡本內蘇維濃與田帕尼優都在候選名單上。紅酒的顏色會隨著時間變淡，白酒的顏色（協會用的形容詞是「稻草色」、「黃色」、「金色」與「琥珀色」）則是愈變愈深。色調偏橘、彎液面色淡如水的紅酒（彎液面指的是酒液與杯壁的交界處），比較可能是老酒。若是白酒，老酒較有可能是琥珀色。但是（葡萄酒的世界裡永遠有「但是」），浸泡過橡木桶可能也會讓白酒顏色較深。摩根手裡的酒中央是深紅寶石色，邊緣顏色略淡。沒有沉澱物，也就是陳放十年左右會出現的副產品，原因是酸、色素和單寧分子結合在一起，沉澱在酒液底部。這杯酒應該不到十年，我想。

摩根舉起酒杯，對著光源。

「是日光的亮度，」他說。盲飲表的亮度包括「暗沉」（dull）、「模糊」（hazy）、「明亮」（bright）、「日光」（day bright）與「星光」（star bright），「模糊」有時意味著酒有瑕疵，「星光」通常代表酒很年輕。

他啜飲一口，旋轉酒杯判斷質地，然後把杯子壓在桌邊滾動，讓酒液附著在杯壁上。他觀察酒液流下來的狀態。「黏稠度中上。」黏稠度（viscosity）是酒體本身的濃稠程度。酒淚很寬，而且流速很慢。這意味著酒精濃度較高，來自溫暖氣候。

他已經花了二十秒。還有三分鐘四十秒。

摩根把鼻子塞進酒杯裡，杯口抵著臉頰。第一次嗅聞至關重要。如果香氣強烈，有明顯的果香，像是李子、無花果、櫻桃、黑莓，就表示可能來自新世界，也就是歐洲以外的產區。如果是較內斂、偏鹹的香氣，比如泥土、樹葉、香草甚至岩石，比較有可能是舊世界的酒，也就是歐洲酒。

「香氣適中，成熟的紅色與黑色果實，紅李與黑李，加上一點紅醋栗與黑醋栗。」我在腦海中迅速翻閱我記住和嘗過的每一種味道。這杯酒可能是新世界的卡本內，或是梅洛？協會提供極為標準化的詞彙（有些品種的特色早已十分明確），每一個詞彙都有固定的涵義，受過訓練的人一聽就大概抓得到方向。了解這些詞彙就能解讀密碼。玫瑰和荔枝透露的訊息是格烏茲塔明那。橄欖、黑胡椒和肉，意味著你正在快速奔向希哈。李子？梅洛。黑醋栗？卡本內。

他迅速吐出更多香氣詞彙：玫瑰、剛翻過的泥土、奧勒岡葉、馬鞍皮革。舊世界的可能性大於新世界，我想。這些特徵符合法國的卡本內或梅洛，或是田帕尼優，也就是西班牙利奧哈產區使用的葡萄。

又過了六十秒。

「有些許肉桂和類似香草的味道，很像烘焙用的香料糖蜜。」翻譯：用全新的法國橡木桶陳放，新桶會把帶有香料味的香草焦糖氣味滲到葡萄酒裡。這符合法國波爾多的特色，酒廠經常把混有卡本內的酒陳放在全新的橡木桶裡。也符合西班牙利奧哈產區的特色。或是加州的納帕谷。

「我認為這款酒裡有一點酒香酵母（brettanomyces，簡稱 Brett），有一絲動物騷味、穀倉和土的味道。」這句話無異於大聲喊著波爾多，酒香酵母經常讓葡萄酒散發純種馬的汗味香氣，可能增添風味，卻也可能成為瑕疵。

兩分鐘過去了。他還在低聲說出長串詞彙，音調完全平淡，目光直視酒杯。

摩根喝了一大口酒，用酒液漱口，再吐出一道紮實的酒液。

味道。包括風味元素（「月桂葉」、「煙灰」），以及終極的客觀證據：酒的結構（酸度、糖分、酒精濃度、單寧、酒體）。此刻摩根必定已經猜到這是什麼酒，結構能幫他剔除某些因素，幫某些因素加分。

「有一種烤紅椒、烤番茄的味道，我覺得可能含有一些吡嗪。」出現了。吡嗪。青椒、豆子、白蘇維濃都含有這種化合物，還有（你猜對了）田帕尼優和卡本內蘇維濃也是。

三分半鐘。還有三十秒。

這款酒很乾（不甜）。單寧中上。酸度中上。酒精濃度中上。酸度偏高可能是種植於涼爽氣候的葡萄，但酒精濃度偏高可能是溫暖氣候。所以它必定來自一個雖然溫暖，卻不會太溫暖的地方。歐洲的證據超越加州。

他又啜飲了一口。最後五秒。

經驗告訴我，摩根正在迅速回顧他剛才說過的話。活潑的紅寶石色、氣泡、果香、高單寧，這些都直指相對年輕的酒款。番茄、皮革還有全新的法國橡木桶，可能符合西班牙的田帕尼優。但是層層堆疊的風味，加上李子（梅洛）、黑醋栗（卡本內）與吡嗪（沒錯，是卡本內），這表示至少混合了兩種葡萄。波爾多左岸的酒廠用卡本內蘇維濃（主要）混合梅洛（較少）以及其他幾種葡萄（更少）釀酒。但是右岸的酒廠是用梅洛（主要）混合卡本內蘇維濃（較少）與其他幾種葡萄（更少）。

我猜是左岸。酒香酵母跟橡木桶，一定是波爾多。

摩根說出答案：「這是以梅洛為主的混釀葡萄酒，來自波爾多右岸的聖愛美濃，年分二〇一〇，特等酒莊。」

解決一款，還有五款。

○ ○ ○

盲飲結束後，摩根趕到大廳跟其他侍酒師會合，彼此交換剛才的盲飲心得與答案。大家看起來都很洩氣。

「我說它是〇六年的聖愛美濃，」米亞說的是四號酒，也就是摩根喝的第一杯。

「我覺得它在舌頭上的味道比梅洛更偏中段，」傑克森說。「我本來完全相信它來自聖愛美濃，但不知道為什麼它一碰到我的舌頭，我就覺得這單寧也太明顯了吧。在舌頭上的味道偏中段，而不是前段。若非如此，我一定也跟你們一樣覺得是聖愛美濃。味道太像了。」

「你還好嗎，老兄？」摩根拍了拍傑克森的背。

「三號酒我答的是紐西蘭的白蘇維濃，」傑克森說。他沒理摩根，傾身去拍另一個人的肩膀。「嘿，那杯白蘇維濃你給的答案是什麼？」

「松塞爾，」那人答道。

傑克森臉色一變。「你說那是松塞爾？」他搖搖頭。「我不知道，老兄。」他重新思考了一下，顯然喪失信心。「是因為他們用那種奇怪的酵母。讓酒有那種芭樂味……」他嘆氣道。「完全有可能是松塞爾。」

「我給的答案是索諾瑪海岸，」摩根插嘴說道。「我想到羅亞爾河最近的三個年分。我覺得『這酒非常新，是最近的年分，而且這種純粹的果香不可能是羅亞爾河。』一三年的酒全都長了葡萄孢菌（botrytis）！」

「沒錯，到底是哪些人集體決定用帶葡萄孢菌的白蘇維濃葡萄釀酒？」傑克森問道，聲音聽起來相當受傷。

我很驚訝大家的答案如此分散：法國、紐西蘭、美國。「盲飲的哪一個部分最困難？」

「最困難的部分永遠是你自己，」跟我一起在EMP盲飲的侍酒師強這麼說。

「你的大腦會處於恐懼模式，」摩根也有同感。「**我想知道答案。我想知道答案。我想知道答案。**」

「一號酒就是這樣，」強說。「我心想『喔，橡木跟蘋果酸乳酸發酵的味道很強烈，酒精濃度也很高，沒什麼礦物味，』所以我直覺認為答案是加州夏多內，說完答案就換下一杯。但要是我的心胸完全開放、仔細推敲，我可能會覺得『嗯，我嘗到甜甜的柑橘味、苦味和香蕉……』」他漸漸沉默。「我會變得非常……不是沮喪，而是……害怕。」

「所以這是一場心理遊戲，」摩根說。他剛才倒了一杯冰水，盛冰水的透明水壺裡放滿了草莓切片。此時他拿起水杯啜飲一口。摩根的臉上閃過一絲驚訝神情，他歪著頭，試著分析自己嘴裡的味道。他把水吞進肚子裡，面露微笑，一副解開謎底的模樣。「喝起來像草莓水。」

○　○　○

頂尖侍酒師比賽的盲飲測驗結束，進入最後的兩個測驗。理論測驗進行時，我的評審夥伴都很安分。大家圍坐在桌旁，用主辦單位事先提供的題目卷對參賽者發問。我們假裝自己是倒楣的菜鳥侍酒師，努力滿足挑剔的客人。「有客人在問年輕的翡翠級綠維特利納（Smaragd Grüner Veltliners）該選哪一款，赫茲柏格酒廠（Hirtzberger）、普拉格酒廠（Prager）還是凡德－馬爾博格酒廠（Veyder-Malberg）。你知道哪一款的葡萄孢菌最多嗎？」（答案：赫茲柏格酒廠）或是：「有位客人對年分卡巴度斯蘋果白蘭地（Calvados）有興趣，但是他想喝帶梨子風味的。我該如何建議？」（答案：頓芳鐵產區〔Domfrontais〕的雷摩敦酒莊〔Domaine Lemorton〕）還有：「吧台有位客人問起艾碧斯酒（absinthe）的事……艾碧斯酒何時成為合法酒類？真正的艾碧斯酒通常酒精濃度是多少？」（答案：二〇〇七年；百分之五十到七十。）如果是我，可能會說：叫她閉嘴別問這麼多問題，好好享用調酒！但是參賽者抬頭挺胸站在考場前方，帶著耐心與沉著巧妙地回答每個問題。

侍酒測驗是評審最期待的測驗。侍酒測驗沒有規則。評審可以在侍酒師的服務範圍內，無拘無束地捉弄參賽者。資深的大師級侍酒師享受一種捉弄後輩的惡趣味。

「你吃威而鋼了沒？」佛萊德看見戴納時一邊問、一邊用力敲他的背。戴納淡淡一笑。我跟其他評審聆聽測驗說明時，戴納與其他參賽者在考場外等待。

「你們可以當奧客，」一位大師級侍酒師告訴大家。

「如果我躺下假裝自己噎到，就表示你們真的很壞，」佛萊德高聲說。「有一次當參賽者在提供建議時，我故意挖鼻孔。就像這樣……」他假裝把手指伸進右邊的鼻孔裡。「結果他露出『超噁心』的表情。」

對待過服務業的人來說，這是終極夢幻版的角色扮演：換我們當顧人怨的客人。有一桌客人正在慶生，主辦人不想在兒子面前顯得太小氣，所以特地攔截侍酒師，表示自己要點一支香檳。但是拜託別太過分，價格低於一百美元就可以了。這是佛萊德的台詞。另一桌是一對夫妻，他們想要酒與餐的搭配建議，此外他們即將前往法國的羅亞爾河谷度假，請侍酒師建議哪些酒莊值得參觀。他們霸佔了侍酒師的時間（總共十五分鐘），所以侍酒師幾乎不可能回到慶生桌開香檳。我這一桌是問題特多的歷史狂，我們會先點單杯的馬得拉，然後是一瓶需要換瓶醒酒的紅酒，喝酒的同時問題源源不絕。

摩根走進考場，他看見佛萊德那一桌，立刻轉身走向夫妻。夫妻桌的其中一位評審是潔西卡，她詢問摩根這家餐廳有三款十五美元的羅亞爾河谷紅酒，菜單上說，三款都是不同的葡萄品種，來自不同的產區，是哪些葡萄和產區？摩根的挑戰是提供三款酒廠與年分各異的酒，產區跟葡萄都不能重複，而且賣十五美元可以讓這家想像中的餐廳賺到錢。佛萊德雙臂交叉在胸前，從角落對摩根怒目而視，他愈來愈不耐煩。潔西卡還想知道什麼酒適合搭配她點的雞肉。喔，其實她比較想喝白酒，摩根推薦哪一款呢？摩根回答問題時，她的聲音提高了八度，摩根的眼角餘光看見佛萊德已氣到滿臉通紅。「對！很好！對！太好了！」摩根低聲說，他焦急地想脫身去服務佛萊德。佛萊德已經在對假的餐廳經理揮手，打算客訴了。

評審皺起眉頭，就表示摩根犯了錯。當他在我這一桌為大師級侍酒師倒試飲的馬得拉紅酒時，有一滴酒濺出杯緣。整桌人都陷入沉默，沒有一個人敢呼吸，包括摩根在內。我們看著那滴胖胖的、飽滿的棕色酒滴慢動作般緩緩滑落，沿著杯腳流到杯底，就像婚紗上沾到一塊大便。在酒滴抵達桌布之前，大師級侍酒師用手指擋住它。「好險，」他說。雖然大家都心知肚明，大勢已去。

摩根做完侍酒測驗，下一批參賽者走進考場的時候，我發現這短短幾分鐘的評審經驗已使我永遠無法當個無知無覺的用餐者。它破壞了上餐廳吃飯的單純樂趣。我現在知道侍酒師（與服務生）在桌邊的各種服務過失。一個小時前，我還不知道當侍酒師「背手」對著我是種冒犯，也就是倒酒時用手背對著我。但是現在我覺得：他太過分了！侍酒不只是把酒倒進杯子裡。差得多了。倒酒只是華麗的最後一幕，優美地完成繁複的步驟，漸漸營造並強化最後那愉悅的一刻：啜飲。

大師級侍酒師向我說明侍酒的每一個「禁忌」，我必須在認證考試之前全部熟記。身體不要前傾，不要駝背，不要看起來很僵硬。雙臂不可以交叉在胸前，不可以用手指東西。不可以討論價格，也不能說自己的名字。（這裡不是連鎖餐廳，好嗎？）不要摸桌子，不要摸臉，不要摸頭髮，而且絕對、絕對不可以摸客人。別忘了擦亮酒杯。只能摸酒杯的杯腳。說到這個，**餐巾**絕對不可以碰到衣服。不要讓酒杯碰得叮噹作響。不要手抖。香檳的瓶塞打開前，**連想都不要想**把拇指從瓶塞上移開。（你想讓客人活著吃完晚餐吧？）

不要把冰桶放在桌上。不要忘了把瓶塞交給客人。（你有記得準備兩個杯墊，對吧？一個放酒瓶，一個放瓶塞。）

不可以先幫男士倒酒，要先幫女士倒酒。不可以先幫主人倒酒，要先幫客人倒酒。不可以每杯酒倒得不一樣多。千萬不可以讓酒滴出來。倒酒時不可拿起酒杯。倒一杯酒最多不能超過兩次。一瓶酒不可以第一輪就倒完。每次倒完一杯酒，記得擦拭瓶口，倒酒之前也要擦。手絕對不可以遮住酒標。不要看起來不熟練。不要手足無措。不要從左邊倒酒。不要逆時針繞著桌子走。[1]不要說髒話。不要等客人問你年分。不要著急。表情不可嚴肅，你不想讓人以為你是開葬儀社的吧？不要害羞。不要說「呃」。還有，千萬拜託，不要露出緊張的樣子。這應該是一件開心的事。

1 原稿 clockwise（順時針）應為筆誤。

只要把這些全都記住，侍酒的機械式步驟聽起來雖然不容易，但至少是辦得到的。這些步驟真正的困難之處，在於你必須同時提供建議、去酒窖取酒、幫客人點酒、跟剛入座的客人打招呼、幫牛排剛上桌的那位女士倒酒，以及讓每一位客人都相信你有大量時間能滿足他們的各種突發奇想。你一定要表現得遊刃有餘。「高雅」這個詞一再出現。「優雅」。「非常非常溫柔，非常非常高雅」。儀態，聲音的震動，說話時的停頓，俯身拿酒時的流暢：這些全都很重要。

「我們用天鵝來比喻。水面上順暢又平靜，但水底下拚了命在滑水，」休息時強告訴我。

「萬一那天晚上狀態不佳，怎麼辦？」我問。

「你不可以狀態不佳。」

「一切必須完美。」

評審計算成績時，參賽者離開餐桌，鼻子幾乎緊貼牆壁。這個慣例應該是為了不讓他們偷看到分數表，或是故意整他們，或以上皆是。他們穿著正式服裝，臉幾乎貼在壁紙上，看起來像一群被罰站的調皮CEO。

摩根不只因為酒濺出來丟了分數，也因為他「有一點焦慮」，散發「讓旁人跟著緊張」的能量。其他參賽者丟分的原因包括沒有擦瓶口、沒有擦亮酒杯、站姿笨拙、表現緊張，以及太過親切。「他太愛裝熟了，」一位評審嗤之以鼻地說。

○ ○ ○

比賽結果在一家義大利餐廳宣布，頒獎人是大師級侍酒師版本的莫札瑞拉乳酪。他自稱莫札仔（the Mozz Guy），他把溫暖的乳酪球一一放進侍酒師們張開的手掌裡，這些乳酪的材料來自十二個不同的牧場。他們站在他身旁，看著他把乳酪揉成一簇簇的白色小草。他說這叫做「集合凝乳」。大家吃了溫的莫札瑞拉，灑了鹽和橄欖油。邊吃邊討論乳酪的風土，以及乳牛可能吃了不同種類的草。

摩根沒有獲勝。

一如往常，他的理論測驗成績優異。但是侍酒測驗的那滴酒使他一敗塗地，盲飲測驗也表現不佳。他說是波爾多右岸聖愛美濃的那支酒，其實來自左岸的梅多克產區（Médoc）。他的答案跟著烏鴉，飛到距離正確答案大約二十四英哩以外的地方。

CHAPTER

4

大腦

The Brains

我應該在這裡先停一停，說說我當時的健康狀態。大多數的時候，我都處於酒醉狀態。我一週參加三個盲飲會，有時是四個，這表示我一天之內完全清醒的時間平均只有六小時。我不是在品酒，就是在聞東聞西：洗澡時試著說出洗髮精裡的成分，或是研讀葡萄酒產區的介紹。但品酒是我的主要活動。頭痛揮之不去，我愈來愈擔心這些活動對身體的影響。「你有沒有覺得皮膚變得很差？」一位朋友如此問我，她的目光停留在我浮腫的眼袋上。牙醫一邊鑽我的臼齒，一邊警告我葡萄酒的酸性有多危險。我在診間裡曾有一段特別尷尬的對話，令我不敢想像我的病歷上寫了什麼：

護士：你喝酒嗎？

我：呃，嗯，我正在接受侍酒師訓練，所以我目前有喝酒。當然不是現在。但是我喝酒。不過我沒有酗酒的問題。我想每一個酒鬼都會這麼說，但我真的不是酒鬼。

護士：（沉默）

麥特愈來愈擔心我在下午兩點就傳「救命，宿醉真難受」的簡訊給他。他在上班時，我帶著紫紅色的牙齒、拖著腳步進出地鐵站。

既然我很可能正在賠上自己的肝，我至少要知道這些訓練是否真的讓我的生活更有滋味。我接受了侍酒師的建議，因為他們都拍胸脯保證，這些專業酒客代代相傳的傳統老法子可以幫我加強感受力。不過，這群人依然相信早已被推翻的舌頭味覺區（tongue map）[1]，也就是舌尖感受甜味，舌根感受苦味，兩側感受酸味跟鹹味。味覺跟嗅覺真的可以鍛鍊嗎？我真正在鍛鍊的是不是胡謅的功力？科學能否為我指點一條明路？我的葡萄酒導師們多年來品嘗了成千上萬瓶的酒，但他們依循的是習俗而非科學。我時間有限，不可能複製他們的經驗。我不禁感到好奇：神經科學家、博士與醫生能否指引我，或甚至提供一條捷徑，提升我的感受力？

摩根說他和其他侍酒師在盲飲會上的表現既非魔術，也跟天生的能力無關。「我不是巫師，」我們初次見面時他說。但也有侍酒師說分辨風味的細微差異，似乎是一種與生俱來的能力，所以我擔心我的一切努力只是徒勞無功。芝加哥艾利尼亞餐廳的侍酒師克雷格．辛德勒告訴我，他小時候常跟母親一起玩一個遊戲：他的嗅覺非常敏銳，所以媽媽會把餅乾藏在廚房某處，叫他聞出餅乾藏在哪裡。我在他那個年紀會吃狗餅乾，因為對那個時候的我來說，狗餅乾完全可以替代燕麥棒。

我的擔心是對的。有研究發現人類的嗅覺與味覺敏銳程度，確實取決於基因結構。有些人只有在藍紋乳酪或麥芽的濃度很高時，才聞得到它們的臭味。有些人只要聞到一點點，就會臭到皺起鼻子。這種差異可追溯到我們的DNA，意味著每個人天生都對某種獨特的氣味組合特別敏感，擅長或不擅長聞到這樣的組合。對古岡左拉乳酪（Gorgonzola）的味道非常敏感的人可能聞不到紫羅蘭的香味，或是對玫瑰香氣的辨識力只是一般。

有些人擁有「超級味覺」（supertaster），他們的味蕾簡直就是味蕾界的豌豆公主。約有四分之一的人類，舌頭上的味覺受體密度特別高，所以他們能夠感受到更細緻的味覺刺激物。有超級味覺的人能夠區分微小的味道變化，對強烈的味道也更加敏感，所以蛋糕上的糖霜可能甜到噁心，咖啡和甘藍菜可能苦到作嘔。他們「住在一個食物如霓虹般色彩繽紛的世界裡，而不是色彩柔和的世界裡，」佛羅里達大學的科學家琳達・巴托舒克（Linda Bartoshuk）說。她在一九九一年創造了「超級味覺」這個詞。（約有百分之二十五的人類是「遲鈍味覺」（nontaster），這是科學家用來描述普通舌頭的直白用語。剩下的百分之五十是「正常味覺」（taster），比遲鈍味覺稍微多了一些味覺受體。）研究指出，老饕、葡萄酒專家和主廚之中，擁有超級味覺的人的比例極高。以我的個人經驗來說，有超級味覺的人覺得自己高人一等的比例極高。我向一家公司訂購了一組超級味覺測試工具，這家公司的退貨地址有點可疑，是一間位在修鞋舖樓上的公寓。我把一條經過化學處理的試紙放在舌頭上，發現我屬於「正常味覺」。麥特居然是超級味覺，他為此沾沾自喜。「我也想分你喝一點威士忌，」他在我面前搖晃酒杯裡的威士忌，「但那就像帶一個盲人去羅浮宮一樣沒意義。」

儘管實驗解開了ＤＮＡ與感官之間的關聯，但其實我們不完全是基因的奴隸。托瑪斯・胡梅爾（Thomas Hummel）是德國德勒斯登大學（University of Dresden）嗅覺與味覺診所的教

1 編註：關於本章的內容，亦可以參閱約翰・麥奎德寫的《品嘗的科學》。

授兼醫生，他專門研究如何訓練味覺和嗅覺這兩種化學感覺（因為刺激這兩種感官的，是經由食物、液體與空氣傳遞的化學物質）。一位來自斯德哥爾摩大學的同事說，他的實驗室是「歐洲嗅覺與味覺研究的翹楚」。這所實驗室（至少在某些領域裡）之所以有名，是因為它量化了這兩種看似無法量化的感覺，在長期忽視味覺與嗅覺的醫學界捍衛這兩種感官。他開發出一種嗅覺版的視力測驗，全球都用這套測驗來診斷與評估嗅覺異常。最近他領導的研究探索人類能否透過練習加強嗅覺。我第一次跟托瑪斯通電話時，他說他可以在我的鼻子裡裝一台攝影機。我立刻對他充滿好感。托瑪斯告訴我，他的德勒斯登實驗室即將舉辦每年一度的臨床化學感覺研討會（Clinical Chemosensation Conference），他將在研討會上發表最新的研究結果。此外，也有來自全球各地的神經科學家、內科醫生、心理學家、風味化學家（flavor chemists）與調香師，在研討會上分享味覺與嗅覺的最新研究。他建議我參加這場研討會。我立刻搜尋機票。

○　○　○

二〇〇四年的諾貝爾醫學獎得主是兩位哥倫比亞大學的生物學家，他們發現了嗅覺系統的運作機制。諾貝爾大會寫道，在他們的研究問世之前，嗅覺一直是「最神祕難解的人類感官」。我們對嗅覺缺乏認識，是因為不夠努力。這座諾貝爾獎對嗅覺研究是一大鼓勵，數十年來，嗅覺研究獲得的尊敬、經費和興趣一直差強人意，尤其是跟視覺、聽覺與觸覺相比（肯定是因為柏拉圖的影響）。莫內爾化學感覺中心（Monell Chemical Senses Center）的神經科學家約翰．倫德斯楚姆（Johan Lundström）表示，長期以來，科學家一直認為研究嗅覺（和味覺）的唯一原因是「沒有別的研究可以做」。他解釋：「就好像你的初戀女友：『談戀愛可以，但是結婚還是得挑正經的女孩』。」

在前往德國的飛機上，我仔細閱讀將在托瑪斯的研討會上發表的論文。我非常欽佩他們無視同儕壓力，堅持研究化學感覺的決心。但是當我詳讀研究內容之後，我漸漸發現嗅覺研究也需要一點瘋狂。他們過去的研究包括：請受試者幫男性和女性的口腔氣味排名，為時五天，而且這些男性和女性都沒刷牙漱口；女性生理期間陰部氣味宜人程度的變化；「有性經驗的」大鼠和沒性經驗的大鼠各自偏好的尿液氣味。我在研討會的第一天排隊拿可頌時，一位活潑的博士後研究人員告訴我，她正在收集「主動出擊」與「恐懼」的汗水樣本：先請受試者進行本來就不可能成功的任務，或是站在建物突出的邊緣上，然後再擦拭他們的腋下。她問我為什麼不繼續念博士，我說她剛才說的話就是最好的答案。

與會人士就座之後，托瑪斯表達了歡迎之意。他的身材圓圓胖胖，像福斯金龜車一樣結實，人中留著一大把白色鬍鬚，如果配上皮短褲會更有魅力。他請大家一一自我介紹，我頓時有種不小心加入怪咖科學家支持團體的錯覺。「在日常生活中，有很多人對嗅覺漠不關心，」托瑪斯說。眾人紛紛點頭，顯然感同身受。他發表了第一篇演說，直接了當地說明為什麼他的研究領域值得重視。

還不到午休時間，我已知道對多數人（也就是化學感覺研究領域以外的人）來說，要提升味覺與嗅覺可以先跨出非常基礎的一步：區分味覺與嗅覺。

風味是我們對食物跟飲料形成的整體印象，由味覺、嗅覺、觸覺及其他刺激物構成。但是我們習慣把口腔裡的任何感覺都叫做味覺。我們說某樣東西「嘗起來」很好吃，但其實我們指的是它的「風味」（盲飲更準確的名稱應該是「盲測風味」〔blind flavoring〕）。簡言之，很多人搞不清楚味覺是一種什麼樣的感覺，也無法區分味覺跟嗅覺。一位與會來賓執行過賓州大學嗅覺與味覺中心的一項研究。這項研究發現，其實說自己喪失味覺的病患，嗅覺受損的機率是味覺異常的三倍。想像一下你因為看不見路標去找眼科醫生，結果醫生告訴你問題出在聽力。若換成其他感覺，很難想像我們會犯如此基本的錯誤。我問托瑪斯的一位同事，一般大眾對味覺和嗅覺最常出現的誤解是什麼，她毫不遲疑地說：「他們根本不知道味覺跟嗅覺是什麼。」

○ ○ ○

馬丁．威特（Martin Witt）用不上那些大腦時，就把它們放在德勒斯登大學禮堂地下室的一個黃色塑膠桶裡。我在一個擺滿人類遺體的教室裡找到他和那個黃色塑膠桶。幾具全身骨骼猶如站崗般，看守著擺放在保鮮盒裡的骨盆與頭骨。泡在甲醛裡的胚胎，在書架上的玻璃罐裡凝視外面的世界。

或許是物以類聚，五十幾歲的馬丁也令人感覺像骷髏。他是解剖學教授，臉色蒼白，瘦骨嶙峋，露出一口白牙燦笑時，臉頰上的皮膚也隨之繃緊。他從位於羅斯托克大學（University of Rostock，在德勒斯登北方）的研究室帶了一些樣本過來，包括大腦，並且開心描述他帶著這些特殊行李上路的趣談。「有一次我帶著六個胚胎往返波蘭與德國……」他天外飛來一筆地說道。他少了一點外科醫生的優雅（「我們切開那個可憐的傢伙。非常困難，得動用電鑽。」），而且有非常豐富的屍體笑話可以說（「你不會有機會從那個角度觀察你的鄰居，除非你挖開別的地方！」）。還有，他莫名地仇視海豚（「海豚看起來是和善的社會動物，其實牠們非常自私。牠們都有一種銀行家心態。」）

馬丁也受邀參加這場研討會，剛好有一群心理系的研究生要來參觀托瑪斯的實驗室。托瑪斯請馬丁跟這群未來的科學家講講話，我也順便加入這場校外教學，因為馬丁要為他們介紹人類大腦：追蹤神經元到神經和大腦的路徑，並且說明感覺在哪裡結束，從哪裡開始。為了正確認識味覺與嗅覺，我必須複習這兩種感官最基本的常識。

馬丁把手伸進黃色塑膠桶撈出一顆頭，這顆頭被縱向剖成兩半，剖面從頭頂往下經過鼻子、嘴唇與下巴。「想摸的人可以摸摸看，」他大方出借，「也可以拿在手上唷。」

簡短介紹了主要的解剖標誌之後，他開始說明味覺的歷程。舌頭表面的每一個顆粒裡都含有味蕾群，總數約為兩千到一萬。當葡萄酒或任何物質碰到舌頭時，唾液會溶解物質，溶解後的物質進入舌頭表面的小孔，與味蕾尖端的味覺受體細胞結合在一起，刺激神經元對大腦發出「甜！鹹！酸」之類的信號。

如果你想知道嗅覺跟味覺被混淆得有多嚴重，可以想想這件事：舌頭味覺區的概念在一九七〇年代被推翻之前，已經屹立不搖將近一個世紀。這個科學上的錯誤之所以會出現，是因為誤譯了一九〇一年的一份博士論文。真相與舌頭味覺區大相逕庭，舌頭的每一個區域都對五種味覺有反應（研究顯示舌尖對甜跟鹹稍微敏感了一些些），而位在口腔上方的軟顎可以感受到細微的苦味）。另一個普遍的錯誤觀念是，你全身上下只有舌頭能嘗到味道。其實會厭也有味覺受體，還有喉嚨、胃腸、胰臟；如果你是男性，你的精子跟睪丸裡也有味覺受體。人類只能辨識五味也是一個尚待證實的觀念。除了甜、苦、鹹、酸、鮮（鮮味指的是食物裡的肉味與鮮美的味道，例如醬油跟煮熟的香菇），科學家認為基本的味道庫也應納入水、鈣、金屬、「皂」與油脂（拉丁語叫 oleogustus）。

但就算「oleogustus」可以跟甜和酸並駕齊驅，我們的味覺範圍跟嗅覺能辨識的氣味數量相比，仍然是小巫見大巫。《科學》期刊曾在二〇一四年刊登過一篇文章，指出人類能偵測的氣味數量超過一兆，是眼睛能辨識的顏色（數百萬種）與耳朵能辨識的聲音（將近五十萬種）的好幾倍。一兆這個數字並非毫無爭議。但就算依據最保守的估計，人類能辨識的嗅覺刺激仍多達一萬種，這表示如果我想提升辨識味道（與風味）的能力，其實我應該做的是加強嗅覺。一支德國的麗絲玲與法國的白梢楠，嘗起來都是酸中帶甜，關鍵的差異得靠鼻子才能現形。我想到摩根對布根地黑皮諾的看法：樂趣來自嗅覺。「我喝黑皮諾，是因為它本來就是拿來喝的，」他說，「但是對我來說，它的魅力百分之八十在於香氣。」我們口中的「味道」大多來自氣味，你可以自己實驗看看，很簡單。捏住鼻子，喝一口咖啡。此時你嘴裡只剩下味覺。鬆開鼻子，完整的氣味與風味再度湧現。濃縮咖啡嘗起來是苦的，但**聞起來**有咖啡香。

接下來，馬丁在死人頭的濕軟組織上介紹氣味的傳遞路徑。請再次想像你手裡拿著一杯酒。隨著酒液蒸發，液面飄散出非常微小的氣味顆粒。你每聞一次，鼻孔就會吸入這些氣味分子。氣味分子來到鼻腔頂端，也就是鼻子與雙眼正後方一個充滿空氣的腔室。氣味分子各有不同的形狀與重量，當它們碰到鼻腔組織上的嗅覺受體細胞時，會跟一個或多個受體結合，然後把信號送到嗅球（olfactory bulb）。嗅球是非常重要的信號轉接站，把「分子碰到受體」翻譯成對大腦來說有意義的訊息，例如「有一絲動物騷味，穀倉和土的味道，」如果你是摩根的話。或是「嗯……這是馬的味道？」如果你是我的話。

不同於聲波，氣味的傳遞是一種化學機制。物質表面飄散的分子經由嗅聞進入我們體內。「嗅聞等於吞嚥」是約翰的座右銘。如果你聞的是新鮮的玫瑰或黑松露，這麼想還滿愉快的；如果是臭狗屎，就很令人不安。當你發現自己聞到屎味，通常為時已晚。大便飄出的化學物質已經與你的鼻腔接觸，並且（約翰信誓旦旦地說）可能進入血液，一路流進大腦。「這表示，」他遺憾地表示他必須把話說清楚：「或許有很多我們聞到的屎，最後都跑到大腦裡了。」

甚至在你把些許葡萄酒倒在舌頭上並且放下酒杯之後，嗅覺仍未停歇。在你品嘗這口葡萄酒時，會有更多氣味分子從你的嘴裡（也就是科學上所說的「口腔」）往上移動，接觸到嗅覺受體，這個作用叫做鼻後嗅覺（retro-nasal olfaction）。看著眼前的頭顱，我可以清楚看見口腔後方直通鼻腔的那條通道。當葡萄酒經過舌頭、流入喉嚨的那一刻，氣味可能會急轉彎，選擇往上的這條叉路，直奔嗅覺受體。

我注意到大腦前端底側有一個奇怪的灰白色腫塊。它位在眼睛正後方的區域，長度約一吋半，跟橡皮筋差不多薄，頂端是圓圓的。很像有人把嚼過的口香糖黏在這顆大腦底下。

「這個突出來的東西是什麼？」我問馬丁。

「找到了！」他發出歡呼，彷彿找到一位老朋友。這就是嗅球。

嗅球很小，卻製造了許多麻煩。它是氣味誕生的器官，也是現代嗅覺自卑情結的起點。

○ ○ ○

早在西元前四世紀，人類就已放棄了嗅覺。這種感官「在人類身上毫不精確，而且比許多動物遜色，」亞里斯多德在《靈魂論》（*De Anima*）中如此寫道。「人類的嗅覺能力很弱，只能察覺到令人痛苦或令人愉悅的氣味，原因是嗅覺器官不夠精確。」身為有史以來的第一位科學家，亞里斯多德如此決斷。雖然他無法說明為什麼人類的嗅覺能力這麼糟糕，但是人類嗅覺能力不佳的觀念就這樣流傳後世。

十九世紀終於出現人類是嗅覺弱者的科學證據，這都要感謝一位法國外科醫生兼人類學家：天才兒童保羅．布洛卡（Paul Broca）。布洛卡出生於一八二四年，出生地離波爾多不遠。他在十七歲進入巴黎的醫學院就讀時，已經擁有文學、數學和物理學學位。布洛卡後來成為神經科學界的著名人物，是由於他發現了大腦中負責語言發展的區域，也就是「布洛卡區」（Broca's area）。

但是德勒斯登的科學家們認為布洛卡是個麻煩人物。他提出一個充滿疑點的理論，困擾了嗅覺研究將近兩百年之久。他假定（而且貌似真實地證實了）人類在演化過程中喪失了嗅覺能力。

嗅覺在布洛卡的年代並不受歡迎。當時的科學家都瞧不起嗅覺，因此只出版了「寥寥可數的相關論文」，歷史學家安妮・哈林頓（Anne Harrington）與維農・羅沙李奧（Vernon Rosario）在描述十九世紀醫學界的態度時如此寫道。而寥寥可數的那幾篇論文大多證實，嗅覺是不值得深入思考的研究主題。喪失嗅覺「充其量只是不太舒服，」一八七三年一位英國醫生在醫學期刊《刺胳針》（*The Lancet*）發表的文章中寫道。

那是達爾文的《物種源始》（*On the Origin of Species*）當道的年代，嗅覺被視為原始人類遺留下來的能力。在略為粗糙的邏輯基礎上，科學家認為他們自己與受過教育的同儕都缺乏的敏銳嗅覺已不再重要。因此，他們推斷嗅覺之所以變得遲鈍，是因為人類變得愈來愈文明。「群居於社會的習慣，加上擁有智慧的同伴……人類不再需要依賴嗅覺，所以文明人類對於這種感官印象變得較不敏感，也因此喪失了部分的嗅覺敏銳度，」一八二一年法國解剖學家克洛奎特（Hippolyte Cloquet）在一篇嗅覺的參考文章中寫道，「社會地位比較低的人，嗅覺比較敏銳。」

不過，最後還是（達爾文的強力支持者）布洛卡提出最具說服力的證據，證明現代人「遺忘了」嗅覺能力。布洛卡在他巴黎的實驗室裡，切開鳥類、魚類、黑猩猩、囓齒動物、水獺、人類、海中銀行家海豚及其他動物的大腦。他找到了一種模式：隨著演化階梯愈升愈高，從海底哺乳類脊椎動物到靈長動物到人類，生物大腦的邊緣葉（limbic lobe）「退化和萎縮」的情況就愈明顯；邊緣葉是中腦的一個弧形區域，當時的科學家相信它主宰嗅覺。此前多年，邊緣葉一直被視為嗅覺工具，範圍包括大腦前端一小塊不起眼的組織：嗅球。布洛卡與當時的科學家都發現，以整個大腦的體積來說，高等靈長動物的嗅球比較小。他也注意到嗅覺高超的動物，例如老鼠跟狗，牠們的嗅球在大腦所佔據的區域相對較大。這項發現在教科書裡代代相傳。相反地，人類的嗅球跟大腦灰質的總質量比起來，實在是小得不得了。人類的嗅球大小跟老鼠的差不多，但是人腦的質量是鼠腦的八百倍。布洛卡認為這些發現說明了「嗅覺功能已變得較不重要」，所以「對一個文明人來說，靈敏的嗅覺……對生活毫無幫助。」

外科醫生山謬爾・波濟（Samuel Pozzi）在一篇論文中讚揚布洛卡的貢獻，他的論點進一步鞏固了這種誤解。他明確地闡述一個現在依然相當普遍的觀念，那就是嗅覺變得遜於視覺，是因為人類從四隻腳爬行變成用兩隻腳走路：

動物以四足行動，這種姿勢本來就有利於嗅覺。靈長動物以雙足直立之後，人類的頭部從此遠離地面，視線也變成與地平線平行。視覺取得主導權，取代了嗅覺的地位……解剖學家發現了顯而易見的第一個現象與額葉發展之間的關聯，這不是相當有意思嗎？同樣有意思的是，延續相同的觀點，人類大腦裡也發現了嗅覺的退化器官：邊緣葉。嗅覺沒有發展成顯眼的器官，而是退化成零散碎片，而且碎片之間幾乎毫無連結。換言之，它們只是一堆殘骸。

簡單地說：嗅覺器官是垃圾。嗅覺愈敏銳，演化程度愈低。這個觀念變成常識，從此代代相傳。參加德勒斯登研討會的專家說，大錯特錯。

○ ○ ○

「我認為人類喪失嗅覺能力的觀念絕對是一種迷思，」神經科學家約翰．倫德斯楚姆說。我們在報告之間的休息時間聊了一下。我們小口吃著火腿三明治時，約翰說顏色明亮的火腿片吃起來風味更強烈，例如螢光綠。約翰專門研究多重感官知覺與化學感覺，他一半的時間待在費城的莫內爾中心，一半的時間待在斯德哥爾摩的卡羅琳醫學院（Karolinska Institutet），也就是諾貝爾委員會的所在地（他也曾擔任托瑪斯．胡梅爾的研究助理）。他花很多時間觀察人類使用味覺與嗅覺時的大腦。

他的觀察結果全都指出布洛卡是錯的，包括人類雙足直立之後嗅覺漸漸消失，人類的嗅覺能力很差，嗅覺對「文明」人類毫無用處等等。

跟他聊天真是不錯：我什麼都不用做，就已經覺得自己的嗅覺有進步。

和其他動物相比，人類身上發揮功能的嗅覺受體基因確實比較少（這些基因會編碼和製造嗅覺受體，你應該記得我們之所以能察覺到氣味，是因為嗅覺受體與空氣中的氣味分子結合）。人類有一千個嗅覺受體基因，其中只有三百五十個活化基因，遠低於大鼠與小鼠，牠們有一千個活化的嗅覺受體基因。布洛卡和他的同事如果知道二十一世紀的科學家仍以十九世紀的邏輯來說明嗅覺，肯定備感欣慰。科學家認為，嗅覺受體基因隨著人類發展出全彩視覺而慢慢死去。

雖然嗅覺受體基因數量變少與嗅球單薄都暗示嗅覺能力欠佳，但是近年來的行為研究卻有相反的發現。我們的嗅覺能力可能遠高於過去的認知，約翰說，這可能是因為從來沒人以有系統的方式測量嗅覺能力，包括布洛卡。人類擁有敏銳嗅覺仍是一個很新的觀念，其中一個頗受歡迎的理論所引用的證據，跟布洛卡的觀察結果基本上完全相同：沒錯，我們只有幾百個嗅覺受體基因，而且我們的嗅球相對較小，但驅動這些硬體設備的，是一個更大也更先進的大腦，抵銷了體積上的損失。「處理複雜氣味（例如人類烹煮的菜餚）的嗅覺作用，不會受限於大腦的一小塊區域，而是動用人類大腦更強大的處理能力，」耶魯大學的神經生物學家葛登．薛帕德（Gordon Shepherd）在《PLoS生物學》期刊（*PLoS Biology*）發表的一篇論文中寫道。

約翰指點我去看馬提亞斯．拉斯卡（Mattias Laska）的研究，他是瑞典林雪坪大學（Linköping University）的生物學家。他的研究發現，人類的嗅覺能力優於許多我們長期羨慕的動物，例如大鼠。據說大鼠是嗅覺天才，可以聞出地雷與結核病。「那是人類難以想像的世界，我們的嗅覺如此貧乏，」一個大鼠粉絲網站開門見山地寫道。其實，我們想像得到。

拉斯卡檢視了記錄人類對低濃度氣味敏銳程度的每一份資料，他認為人類的嗅覺經常勝過長久以來被認為擁有超級嗅覺的動物，像是：小鼠、刺蝟、鼩鼱、豬和兔子；當然還有大鼠，人類在四十一種氣味測驗中，有三十一種贏過大鼠。在另一項研究的十五種氣味測驗中，人類在五種氣味的嗅覺能力贏過狗。

「如果比較人類與動物的嗅覺機制，你會發現我們比大多數動物厲害得多，」約翰說。

托瑪斯．胡梅爾在報告中提到一項研究：讓大學生跟受過訓練的獵犬比賽，看看人類能否追蹤氣味路徑，就像人類最好的朋友追蹤雉雞跟鹿的氣味一樣。狗是動物界的嗅聞高手，布洛卡說狗擁有超級嗅覺。眾所周知，狗能聞出錢、炸彈和癌症的種類，那些我們不認為擁有氣味的東西。相形之下，人類可以把腐敗的食物放在廚房垃圾桶裡整整一星期。這項氣味追蹤研究把受試者包裹起來，削弱嗅覺以外的其他感官。受試者穿上長袖運動衫，戴手套，戴著貼上膠帶的護目鏡，戴上耳機，穿灰色短靴。他們跪在地上爬行，鼻子貼地，屁股朝天，所以也穿了護膝墊（雖然無法提升人類尊嚴，但是可以提升爬行的舒適度）。研究人員用巧克力精油在草地上做了一條氣味路徑，受試者的任務是追蹤這條路徑，抵達指定終點。托瑪斯把狗追蹤鳥的路徑與受試者追蹤巧克力的路徑放在一起比較。人類的追蹤路徑跟狗的一樣曲折，他們在巧克力路徑上時左時右地前進，直到抵達終點。後續研究發現，練習可提升人類受試者的表現。研究人員認為「長期訓練可進一步加快追蹤速度」，說不定能培訓出全新的狩獵夥伴。

人類也跟動物一樣，聞得到周遭環境的警告信號。做為身體的警報系統，嗅覺對威脅時時保持警戒，並且微不可察地讓我們依照信號調整行為。例如，有研究發現女性的淚水會降低男性的性欲。約翰發現我們可以僅靠體味判斷一個陌生人是否健康或生病，這種能力的演化目的或許是為了降低染上疾病的風險。我們當然也能在看見某些危險之前就先聞到它們，例如煙或瓦斯。

雖然我們很少察覺到，但我們確實透過氣味互相傳遞社交訊息。約翰的研究發現，人類可以辨識八十歲老人的二十幾種體味、朋友跟親戚的體味、男朋友跟普通男性友人的體味。氣味也能拉近人類的距離。他的研究發現，當女性對男朋友的愛意愈深，辨識其他男性體味的能力就愈糟。愛情會改變女性的嗅覺，轉移她們對「潛在新伴侶」的注意力，鞏固她們與伴侶之間的關係。氣味加深母親和嬰兒之間的吸引力，嬰兒的天然體味會刺激母親大腦的獎賞區分泌多巴胺：「幾乎就像在吸食古柯鹼，」約翰說。費洛蒙是一種人體分泌到空氣中的化學物質，據信是情侶一開始相互吸引的原因之一。遠在科學家建立費洛蒙觀念的很久之前，伊莉莎白時代的女性會送「愛的蘋果」給心愛的人：把削了皮的蘋果塞在腋下，吸飽了汗水之後送給心愛的人嗅聞（如今求愛的方式已有長足的改變，現在有一種叫做「嗅覺約會」的交友方式：把穿過並留有汗水的T恤跟有可能配對成功的人交換，互聞對方的體味）。

儘管嗅覺就像隱形的木偶師般引導我們的行為，我們卻一直低估自己的嗅覺能力（其中一個原因可能是大腦缺少關注嗅覺的機制，大部分的氣味都在無意識的情況下處理。不同於其他感官的輸入，嗅覺信號不會經過大腦視丘；視丘能使我們察覺自己感知到刺激物）。在我們談話之前不久，約翰跟同事辦了一場派對。他們在派對上玩了一個深具神經科學特色的遊戲：約翰請系主任盲聞分屬於十位下屬的十種體味，然後說出體味的主人是誰。系主任堅稱這是不可能的任務。約翰請他試試看。每聞一種體味，系主任總是雙手一攤，說自己猜不出來。每一次約翰都鼓勵他大膽猜測。試試看，盡力就好。

最後，系主任只猜錯兩個人的體味。他搞混的這兩個人，是幾週前才開始跟他一起工作的助理。

○　○　○

知道自己的嗅覺技術沒有我想像的那麼糟糕，我著實鬆了一口氣。因為，說真的，我得到的嗅覺鍛鍊建議非常奇特。

「如果你是我，你會如何加強自己的味覺和嗅覺？」我問李察．多蒂（Richard Doty），他是約翰在莫內爾中心的同事，也是頂尖的化學感覺專家。

「古柯鹼，」他毫不遲疑地說。

完全出乎我的意料。他顯然不是在開玩笑。我告訴他，我不太明白。

他重新想了一下。「我想大麻應該也能加強味覺跟嗅覺。」

我試著想像自己在盲飲前先抽幾管大麻。「你覺得抽大麻會讓味覺更敏銳嗎？」我問，「還是讓人胃口變好而已？」

「啊，」他點頭稱是，「LSD或許更適合。我沒有親自測試過LSD，但它肯定會改變視覺，所以八成也會改變味覺與嗅覺。用藥物操控神經傳導系統，很多感官都有可能產生變化。」我的表情顯然透露出我認真考慮這種作法，所以他又補了一句：「不過這方面還沒出現什麼令人滿意的研究。」

或許如此，但已故神經學家奧利佛．薩克斯（Oliver Sacks）曾記錄一個藥物誘發超級嗅覺的案例。在《錯把太太當帽子的人》（*The Man Who Mistook His Wife for a Hat*）一書中，薩克斯描述一個二十二歲的醫學生在吸食古柯鹼加安非他命和一種叫做天使塵（PCP）的迷幻藥之後，進入精神恍惚的狀態。他夢到自己是一條狗，醒來之後發現「雖然所有的感覺都變敏銳了，但是最敏銳的還是嗅覺」。這名學生說：「我以前的嗅覺能力不是很好，但現在我能立刻分辨每一種氣味。我發現每一種氣味都是獨一無二、充滿意義，也都是一個完整的世界。」他可以靠氣味聞出朋友跟病人的身分與情緒，分辨紐約每一條街和每一家店的獨特氣息。三個星期後，他的感官恢復正常。他說這是「莫大的損失」。

那天下午，我在味覺鍛鍊清單上加入電擊。嗅覺在所有感官中最富可塑性。氣味可以跟危險的刺激物快速產生聯結，用這種方式增加嗅覺系統的敏感度，身體會特別注意與潛在危險有關的氣味。約翰報告了他的新研究，他讓受試者一邊聞玫瑰的氣味，一邊接受電擊。制約的過程結束後，受試者對玫瑰氣味的敏感度都變強了。

這當然令我陷入思考。我能否加強自己嗅聞吡嗪的能力，從此不再聞錯卡本內蘇維濃、卡本內弗朗（Cabernet Franc）或白蘇維濃？我把這個想法告訴約翰，如果我一邊喝酒一邊接受電擊是否有用？

「如果你想要增加你對某種氣味的敏感度，可以啊，」他說。但是他建議了另一種作法。「我有個同事是研究聯想學習與制約的，他說最好的配對聯想訓練，是一邊做愛一邊做你想記住的事。」

○○○

除了聆聽研討會裡一場接一場的報告，例如「氣味空間」與「麝香是什麼？」，我也偷偷觀察身旁的專家有哪些嗅聞習慣。發表人的論文裡提到的原則經常包括減少雜訊和提升敏感度：品嘗（或嗅聞）前一個小時不可吃東西；嗅聞次數不能超過兩次，以免習慣化（habituation）[2]；嗅聞時要坐著，不可躺下；吞嚥之後慢慢用嘴呼氣，讓氣味從口腔後方被帶入鼻腔，增加鼻後刺激。

不過，更有趣也更具啟發性的，還是報告之間的休息時間。我發現這些研究人員跟侍酒師一樣，他們都已內化了一套屬於自己的生活作息，把味覺和嗅覺當成生活中最重要的事。他們對關於嗅覺與味覺的一切都充滿好奇與熱情。毫無疑問，這正是提升感受力的第一步。

2 習慣化是指由於一個刺激連續出現而變得熟悉，使得反應的傾向減弱的現象。

有位科學家每天都會聞她的孩子。有位科學家正在教他的孩子分辨氣味。青春洋溢的研究生保羅有天晚上吃飯時，盲飲了最貴與最便宜的葡萄酒，他宣布兩者之間難以分辨，於是他把兩款酒混合成一種創意調酒。他一邊啜飲他的調酒，一邊描述他如何盲測每一種汽水、啤酒、布丁和葡萄酒，看看比較貴的品牌是否真的比較美味。「等我老了，我要把廉價葡萄酒裝進好酒的瓶子裡，」他得意地說。

任何主題都能跟嗅覺或味覺扯上關係。「脫衣舞者在排卵期能賺到更多錢。她們不知道這是因為舞跳得更好，還是因為她們散發出不一樣的氣味，」我在雞尾酒時間偶然聽到有人這麼說。或是「蒼蠅很幸運，因為蒼蠅的味覺受體在腳上。」還有「鼻孔到底為什麼有兩個，還沒有明確的答案。」這群科學家拍照時不說「笑一個」（cheese），而是歡呼「嗅覺萬歲！」（The action's in olfaction!）。

每一種氣味，無論有多臭，都有自己的粉絲。第三天下午某一次休息時間即將結束時，一位專門研究灼口症（burning-mouth disorder）的牙醫匆忙跑來找我，指著一位她想介紹我認識的調香師。「我問他正在研究哪些氣味，他說是尿，」她氣喘吁吁地說。我還沒來得及請她再說一次，她就跑走了。我很確定自己聽錯了。

「所以你正在研究……尿？」我遲疑地詢問這位叫做克里斯欽・瑪戈（Christian Margot）的男士，擔心自己可能冒犯他。

「喔，不是，」他搖搖頭，一副我是瘋子的模樣。他稍微站得更挺一些。「是不新鮮的尿！」他志得意滿地說。

他為芬美意公司（Firmenich）開發新的香料與香精，用途很廣，從冰淇淋用的草莓香料到亞曼尼的香水。由於克里斯欽研究的是化學刺激物的心理影響，所以他喜歡說自己是「心理化學家」。重點是心理。他喜歡把不新鮮的尿味灑在辦公室外面的走廊上，然後偷偷觀察路人的反應。他笑著說女性特別容易抓狂。我看起來一副很感興趣的模樣，所以他告訴我，他也正在研究合成吲哚（indole）。

「那是一種糞便的氣味。是糞臭味！」他愉快地說。

「你為什麼要研究這個？」我問。

「鵝口瘡跟百合花裡也有吲哚，」他說。他顯然發現我無法三言兩語就聽明白，於是便告辭了。

○　○　○

一直到研討會的最後一天，托瑪斯的實驗室才發表了嗅覺訓練研究的最新結果，這才是我最想了解的資訊。

托瑪斯將近十年前開始研究這個主題，目的是幫助喪失嗅覺與味覺的病患。根據估計，美國約有六百萬人（約為洛杉磯人口的兩倍）完全喪失嗅覺。嗅覺缺失（anosmia）是嗅覺版的失聰或失明（喪失味覺能力叫做味覺缺失〔ageusia〕）。人類對嗅覺缺失的了解極少，而醫生碰到自己不明白、不一定能解決以及不被視為正式疾病的問題時，通常都不太重視。

就連托瑪斯與其他研究化學感覺的同事也承認，喪失嗅覺的負面影響不及喪失聽覺或視覺。有位報告人做了一次非正式意見調查，絕大多數的觀眾都同意，如果不得不放棄一種感官的話，他們寧願失去嗅覺。但這並不代表嗅覺不重要。托瑪斯不但經營味覺與嗅覺診所，也做相關研究。他說嗅覺缺失患者的痛苦比較「私密」。「他們過著更危險的生活。整體而言，他們更容易在家裡發生意外，」他告訴我，「有很多情況會令他們感到不安，因為他們顯然知道自己沒接收到某種信號。」他的有些病患一天洗兩三次澡，忍不住一直噴體香劑，對自己的體味有一種偏執。他們無法偵測到隱形的日常威脅，例如腐敗的食物。他們的社交互動無法仰賴嗅覺線索，很容易產生憂鬱和孤獨感。「我覺得自己跟這個世界無關，」一位女士寫道。

托瑪斯決心查明病患能否恢復失去的嗅覺，他最初以此為主題的研究找來四十位部分或完全喪失嗅覺的受試者。他讓三分之二的受試者進行訓練，內容包括一天兩次嗅聞四種強烈氣味：玫瑰、桉樹、檸檬與丁香，為期三個月。其餘的受試者沒有任何訓練。三個月後，托瑪斯發現受過訓練的病患「嗅覺功能變好了」。他們變得對那四種氣味較敏感。這結果與早期研究一致，反覆嗅聞一種氣味可提高你對這種氣味的辨識能力。

托瑪斯把相同的訓練法用在帕金森氏症患者身上，因為喪失嗅覺是他們常見的症狀。結果他們的嗅覺也變好了。他後來重複這項實驗的對象包括因感染或受傷而喪失嗅覺的病患，以及嗅覺正常的兒童，兩組受試者的嗅覺都變強了。托瑪斯發現，嗅覺沒問題的成年人使用這套訓練法可維持嗅覺功能（這不令人意外，因為他們的嗅覺本來就很正常），但嗅球會發生劇烈變化：體積顯著變大。實驗數據明確顯示，以敏感程度來說，嗅覺功能可經由相對簡單的每日鍛鍊而提升。

托瑪斯著手調整這套訓練法。經過一連串研究之後，他發現吸入味道強烈、濃度高的氣味，效果比溫和的氣味更好。最初的四種氣味嗅聞了數週之後，再換成四種新的氣味，也可加強氣味的區分、辨識和敏感程度，也就是知道氣味之間的差異、名字以及偵測到低濃度的氣味。

嗅覺的獨特之處，在於它的彈性和適應力。人體內的視覺、聽覺與觸覺受體，數量都是固定的。雖然氣味受體的種類也是固定數量，但受體本身每隔六到十週就會再生，原因是接觸到空氣中的灰塵與毒素。每隔二到四個月，嗅覺受體神經元就會全體翻新一次。只要用對方法，我們的嗅覺就可以在翻新之後變得更敏銳。如果一種氣味跟我們之間更富有關聯，我們可能會製造更多受體來接收這種氣味。

托瑪斯的實驗室最新的嗅覺訓練研究由他的同事伊隆娜・克洛伊（Ilona Croy）負責，這項研究發現另一個影響深遠的相關結果：如果你聞不到特定氣味，這種情況是可以逆轉的。

若你曾經努力嗅聞，卻聞不到周遭的人都聞得到的味道，那你一定想知道伊隆娜的特殊嗅覺缺失研究（specific anosmia）。特殊嗅覺缺失指的是嗅覺功能正常，但無法辨識特定氣味。這在過去被視為罕見現象，但是伊隆娜研究了一千六百位受試者之後，推斷每個人都可能對特定氣味「嗅覺味盲」（odor blind）。我可能聞不到檀香，你可能聞不到含有十五內酯（pentadecalactone）的麝香汗味，摩根聞不到莎草奧酮。特殊嗅覺缺失不是病症，可能是「嗅覺作用的常態，而非例外，」伊隆娜寫道。而且，特殊嗅覺缺失顯然是可以改變的。

伊隆娜站在禮堂的講台上，描述她找了二十五位自願的受試者，他們都是嗅覺正常，但至少有一種特殊嗅覺缺失。她讓受試者使用托瑪斯的嗅覺訓練法。他們收到的「氣味瓶」裡裝著他們聞不到的氣味，一天聞兩次，每次十秒，持續二到四個月。

後來每一位受試者都對「各自的氣味有更強的感受力」。沒有一位受試者對原本聞不到的氣味依然嗅覺味盲。

結論是嗅覺訓練真的有用，包括嗅覺健康的人。我們可以修正自己嗅覺盲區，「看見」原本穿著嗅覺版隱形斗篷的氣味。嗅覺缺失的患者或許能夠再度聞到氣味，而嗅覺正常的人可以提升嗅覺的感受力。也許我不用接受電擊或舔LSD吸墨紙，就有機會加強我對葡萄酒關鍵氣味的嗅覺敏銳度：例如我很難聞到的吡嗪，還有橡木的香草氣味。

「人類的鼻子非常強大，」托瑪斯說，此時伊隆娜剛剛結束報告，正在接受觀眾鼓掌。「這正是我今天想要傳達的訊息。透過訓練，你可以擁有超級感官。」

○　○　○

我在德勒斯登機場準備登機返回紐約時，接到了母親的電話。外婆過世了。

我跟外婆很親。幾乎每個週末，我都會搭火車去曼哈頓的上西區找她，在她的公寓裡跟她一起做飯，或是告訴她我正在寫什麼報導，或是要她說說二戰期間逃出斯洛維尼亞的故事。我們之間有一種特殊的感情。我非常愛她。

抵達紐約之後，我急忙衝過海關，想盡快趕到外婆的公寓跟一小群親戚會合。我們一起談話，一起哭泣。最後，大家都走了，只剩下媽媽和我。她把自己關在客房裡確認葬禮的細節，了解我們有多少時間能把公寓清空。使用了九十年的東西該如何處理，將是個問題。家具、茶杯組、衣物。

衣物。我走進外婆的臥室，打開衣櫃。過去幾個月，氣味佔據了我的每分每秒。我們可以看照片懷念外婆，甚至還可以聽外婆說故事的錄音，那是我跟表姊在家族聚餐時偷偷錄下來的。但是外婆的氣味呢？

我突然極度想要留住外婆的氣味，那專屬於她的嗅覺指紋。我站在衣櫃裡的長褲、裙子、毛衣和洋裝前面。我伸出雙臂，盡我所能地把衣物全都攬在懷裡，然後把臉整個埋進去。我閉上眼睛，鼻子用力壓在一件米色的喀什米爾毛衣上，深深地、久久地吸了一口氣。然後再換下一件。

這味道太神奇了。我想把它刻在腦海裡。我試著說出這種特別的氣味組合，希望我能保留屬於外婆的味道。我要把它烙印在心裡，以後才能拿出來回憶，喚醒只有氣味才能喚醒的、跟她在一起的感覺。我再度嗅聞。它有一種柔軟的感覺。我知道這一定是香水的些微氣息，她用的香水是永恆（Eternity）。也有可能是護手霜。但我覺得自己只是瞎猜一通。這就是諾娜外婆（Nona）的味道沒錯，我一聞就為她的存在而深深感動，同時也感到沮喪，因為我知道我即將永遠失去這個味道，而且遠不只是這個味道。她的氣味還在，但正在慢慢消散。它將會消失。

○○○

後來我一再回想起這段記憶。刺骨的哀慟減緩成微痛，生活的叨念把我拉回常軌。我離開德勒斯登的時候，深信自己絕對可以察覺到更多氣味，也因為知道我的感受力其實沒那麼糟而鬆了一口氣。但是待在外婆公寓裡的那一刻，我的理解出現了一個坑洞。站在衣櫃前抱著她的衣物時，我的嗅覺完全沒問題。問題是，我的大腦不知道如何處理這些資訊。為了理解世界上的各種感覺信號，我不但必須偵測到原始刺激物，還必須把它轉換成資訊。信號如何獲得意義？我還欠缺那些技巧？我埋頭苦讀一大堆研究（我只從德勒斯登帶回來這些紀念品），尋找與嗅覺敏銳程度有關的蛛絲馬跡。

在一端是無神論者、一端是地球平面論者的光譜上，有一大群人相信葡萄酒專業技能根本不存在。侍酒師的嗅覺與味覺沒有比其他人更強。這整件事不過是場騙局，給我來杯啤酒，這件事不用再說了。有兩份研究經常被用來證實這個論點，曾任教於波爾多大學的費德瑞克・布霍薛（Frédéric Brochet）是這兩份研究的共同作者。在其中一項研究裡，布霍薛的釀酒學學生被要求描述兩款酒的氣味，分別是一紅一白。「一塊gâteau，」你心想。[3]受試者都說白酒聞起來跟大部分的白酒一樣：有「花香」、帶著「蘋果」、「荔枝」和「葡萄柚」的氣息。他們用經常用來形容紅酒的詞彙描述紅酒，例如「黑醋栗」、「覆盆莓」和「李子」。

結果，其實兩杯酒根本就是同樣的白酒，只是其中一杯染成了紅色。布霍薛與共同作者們以這些結果為基礎，做出關於語言的結論：我們會用顏色跟葡萄酒本身類似的東西來形容葡萄酒。但其他人做出的結論是：所謂的專家連紅酒跟白酒都無法分辨。在另一項研究中，布霍薛給釀酒學的學生品嘗並評比兩款波爾多紅酒，一款是普通的佐餐酒，一款是高級的特等酒。在五十七位受試者之中，有四十位認為特等酒是「好」酒，三位認為它「非常好」。有幾十位受試者稱讚它的風味「平衡」、「複雜細緻」和「圓潤」。同一群受試者喝了佐餐酒之後，認為這款酒「軟弱無力」、「扁平」和「口感不佳」。你應該已經猜到了，布霍薛在特等酒和佐餐酒的瓶子裡，裝了同一款中等價位的波爾多葡萄酒。報紙與網路文章紛紛宣告品酒是「扯淡」跟「垃圾科學」。而且根本無處可逃：研究結果使那些任由感覺被左右的「專家」顏面無光。

但是，在我們指控這些人是騙子之前，我們必須承認他們**真的**與眾不同。我仔細研讀從德勒斯登拿回來的研究內容，發現葡萄酒阿宅之所以成為葡萄酒阿宅，原因要比訓練鼻子分辨更細微的氣味差異還要複雜。

葡萄酒專家每次把鼻子伸進酒杯裡，都能滔滔不絕說出一大堆形容詞，你或許因此認為他們的嗅覺比一般人更敏銳。不一定。人類從混合氣味中分辨出特定氣味的數量，似乎是有上限的。經驗豐富的專家（例如調香師跟侍酒師）接受嗅覺訓練時，最多只能從一種

3 gâteau是法語的蛋糕，「一塊蛋糕」是英文片語，意指「容易」。

混合氣味中分辨出三到四種氣味，跟新手一樣。侍酒師從你的白梢楠裡聞到的糖漬薑、桃子、金銀花、馬鞭草和香橙，可能是業界習慣的產物，就像協會的推導品酒法一樣；侍酒師受其制約，於是吐出大量詞藻。此外，這種詩意的呈現也有助於銷售。

不過在某些領域，葡萄酒專家的表現比一般人出色，出色很多很多。正如托瑪斯與其他研究者所發現，每天用氣味訓練嗅覺的專家可以提升嗅覺敏銳度。葡萄酒專家辨識氣味的表現也很優異：跟業餘人士比起來，經驗豐富的專家更能正確分辨不同氣味，例如分辨芫荽跟丁香；(同一)風味之間的細微差異也一樣，例如分辨高酒精濃度與低酒精濃度的液體。除此之外，專家分辨氣味以及記住氣味名稱的能力，也會隨著練習而變得更強。

練習大幅改變專家的大腦，而且這樣的改變是可以測量的。證明葡萄酒專業技能確實存在的、最具說服力的科學證據之中，有幾個證據來自研究者觀察侍酒師品酒時的大腦活動。二〇〇五年，義大利科學家發表了與神經科學教授李察・費瑞科維克（Richard Frackowiak）合作的一份研究。費瑞科維克教授曾做過一項知名研究：他發現倫敦的計程車司機會由於愈來愈熟悉當地的大街小巷，大腦跟著出現結構性變化。這幾位科學家找來七位侍酒師與七位對照組受試者（對酒認識不多的業餘人士），請他們躺在ｆＭＲＩ功能性磁振造影儀裡，一邊喝裝在塑膠管裡的葡萄酒，一邊以追蹤血流的方式測量腦部活動。受試者喝了幾種液體，包括紅酒、白酒、甜酒以及沒有氣味的葡萄糖溶液，同時在受到指示時用酒漱口或把酒吞下去。研究人員掃描他們做這些動作時的大腦活動。

結果令人驚訝。控制組喝酒的時候，大腦只有零星幾處出現活動，尤其是跟情緒處理有關的區域。反觀侍酒師的大腦簡直熱鬧萬分。他們的大腦活動更活躍，而且亮起來的區域都和高級認知處理有關，例如記憶、計畫與抽象推理。簡言之，專家的大腦活動有一種獨一無二的特徵，使他們跟新手不一樣。「我們的研究顯示，大腦的活化模式在有經驗的侍酒師身上與控制組身上截然不同，」義大利的團隊寫道。他們把這種差異歸因於侍酒師的味覺與嗅覺有「更加精確的敏銳度」，而且對酒的評估「更具分析性」。這項研究的主要作者亞歷山卓．凱斯翠歐塔．斯坎德貝格（Alessandro Castriota-Scanderbeg）說：「有明確的證據顯示，大腦的神經連結會隨著訓練與經驗而改變。」於是我想到：我的大腦是否也在改變？

說到葡萄酒，法國人絕對不會讓義大利人握有最後的決定權，所以他們在二〇一四年重複了類似的實驗。貝桑松大學醫院（Besançon University Hospital）的神經科學家，把十位侍酒師與十位業餘酒客送進功能性磁振造影儀。他們發現了基本上一模一樣的結果。

所以葡萄酒專業技能不是騙局。（值得一提的是，雖然布霍薛教授的研究常被用來證明品酒是「扯淡」，但是他本人並未厭棄釀酒的世界。事實上，他離開了學術界，在法國西部一間美麗的酒莊裡釀造葡萄酒。）專業的品酒人真的把自己訓練到，對酒的感覺不同於業餘酒客。一杯卡本內弗朗裡的氣所刺激的，並非大腦灰質裡殘存的原始組織（雖然布霍薛或許這麼想）。其實恰恰相反，葡萄酒實際上活化了更先進、更高級的大腦區域。

這是怎麼回事？關鍵在於光靠嗅覺或味覺的敏銳程度，不足以讓你更深思熟慮地品嘗風味。大體而言，侍酒師把盲飲當成一種訓練。他們刺激鼻子跟舌頭，就像舉重的人在練習凳上努力鍛鍊肌肉。這個比喻還不夠精確。跟鍛鍊肌肉比起來，學習葡萄酒專業技能更像學習一種外語。鍛鍊聽覺讓耳朵能聽到微小的聲音，對學習外語一點幫助也沒有。我們必須擴充概念知識。我學中文之前，中文對我來說只是無意義的聲音：nihaowodemingzijiaobaobian。我不用為了聽懂中文先去檢查耳朵。我需要做的是把聲音跟意義連接起來（「wo」的意思是「我」）。我必須反覆聽同一個聲音（wo、wo、wo）。我必須慢慢建立一個更大的架構，在這個架構裡熟悉這些聲音代表的意義（wo是我，你是ni）。隨著時間，這團無意義的聲音分解成：你好，我的名字叫包碧安。

同樣地，葡萄酒專業技能來自細心觀察、清楚感受，然後為這些身體上的感覺賦予意義。例如，在提升氣味辨別能力的時候，語言能力被認為扮演關鍵角色。專家在提升嗅覺技巧的過程中為氣味指定名字與意義（那種酸酸的紅色果實氣味是蔓越莓），他們一次又一次與氣味相遇（蔓越莓、蔓越莓、蔓越莓），然後慢慢建立一個架構，在架構內熟悉氣味所代表的意義（蔓越莓通常出現在托斯卡尼產的山吉歐維列紅酒）。「品酒人的技巧大多來自他們具備建立某種分類系統的能力，然後再把詞彙／類別跟氣味連結在一起，」提姆·傑可柏（Tim Jacob）說，他是卡地夫大學（University of Cardiff）的嗅覺專家兼名譽教授。《心理學新知》期刊（*Frontiers in Psychology*）的一篇論文也同意，學習這些標籤與結構能使你的「知覺能力大幅超越未受過訓練的人」。

也就是說，麥特的超級味覺根本沒屁用。鑑別葡萄酒的細微差異，關鍵不在於我們是否擁有超級味覺（或超級嗅覺），更重要的是超級思考力（話雖如此，享用葡萄酒也可以只是因為超級放鬆、超級需要來一杯皮諾，超級什麼都行）。我需要的是一個概念架構，如此才能區分歸類和理解我聞到的氣味。

有了這個全新的認識後，我決定加快訓練腳步，身體與大腦雙管齊下。我把托瑪斯與他的德勒斯登團隊開發的嗅覺訓練法，加入我原本的每日訓練裡。我花大錢買了法國酒鼻子香氣大師組（Le Nez Du Vin），內含五十四種經常出現在葡萄酒裡的香氣，從麝香到甜瓜（有一位世界最佳侍酒師大賽的冠軍說它是「珍貴的夥伴」）。我稍微調整了托瑪斯和伊隆娜的方法，每週從香氣大師組裡選五個新的玻璃瓶，每天聞兩次，每次聞三十秒，一邊聞一邊努力記住氣味的名字與聯想。番紅花，我把頂針大小的玻璃瓶輪流放在兩個鼻孔底下。番紅花、番紅花、番紅花。我遵從調香師的建議，把氣味跟畫面聯想在一起（橘色的星星），並且把氣味描述出來（有淡淡的皂味與金屬味，類似紅椒）。我力邀摩根一起訓練嗅覺，說不定能治好他對莎草奧酮的嗅覺缺失，但是他拒絕了。他喜歡用老法子。

我也加倍努力研讀葡萄酒理論。光是正確辨認香草、蒔蘿和椰子的氣味還不夠。專業技能的意思是建立一個能夠為氣味賦予意義的架構：香草、蒔蘿與椰子令人聯想到用美國橡木桶陳放的酒，這是西班牙和阿根廷酒廠的特徵，尤其是利奧哈和門多薩產區，前者用田帕尼優葡萄釀酒，後者用馬爾貝克葡萄釀酒。

儘管我使用這種更科學的方法加強盲飲技巧，但我知道這種方法不能教我如何滿足別人的鼻子跟舌頭。畢竟葡萄酒阿宅之所以訓練自己，不只是為了個人的快樂，也是為了幫客人安排味道上的體驗。為了知道如何幫助其他人品酒，我必須接觸老百姓。我需要一間餐廳。

CHAPTER

5

魔法王國

The Magic Kingdom

仔細翻閱專業侍酒師協會的服務手冊之後，我發現幾個令人擔憂的地方；侍酒師的工作似乎跟人質談判專家有不少相似之處。從協會的指導原則看來，侍酒師好像得設法應付情緒不穩定的陌生人，只要你看這些人的眼神稍有不對，他們就會有激烈反應。「仔細觀察賓客的回應、說話方式與肢體語言。」這是〈專業侍酒師舉止〉（*Demeanor of the Professional Sommelier*）標題下寫的指導原則。「適當地與賓客四目交接。」「保持微笑。」我想加一條：不要輕舉妄動。

這是一記警鐘。雖然在科學的幫助下，我的品酒技術已漸漸進步，但我的侍酒能力等於零。這方面，馬丁・威特跟他那桶大腦幫不上忙。有天晚上我在家裡依著燭光練習換瓶醒酒，還順便微微燒焦櫥櫃的一小角。照這個速度看來，我絕對無法通過協會的侍酒師認證考試，也絕對沒機會在外場工作。

想掌握侍酒的能力，除了在餐廳工作別無他法。入行之後，大部分侍酒師都會做「尾隨練習」，也就是跟在其他餐廳的侍酒師後面學習，確認自己能夠快速處理各式各樣的酒單，或是更正式的侍酒服務。協會考試舉行的數週之前，在提供快樂時光特價的餐廳工作的侍酒師，可能會到高級餐廳進修複習，花幾個晚上用四十年的布雷諾紅酒（Brunello）搭配品嘗套餐。有些侍酒師可能會要求同事投桃報李，讓自己能在大師級侍酒師的監督下侍酒一個晚上，請大師級侍酒師在工作結束後講評他的表現。這在法語叫做「stage」（意指實習），發音是「斯達舉」。實習不是成為侍酒師的必要條件，比較像是仔細微調原本就具備的技術。

我很想（也亟需）實習。不過我的實習不是用來磨練技術，而是用來獲得技術。為了應付考試，我必須開發侍酒各個步驟的肌肉記憶。我也想要觀察頂尖葡萄酒阿宅的工作實況，了解現場的正式服務跟協會的教科書版本有何異同。當然，跟著一支餐廳團隊（侍酒師的人脈）做尾隨練習時，我說不定會碰到合得來的團隊，找到一份外場的工作。

我在拉皮奇歐餐廳扛了四個月的酒，正準備辭去酒窖老鼠的工作。我說服喬讓我跟著拉拉做尾隨練習，體驗一下親上火線是什麼感覺。但是喬在最後一刻反悔了。幸好我早已看到更高的目標，所以沒有因為他反悔而感到太受傷。

在我遇見摩根的那場葡萄酒吧台大戰裡，我也認識了葡萄酒神童維多莉亞・詹姆斯，她是我嚮往的目標。年僅二十四歲的她一定是紐約市最年輕的侍酒師，而且她工作的馬睿亞餐廳（Marea）是紐約高級料理界的殿堂之一。那是我的夢幻實習餐廳。我苦苦糾纏維多莉亞好幾個星期，還把自己在拉皮奇歐餐廳的工作內容加油添醋了一番，終於說服她請老闆讓我跟著她實習。

聽到曼哈頓是「有錢人的遊樂場」時，腦海中會出現的地方就是像馬睿亞這樣的餐廳。主廚邁克・懷特（Michael White）的這座美食地標供應奧賽佳魚子醬（Ossetra，每盎司三百八十五美元）與涼拌太平洋生螯蝦，位在中央公園附近所謂的億萬富豪路一帶。這一區擁有世界上密度最高的米其林星級餐廳。跟馬睿亞（二星）在同一條街上的還有尚・喬治（三星）、波瑟（Per Se，三星）與瑪沙（Masa，三星）。服務生都說，這種層級的精緻飲食是「高風險」餐廳。賓客都是行家，他們期待最好的服務。他們支付高昂費用，也會要求物有所值。馬睿亞餐廳的外場每天晚上都有三位侍酒師，賣出價值兩萬到三萬五千美元的葡萄酒。「從來沒有低於一萬五千美元，」維多莉亞說，「唯一的例外是颶風珊迪來襲的那天。」馬睿亞的訂位人員必須先用網路搜尋每位賓客的資訊，不過能言善道的外場經理喬治早就認識紐約市的每一個社交名流，而且他有巧妙安排座位的天賦，能讓感情不睦的賓客同時坐在餐廳裡卻不會看見彼此。馬睿亞餐廳注重待客之道的細節，優質服務曾獲得詹姆斯・畢爾德獎（James Beard Award）的肯定，這是我渴望跟著維多莉亞實習的一個原因。另一個原因是馬睿亞每晚的賓客超過三百人，瑪沙只有三十五人左右。一流餐廳的服務，平價餐廳的規模，我認為特別適合觀察理想境界的服務如何與現實的情況結合。還有一個附帶的好處是，我有機會品嘗超級夢幻酒款。全球最頂級的餐廳居然允許侍酒師先品嘗賓客的酒，看似違反直覺，但是馬睿亞這種等級的餐廳，都規定侍酒師在上每一支酒之前必須試飲，目的是確定酒沒有問題。侍酒師說啜飲一小口是合乎體統的服務，確保賓客不會喝到有缺陷的酒，但沒有一個侍酒師會否認自己到酒窖去拿好酒時，總是偷偷感到興奮。我當然對此充滿期待。

我也對女性侍酒師的觀點充滿好奇。長久以來，餐廳的侍酒師職位一直專屬於男性，直到最近才有女性打入。美國第一批高檔餐廳從歐洲照搬過來的，不只是氣派與排場，還有員工全數為男性的傳統。紐約市最早提到侍酒師的紀錄是一八五二年的一則分類廣告，請有興趣應徵侍酒師的人到某個地點洽詢，從地址看來，距離華爾街應該只有幾條街。直到一九四三年，也就是將近一個世紀之後，《紐約時報》才介紹了紐約市第一位也是當時唯一的女性葡萄酒服務生。她「掌握了尊重卻不諂媚的態度（這是許多妻子渴望的目標），在不冒犯男性虛榮的情況下達成她的目的，」《紐約時報》寫道。這篇報導說，這位女士與男性相處甚歡，因為她「只談論自己了解的事」。「我絕對不會為男士提供烈酒的建議，」這位「女侍酒師」說。「紐約客不需要這方面的建議。他們通常都知道自己想喝哪一款烈酒，也許知道得太清楚了。」到了一九七〇年，餐飲服務生的女性比例高達百分之九十二，但女性在酒窖裡仍屬罕見。「我入行的時候，幾乎沒有其他女性，」麥德琳・特瑞凡（Madeline Triffon）說，她在一九八七年成為第一位女性大師級侍酒師。即使到了現在，仍有百分之八十六的大師級侍酒師是男性。

如果有人能夠撼動這個父權結構，那個人一定是維多莉亞。她讓我想到法國寫實老片裡的致命女郎：圓圓的眼睛，白皙的皮膚，外表是個典型美女，卻有不容別人欺負的強悍態度。她在曼哈頓上西區長大，有四個兄弟姊妹。家計很緊，所以滿十三歲之後，她每天下午四點到凌晨兩點在一家希臘餐館的吸菸區端盤子，因為餐館願意對童工法睜一隻眼閉一隻眼。後來維多莉亞進入福坦莫大學（Fordham University）念心理學，但是她很懷念餐廳那種忙亂的活力，所以她在還差三年才能合法飲酒的年紀，就到時報廣場附近一家小小的義大利餐廳當酒保，還偷偷跑去上葡萄酒課程。不久後，她開始當酒窖老鼠，然後決定休學。

她一滿二十一歲就靠口才成為歐瑞奧餐廳的侍酒師，比摩根早了幾年。她晉升的速度比我認識的每個人都快，她把葡萄酒當成事業、嗜好、天職、熱情，生命中一切。她在她家的消防梯上種黑皮諾，有空時就到處找野生香草自製阿馬羅利口酒，用她家廚房裡的橡木桶陳放。「葡萄酒是一種自由，」維多莉亞告訴我。「它帶著你遇見原本沒機會認識的人，造訪你原本沒機會去的地方，嘗試你原本沒機會做的事。」

我即將進入一個只有少數人有機會窺探的世界。有機會在這個世界裡工作的人更是少之又少。對我來說，她的觀察心得肯定正確。

○　○　○

我在星期四下午三點抵達馬睿亞餐廳，身上穿著維多莉亞事先檢查過的服裝。這似乎有些過分小心：黑色西裝外套搭配黑裙，怎麼可能出錯？但是馬睿亞這種等級的餐廳對外場人員的外貌挑剔到一絲不苟，包括侍酒師、服務生、送菜員、碗碟收拾員等等，所以我不能掉以輕心（後場屬於主廚、副主廚、二廚、洗碗工和其他廚房員工）。以EMP的標準來說，讓我選擇自己的服裝是不夠嚴謹的作法，他們的侍酒師必須穿成套的瑞士維氏（Victorinox）套裝。波瑟餐廳請芭蕾舞者來教員工優雅的動作。尚・喬治提供行走以及服裝的原則，員工手冊裡涵蓋的重要細節包括口紅顏色、首飾樣式、指甲油顏色、指甲長度，最後針對良好儀態提供建議。那個星期稍早，維多莉亞把一頭棕色長髮剪成長度到下巴的鮑伯頭，因為她的上司提議說這樣「比較恰當」。我見到她的時候，她穿著黑色西裝外套、黑色娃娃鞋，外套底下是正經八百的洋裝。我們兩個都沒有戴首飾（不能搶了賓客的風采），也沒有噴香水。我聽說有一位女性侍酒師曾因為洗髮精的味道太香而受到訓斥。

維多莉亞為我一一介紹馬睿亞的規定。餐廳經常為了節省時間、金錢或空間而調整侍酒步驟，有些作法跟協會的行為準則完全不同。不要在桌邊開酒：非常「小餐館，」維多莉亞說。開酒不能讓賓客看見，要在侍酒站開酒；哎唷，就是用餐區後面的矮櫃啦。除非賓客要求，否則不要把瓶塞拿給他們。「這等於把垃圾端上桌。」上酒之前，一定要先試飲，確定酒沒有問題。一定要先幫女士倒酒，再幫男士倒酒。「喔，錯了！」維多莉亞糾正自己，「上帝優先。」每家餐廳對服務要求的細節都不一樣，不過頂尖侍酒師比賽灌輸給我的觀念是，每一個動作都要力求優雅。我們的終極目標是消失。「如果客人非常享受這次用餐經驗，應該不會記得服務過他們的人長什麼樣子。」維多莉亞說，「每樣東西都如魔法般自動出現在你眼前。」

她帶著我走過外場經理的櫃台，穿過用餐區，來到靠近廚房的侍酒站。這裡有一整面牆的櫃子，裡面放著閃閃發亮、各種高度與寬度的酒杯。維多莉亞指著一款圓滾滾的酒杯，像一顆插在杯腳上的透明葡萄柚。這款酒杯用來喝布根地紅酒和其他「香氣重」的酒。「表面積比較大的話，鼻子能接觸到的氣味更多，」她解釋道。喝麗絲玲與甜點酒要用那邊比較矮、比較瘦的酒杯。高度將近兩倍、巨大又笨重到像金魚缸卡在杯腳上的那種酒杯，是用來喝卡本內蘇維濃、希哈跟內比歐露的。

對行家來說，用心搭配葡萄酒跟酒杯的重要程度，不亞於搭配葡萄酒跟食物。艾利尼亞餐廳的侍酒師會用三種酒杯試飲每一款酒，選出他們覺得能夠呈現他們想要強調的特質的酒杯。酒杯製造商宣稱杯身的形狀能突顯特定風味與酒體，有些設計顯而易見，例如控制酒在哪裡碰到舌頭，或是酒的表面接觸多少空氣。利德爾（Riedel）是酒杯製造商的業界龍頭，為十幾種葡萄和產地設計了專屬酒杯，其中一款叫做「波爾多特等酒莊」（每個一百二十五美元），還有一款叫做「成熟波爾多」（Mature Bordeau，每個九十九美元）。把夏布利倒進利德爾「阿爾薩斯」杯的土包子，根本就是在褻瀆夏布利。這些用偽科學解釋得頭頭是道的酒杯，任何人聽到了都應該覺得是唬爛。（用利德爾的梨形杯增強梨子的氣味！）但是推崇的人拍胸脯保證，經過精心設計的弧度可以改變飲酒的感覺。

請容我在此暫停一下。我想說的是，一如許多與葡萄酒有關的事一樣，這件事確實有唬爛的成分，但不是**全部**。有些人對杯口直徑與杯身角度斤斤計較，我一直很想知道他們的擔憂是否合理，所以我追查了這個主題的科學研究，沒想到數量多得驚人。簡短版的答案是：是的，他們沒有錯（另外，塑膠杯確實無法替代玻璃杯）。有五份研究證明，酒杯的形狀可能會以細微而明顯的方式，減弱或加強葡萄酒的氣味，但效果不一定跟利德爾、扎爾托（Zalto）及其他製造商宣稱的一樣。大致而言，跟其他款式相比，杯身中段較寬、杯口較窄的酒杯，更能夠加強葡萄酒的氣味強度。有一份研究說，這種酒杯甚至能加強葡萄酒的果香。日本的研究人員用名字很可愛的「嗅探犬攝影機」說明可能的原因。他們觀察到酒杯的弧度會把乙醇蒸氣集中在杯壁上，在中間形成一個淨空區，所以飲酒的人嗅聞葡萄酒時，不會因為蒸發的酒精破壞香氣而受到干擾。用馬丁尼杯與高球杯喝酒時，酒精蒸氣則會佔據整個杯子。

我跟著維多莉亞來到馬睿亞三間「酒窖」中的第一間。它其實是一台高高的冰箱，兩邊各有兩扇厚重的對開彈簧門，兩邊的彈簧門同時晃動時，中間的空間連我都容納不下。一對彈簧門通往廚房，裡面有三位男士正在用水蒸氣一只接著一只地蒸酒杯，把酒杯蒸到閃閃發亮、毫無指紋的完美境界。第二對彈簧門上覆蓋著光滑的深色木頭，通往用餐區。有人用托盤端著一疊髒盤子飛快經過，我趕緊靠到維多莉亞身上以免被搖擺的死亡之門夾死。「這門就像垂直的斷頭台，」維多莉亞提醒我，可惜太遲了些。

她告訴我馬睿亞的酒窖約有一千四百種酒款，數量超過一萬瓶，總價值超過八十萬美元。酒單上大部分的酒都賣得比進價貴三倍：昂貴的酒利潤比較薄，便宜的酒反而有較高的利潤。維多莉亞介紹我認識負責去地下室拿酒的送酒員，此時右邊厚重的木門重重地撞上我的肩膀。我裝出一副我不認為肩膀已經脫臼的樣子。「小心點，好嗎？」送酒員一臉擔憂地說。維多莉亞用懷疑的眼神打量我，似乎剛剛才發現我帶來的麻煩可能比好處還多。她轉身推門，走進廚房。

「你必死無疑，」她轉頭高聲說。

○　○　○

像馬睿亞這樣的餐廳，其實是富豪的迪士尼樂園。從服務生整齊劃一的領帶到洗手間裡的擦手巾，都不容許一丁點錯誤來搞破壞。在這個魔法王國的夢幻世界裡，義大利燉飯撒上價值一百五十美元的白松露碎片，不只是因為這樣好棒，更是因為本來就應該如此。跟每一個精心設計的主題樂園一樣，為了實現顧客的夢想，這裡的一切都經過縝密安排。固定式沙發座的外框，是擦得發亮的深棕色印尼紫檀木。吧台後方是長度貫穿餐廳的一整片牆，背光式的黃瑪瑙牆面閃耀金光，長長的斑紋令人聯想到虎皮。看到這面牆，你會心生撫觸的渴望，而且最好是撫觸昂貴的稀世珍品。窗台上擺放著刷成金色的海螺，與馬睿亞的海鮮料理相互輝映。用餐區的裝潢堪比權貴人士的遊艇內裝，馬睿亞的許多賓客看了肯定很有親切感。整體氣氛有一種童話感，只要坐進馬睿亞的單人扶手皮椅，賓客彷彿就能變身為動畫《太空超人》（*Masters of the Universe*）裡的主角（如果他們還不是的話）。[1] 從殷勤恭敬的工作人員，到光潔閃亮的酒杯，都讓人覺得不管外面的世界如何混亂，至少在馬睿亞用餐的這兩個小時內一切都很美好。而且你值得擁有這樣的美好，包括奧賽佳魚子醬。

這個用優雅的秩序與機會平等的菁英主義所構成的幻覺，在晚餐服務還沒開始前就已迅速崩垮。一切只是假象，舞台底下是一個充滿吼叫、燙傷與私相授受的混亂世界。

下午五點，距離第一組訂位客人抵達還有半小時，我跟其他員工一起集合，參加每天開店前的會議。我們坐下時，外場副理麥克（Michael）瞄了瞄維多莉亞的黑色平底鞋。「那

1 Masters of the Universe 原意為「宇宙的主人」，此處比喻馬睿亞餐廳的賓客非富即貴。

雙鞋太露了，」他不滿地說。我坐在維多莉亞與另外兩位當晚值班的侍酒師旁邊，一位是莉茲（Liz），三十幾歲，頭髮蓬鬆，笑容拘謹；另一位是馬睿亞的飲品總監法蘭契斯柯（Francesco），一位雅緻、嬌小的男士，新澤西版本的義大利氣質。

主廚說明菜單上有六吋的半管牛骨髓這道新菜色。糕點主廚念出她今晚要做的花色小點。麥克懇求大家拿取橄欖油瓶時格外小心。不過，外場經理喬治才是重頭戲。

「歐克塔維・亞桑松訂位六點十五分，葡萄酒PX，」他高聲說，「亞戴許・帕特爾，他是老主顧。班奈特・戴維斯先生，葡萄酒PX。喬治娜・威爾德訂位六點半，也是葡萄酒PX。亞歷克斯・王，葡萄酒PX。」

維多莉亞告訴我，PX是法語「personne extraordinnaire」（特殊人物）的縮寫，餐廳用PX做為「花大錢」的代號。花錢不手軟的客人、老闆的朋友、有錢的常客與特別來賓訂位時，都會加上PX標記，例如今天晚上的特別來賓是訂位八點的EMP餐廳的主廚丹尼爾・哈姆（Daniel Humm）。面對這些客人，我們要不遺餘力地照顧、寵愛、取悅以及追加銷售。馬睿亞餐廳有詳細的顧客資料，像是：客人特別討厭的事、個人怪癖、用餐紀錄、對餐廳的重要程度，只要客人一訂位，他的資訊就會透過「關注單」（soignés）傳送，也就是列印出紙條讓馬睿亞的員工都知道如何招待這組客人。

有些餐廳只會標註「VIP」、「PX」，或者「BLR」——也就是「有錢人」（baller）的簡寫。但是野心勃勃的餐飲機構仔細檢視顧客的程度，絲毫不亞於他們檢視送上桌的菜餚。愈有能力（或確實會）花大錢用餐的人，餐廳調查得愈仔細，早在他們入座之前就將他們標註為獲利機會。關注單上若出現「ATG」，意思是「根據谷歌」(according to Google)，例如「ATG巴克萊資本公司的投資銀行分析師」。馬睿亞把顧客分門別類，例如「偶爾葡萄酒PX」、「曾經葡萄酒PX」，以及「PPX」(特特殊人物，personne particulierement exceptionnel)。此外還有「F/O」，意思是「某人的朋友」(friend of)：「F/O法蘭契斯柯」、「F/O喬治」、「F/O老闆」。你可能是「常客」、「部落客」、「媒體」、「有客訴紀錄」。如果你曾發過脾氣，會被標註為「HWC」(謹慎處理，handle with care)，在其他餐廳代號可能是「SOE」(奧客，sense of entitlement)，也就是服務生口中「上次在店裡發瘋的王八蛋」。如果你的態度非常、非常糟糕，那麼你會成為「86，不受歡迎顧客」[2]；如果你的態度非常、非常和善，而且揮霍大把鈔票，很可能會被標註為「絕對歡迎」的顧客。

喬治繼續念出更多名字，來到「八號桌是大葡萄酒PX」。八號桌是位於角落的包廂，馬睿亞有兩張桌子最搶手，八號桌是其中之一。「來自巴西的佩拉塔先生，」他進一步說明，「巴西闊佬。」

我跟著侍酒師回到侍酒站，我問他們什麼樣的客人才能成為葡萄酒PX。

莉茲看我的眼神彷彿我是智障。「他們……花……大錢，」她說得非常慢。

我試著想出一個天價。「比如說三百美元嗎？」

一位髮線已經後退、也叫做喬治的服務生驚訝地看著我。他跟莉茲互看一眼。「每

2 美國以數字86做為不受歡迎顧客的代號。

……個人嗎？」

每瓶酒，我說。

他哈哈大笑。「那是平均值。」

「客人花費五百美元以上（單位是一瓶酒），我們才會覺得『這個真的肯花錢，』」莉茲解釋道。「我大概會寫下他們點的酒，因為下次這個人再打電話訂位時，我們會看到這個註記，就算無法接受七點鐘兩位客人的訂位，我們也會想辦法幫他們安排一張桌子，因為他們曾經在店裡花過大錢……葡萄酒團隊有年度和月度的業績目標。另一個原因是這也會影響當天晚上的業績，我們的小費是大家均分的，所以單筆消費金額愈高，小費也愈高。這表示大家都能賺到更多錢。」

這話題似乎使她情緒激昂，她的目光掃向用餐區。「我去巡場一下，」她腳步輕快地離開了。

不同於其他餐廳，莉茲、維多莉亞和法蘭契斯柯沒有固定的服務區域。馬睿亞餐廳非常重視ＰＸ顧客與個人交情，因此侍酒師可以在用餐區到處遊走，招待他們熟悉的常客，無論客人坐在哪一區。葡萄酒ＰＸ獲得的優待不只是貼心問候或難訂的位子。有位ＰＸ是經常喝醉的常客，他曾經在用餐區醉吐過幾次、把整條魚塞進襯衫裡，還會對女性服務生低聲說些下流的話。他沒有成為拒絕往來戶，但餐廳不再讓女性服務他。

「他真的花超多錢，」一位服務生告訴我，「所以他們不可能拒絕他。」

○
○
○

用餐區還算空。不過現在還是「外行人時間」，他們告訴我沒有經驗的顧客才會這個時間來吃飯。「誰會在下午五點外出吃晚餐啊？」維多莉亞覺得很納悶。她望向用餐區，看看哪些客人正在看酒單，哪些客人已諮詢過侍酒師，不再需要服務。

她快步走過坐在吧台的兩位女士。其中一位是常客，喜歡喝夏布利與梅索的布根地白酒。她還沒決定要點什麼。維多莉亞看見沙發座有一對老夫妻，旁邊的窗戶正對中央公園。

「嗨，兩位好嗎？」維多莉亞問。

手裡拿著酒單的妻子看上去七十幾歲，她上下打量維多莉亞。接著她四下張望用餐區，似乎期待其他人來服務。「你是負責葡萄酒的……侍酒小姐？侍酒服務生？」

維多莉亞說是的。這位女士請她推薦冰涼又清爽的酒款，例如夏布利或松塞爾。這兩款酒都是帶柑橘味、鹹香的葡萄酒，因為酸度高，所以風味比較尖銳。維多莉亞問了幾個問題之後，去酒窖拿了一支（她說是）義大利版本的夏多內，口感豐厚柔滑。這實在沒道理，就好像有人請你推薦沙拉，結果你拿出一個生日蛋糕。

「有時候客人以為自己想要的酒，並不是他們真正想要的酒，」維多莉亞輕聲說。她拿著開好的酒回到桌邊，倒一些請賓客品嘗。

「喔！」年長女士啜飲了一口之後發出驚呼。她對維多莉亞露出笑容。「我喜歡。」

後來他們說了什麼我全沒聽見，因為維多莉亞的上司法蘭契斯柯把我拉到後面，離桌子很遠的牆邊。

「請你站遠一點好嗎？老實告訴你，賓客可能非常龜毛，問題又多。任何荒謬的小事都有可能惹他們生氣，」他說。我回想協會的指導原則。仔細觀察賓客的回應、說話方式與肢體語言。不要離獸籠太近。「請你往後站幾步，或是隨意走動也行，不要露出仔細觀察的樣子……」

維多莉亞離開他們的桌子之後，我趕緊追上去。她已練就了步調飛快卻貌似速度正常的功夫，我倉促地追上她。我問她後來跟那對老夫婦聊了什麼。

「他們只是說了之前去旅行的事，炫耀一下他們的生活，」維多莉亞說，我們腳步匆忙地下樓回到地下室的酒窖。地下室的酒窖分隔成兩個冷藏櫃，一個放高價酒，另一個放天價酒。門上有一塊金色標示牌，刻著「不准吐酒」。「仔細想想，其實你就像服侍主人的僕人。葡萄酒只是你服侍主人的媒介，所以你必須奉承他們，讓他們覺得賓至如歸、舒服自在、受到肯定，還要認同他們的感覺。」以這次的例子來說，當這對老夫婦描述最近去皮埃蒙特的旅行時，維多莉亞必須面帶微笑地點頭。

有一桌坐了八位日本商人，維多莉亞與主人討論了之後，幫他們拿了兩支文藝復興酒廠馬格南瓶的一九九七年卡本內（Renaissance Cabernet）；幫二十五號桌的客人保留了瓶塞；閃進廚房喝一杯濃縮咖啡；幫某一桌客人倒酒，因為負責幫那桌倒酒的服務生顯然忘記了。我特別記住這件事：斟滿酒杯＝好的服務。此外，經常倒酒能加快客人喝酒的速度，喝完才能再開一支。如果上主菜的時候還沒開第二支酒，就表示這桌大勢已去。

在我們等待一桌打著領帶的男士們瀏覽酒單時，維多莉亞告訴我，某些賓客描述自己想喝的酒時講的話其實沒有道理，她教我如何解讀他們的話。每天晚上都有客人說自己愛喝乾的紅酒，但事實上所有紅酒都是乾的。「你不能糾正他們，但你可以試著了解他們的心態，」維多莉亞說。「說這話的客人應該想喝非常乾澀的酒。其實他們的意思是單寧。」所以義大利蒙塔奇諾的布雷諾（Brunello di Montalcino）或是古典奇揚替（Chianti Classico）會很適合。有時候客人選某一種酒，是因為這種酒的名字聽起來順耳。他們明明想喝卡本內，卻說自己想喝的是「皮諾」。他們說自己討厭夏多內，所以要點夏布利，但事實上夏布利的酒幾乎都是用（你猜對了）夏多內葡萄釀造的。他們之所以不喝某些酒，原因都跟味道無關。灰皮諾很俗氣，白蘇維濃很時尚，卡本內太老氣。坐在吧台附近的女士告訴維多莉亞她喜歡布根地的白酒，討厭清爽、稚嫩或有礦石味的白酒——而這些剛好都是布根地白酒的特色。為了縮小範圍，維多莉亞問她最喜歡哪些酒廠的酒。她說不出來，「這表示她八成都喝不算很爛，但非常一般的國際款布根地白酒。所以這支……」維多莉亞晃晃手裡的酒瓶說：「應該相當適合。」

如果你曾在餐廳點葡萄酒，你一定知道這過程可能有多痛苦。首先，你們得先尷尬地討論一下大家想喝什麼。沒人想提出建議，因為怕選了其他人不喜歡的酒，或是聽起來太像會點……呃……灰皮諾的無知土包子。接著，得考量價格。大家同樣把想法放在心裡，沒人敢主動提議。既然酒單在你手裡，看來就由你決定吧。太好了。你終於選了一支酒，但這決定不是讓你覺得自己太小家子氣，就是讓你像個揮霍無度的德州石油大亨，無論是哪一種，你都覺得這個選擇破壞了氣氛。雪上加霜的是，侍酒師會一直跑來煩你們，觀察、等待、呼吸，而你根本不知道要跟他聊些什麼。說說你最喜歡的布根地酒廠？你連要喝紅酒或白酒都還沒決定呢。

你的這些難處，在侍酒師身上會加倍困難。至少在你的內心深處，你知道自己想花多少錢、喜歡喝什麼酒。你看到答案時，會知道這就是答案。在你無法清楚說出口味和預算的情況下，維多莉亞必須冒險從一千個選擇裡篩選出兩、三個建議，來滿足你的味蕾與荷包。她最多只能問三個問題，然後根據這些資訊，鎖定一個區域與風格，建議三支價差甚大的酒：八十五美元、兩百二十五美元、四百九十五美元，看看哪個價格是你的極限。於此同時，她也必須憑直覺推測你想要從這次經驗獲得怎樣的心情，如此她推銷的時候才能投你所好。

看到維多莉亞必須在如此有限的時間裡蒐集這麼多資訊，我問她是否會經用刻板印象來推測客人喜好。

「當然有，」她說。目光落在客人身上的那一刻，她就已經開始評估。四十六桌，就是日本人的那桌：亞洲賓客通常會在用餐前喝熱的檸檬水，所以她推薦的酒酸度至少要跟檸檬水一樣，否則就會平淡無味。二十七號桌是清一色穿西裝的男性，推測是商務性質的聚餐，這表示每瓶酒的價格上限是兩百美元，但「如果生意做得不錯，他們也願意花數千美元」。沙發座的年輕情侶和中間桌的情侶正在約會，因為怕選錯酒，所以他們會點無聊的酒款。二十二號桌穿著高領毛衣的那幾位客人家境富裕，他們會選經典酒款。九號桌想出鋒頭，他們是「新貴，」維多莉亞說，所以點酒時會想要「令我佩服」。

開瓶器的螺絲錐在侍酒站一瓶接一瓶地抽出瓶塞時，我提到貝納汀餐廳（Le Bernardin，米其林三星）有位侍酒師會記住奢華男錶的樣式，所以他一眼就能認出積家錶（Jaeger-LeCoultre），然後向客人推薦昂貴的酒款。他的同事則是觀察戒指、珠寶、包包跟鞋子，藉此判斷可以推薦價位多高的酒。

太嫩了，莉茲跟維多莉亞都這樣說。克拉數是會騙人的。

「這裡有很多剛剛致富的新貴，所以就算是穿運動長褲來吃飯的一家人，也有可能點一瓶三千美元的酒，」莉茲說，「所以我不贊成用刻板印象來評估客人。因為有些客人，就拿坐在吧台的那個女生來說好了，她穿香奈爾的衣服，手上也戴著很多鑽石，而且她一副……」

服務生喬治突然翹起屁股，用捏住鼻子的假音說：「你們有鳳梨租嗎？」[3]

「對！她會說：『有普羅賽柯氣泡酒（Prosecco）嗎？』你很想搖晃她的肩膀說：『拜託，你可以喝更好的酒。』」

維多莉亞也會注意客人對她的刻板印象。對年長的客人來說，她可能太過一本正經與客氣。「他們一看到我就會覺得：這女孩怎麼這麼年輕？她為什麼想賣酒給我們？是想敲我們一筆嗎？她根本不知道自己在幹嘛吧，」她說。「所以一開始要態度恭敬。這很重要。」

3 發音不清的「鳳梨汁」。

她不會說她要「幫助」年長的客人看酒單。她會問她是不是能為他們「送」酒過來。「永遠不能讓客人覺得你想要當他們的老師。這些客人都有七十歲了吧，他們不需要聽你上課。」

對維多莉亞這樣年輕貌美的侍酒師來說，太太們是地雷。她剛入行的時候，上司就提醒過她要注意太太們。當然，她碰過這樣的問題。她在莫里尼餐廳（Morini）工作過，那是馬睿亞位於上東區的姊妹餐廳。一位女士在線上評價裡把維多莉亞批評得一文不值，因為她懷疑維多莉亞勾引她老公。現在，維多莉亞非常注重要對妻子微笑，要特意問她喜歡什麼酒，要問她是否想試酒。「把襯衫拉高一點，以免領口太低。」

莉茲完全同意。「尤其是夫妻，一定要對著太太微笑：『嗨，你好嗎？』這樣她才不會覺得：『這個想要騙我老公花大錢的賤女人是誰？』」

男性對維多莉亞的接受度極高。她充分利用這一點。「如果是男性賓客，他們會用有色眼光看你這種事就不用再討論了，」她說，「當你走到一群年輕男性的桌旁，他們會專注聽你說話。你想說什麼都行。他們對你說的話充滿興趣。可能是因為他們都想跟你上床，也可能是因為他們的程度跟你比較接近。」

最重要的是，在互動中掌握客人想要的東西，然後把那樣東西跟酒一起端上桌。那對老夫婦想要一個對他們能環遊世界非常羨慕的聽眾。而男性想要的，通常只是單純的愛慕。

「這樣說聽起來或許很糟，但男客人想要獲得肯定，」她說。「那你就撫慰一下他們的自尊心：選得好。你的品味很棒。恭喜，你有一根大老二。這瓶葡萄酒確實很棒。」

○ ○ ○

這次聊過之後，我更加注意維多莉亞的用字遣詞，雖然一邊跟她的客人保持安全距離，一邊又要對抗嘈雜聲響，很難聽清楚她說什麼。晚上七點已過，第二輪客人也已進場。用餐區坐滿了賓客，但高潮（最忙碌的時段）尚未到來。我們從酒窖取出的酒價格愈來愈高：米亞尼酒廠二〇一二年的里博拉基亞拉（Miani Ribolla Gialla，兩百五十美元）、道維沙酒廠二〇〇四年的夏布利一級園（Dauvissat Premier Cru Chablis，兩百七十五美元）、昂傑維爾侯爵酒廠二〇一一年的渥爾內一級園（D'Angerville Premier Cru Volnay，四百美元）、奎塞達溪酒廠二〇一一年的卡本內蘇維濃（Quilceda Creek Cabernet Sauvignon，五百二十五美元）。維多莉亞跟我品嘗了我們開的每一支酒，陶醉在我們品嘗的各式經典酒款裡。「我們的服務對象不是普通的有錢人，而是億萬富翁。這實在很棒，因為他們再貴的酒都會點，」她笑著說。法蘭契斯柯讓我偷喝一口他的客人點的波爾多：二〇〇四年的李維拉斯卡堡（Château Léoville Las Cases，四百九十五美元）。他抱怨點了這支酒的客人不想換瓶醒酒，但應該換瓶醒酒才對，因為這支酒還沒打開。（不是每個人都贊成換瓶醒酒能把酒打開。艾米爾．培諾認為換瓶醒酒可能會破壞細緻的香氣，但沉迷於食物科學的內森．梅爾佛德〔Nathan Myhrvold〕卻建議波爾多老酒要「充分醒酒」〔hyperdecanting〕，也就是用果汁機把它打成泡沫。梅爾佛德是《現代主義烹調》〔*Modernist Cuisine*〕一書的作者。）隨著夜愈來愈深，走進店裡的賓客也……這麼說好了……愈來愈柔軟。他們的服裝似乎都是喀什米爾跟絲綢做的，皮膚像動物新生兒般柔嫩。一位女士的披肩上萊茵石閃耀著光芒。

我看著維多莉亞倒掉一瓶價值三百美元的酒。它有瓶塞味：少許的化學物質三氯苯甲醚汙染了瓶塞，使葡萄酒有一種潮濕的厚紙板臭味。有客人花一百九十美元點了兩杯伊更堡（Chateau d'Yquem），這是來自波爾多的甜白酒。樓下的私人晚宴點了一輪溫可爾威士忌（Pappy Van Winkle），價格跟大學一學期的學費差不多。我想到摩根家的浴室：牆上爬滿黴菌，馬桶的沖水桿斷了，所以得把手伸進水箱裡才能沖水。維多莉亞住在非常偏北的上西區，馬睿亞餐廳大部分的顧客大概只有在司機載他們前往西徹斯特郡機場（Westchester County Airport）搭私人噴射機時，才會瞥見這個地區。

「經常看見這些人短短幾小時內就揮霍掉一整月薪水，會不會覺得很奇怪？」我們從酒窖爬上樓的時候，我問道。

莉茲翻了個白眼。「這裡是紐約耶。」

事實上，她跟其他服務生會在客人不肯花錢時感到煩惱，在客人花錢時感到愉快。侍酒師們齊聚在侍酒站開酒時，會討論誰點了一支「令人振奮的酒」。也就是「昂貴的酒，」莉茲解釋道。不過對維多莉亞來說，「令人振奮」不一定等於昂貴，也可能是她不常有機會喝到的稀有酒款。

「可惡，十四號桌不喝酒。她懷孕了，」維多莉亞告訴莉茲。她們對望許久。

不過，這份工作沒有那麼唯利是圖。侍酒師是銷售員，不是吸血鬼。他們想在做好本分的同時，也為餐廳增加獲利。正因如此，馬睿亞餐廳才能維持營運、支付薪水。一盤義大利麵再怎麼貴，也貴不到哪裡去。葡萄酒就像累進稅率一樣，是餐廳業者用價格區分顧客的一種方式。於此同時，維多莉亞跟其他侍酒師也想取悅顧客並贏得他們的信任，長期而言，這種作法獲利更高。如果你請維多莉亞推薦一支兩百多美元的酒，她會引導你點價格低很多的酒，讓你知道她不會把你榨乾。她希望贏得你的信任，也許等一下或是下次你再來的時候，她能為你推薦第二支酒。是的，他們對PX巴結討好，但是哪個常客在付出成千上萬的費用並且多年來忠實造訪之後，不想要得到一些好處與另眼對待？

這是他們的事業，他們看重的並非只是一個晚上的小費。有些侍酒師（不是馬睿亞餐廳的）領的是固定薪水，所以他們賣出的葡萄酒無論貴或便宜，都跟個人收入無關。但就算跟個人收入有關，葡萄酒永遠比金錢更加神聖。顧客喝得開心，是侍酒師最大的願望。因為葡萄酒應該細細品嘗。它應該激發頓悟，與人共享。即便是在馬睿亞餐廳，成為葡萄酒PX的方式其實不只一種。明白地展現好奇心，也是一個不錯的起點。

○　○　○

夜愈來愈深，我也漸漸失去時間感。中場休息的單位成了開幾支酒，而不是幾分鐘。我被用餐區的紛亂、華麗與亢奮緊緊包覆。取酒、拔除瓶塞、過濾沉澱物。我幫忙擺放杯墊，以及去酒窖取酒。我們的小角落，用餐區後方的侍酒站，因忙亂的能量而脈動。我們必須保持冷靜沉著，面帶微笑，態度奉承。我們有的是時間等您，先生。但實際上，如果這兩桌客人不快點做決定，平靜的假象就會被ＰＸ們的怒火燒毀殆盡。

門口等位的人愈來愈多。外場經理忙著跟每組客人打招呼。工作人員個個眼神炯亮。我無法確定那是聖獸被追逐時的目光，還是獵人潛行尋覓獵物時的眼神。我也受到感染而情緒高昂。這種感覺很強烈。有四桌客人突然想點酒，五十七號桌的酒變少了，二十五號桌無法決定要點什麼酒，三十一號桌的酒還在地下室，十二號桌的酒氧化了，但是那是僅存的一瓶。我努力跟上維多莉亞的步調，她從日本商人桌優雅地走到拉皮女士桌、西班牙四人組，然後又走回來，動作帶著熟練的從容。我經常礙手礙腳。「高潮」終於來襲。我受困在一團混亂之中，整個人貼在牆上，在椅子之間閃躲，避開托盤上堆疊的酒杯。只要稍微停下腳步，就會突然聽到有人喊「在你後面」。我往別處站，感覺到有人用手碰我的大腿，想把我推開。原來我擋住了餐具櫃。一位服務生伸手拿水瓶時，用手肘把我擠到旁邊。裝著食物的托盤不停衝向我。「後面有人！」酒瓶送上餐桌，空盤離開餐桌。為了躲開一個盛放六只布根地酒杯的托盤，我往後站了一步。但是我的腳還沒落地，就趕緊搖搖晃晃地向前一步，躲開剛從廚房端出的螺旋麵。別忘了還有彈簧門。我撤退到侍酒站，大家忙著從架子上拿酒杯、把新酒杯放回去。我從來沒有如此在意過自己的體型。這個空間容不下我們任何一個人。麥克瞥見一位胖胖的女士側身走向吧台，她穿著蓬蓬的外套，拿著一個大包包，還拎著兩個巨大的購物袋。「不妙，這樣不成，」他大步走過去，「她必須離開。」麥克引導她前往人比較少的區域，同時迅速把她手裡的購物袋送往衣帽間。

我找到一個容身之處。我把自己卡在一個八吋的夾縫裡，一面是銀色欄杆的底部，另一面是侍酒站的邊緣。服務生與侍酒師在侍酒站進進出出，忙著喊主菜（點餐）和丟酒杯（擺放酒杯）。我在欄杆旁一邊避難一邊側耳聽大家討論客人的事：

「這幾瓶給四十六號桌，是紅酒，所以他們要求立刻換瓶醒酒。」

「五十八桌，兩個波爾多酒杯跟一個杯墊，謝謝。」

「五十七號桌的酒好了嗎？」

「可以送混合型酒杯到二十八號桌嗎？等等，用波爾多酒杯比較好，對吧？」

「義大利麵。」

「打死我都不回五號桌了。她是個瘋婆子。」

「三十號桌要波爾多酒杯。三號桌是老菸槍。」

「龍舌蘭酒PX。我問她是否需要附上檸檬汁，她說：『我看起來像酒保嗎？我不會自己調。你得幫我調好。』真可愛。」

「我把雲霧之灣（Cloudy Bay）拿來了。是一號座位還是二號？」

「哇。謝謝你糟糕透頂的小費。」

「那邊那個傢伙很色。」

「我抓狂，是因為他們先抓狂。」

「新。貴。」

「她有夠不可理喻。她說：『你只需要負責一件事。』真是……他們永遠不會改變的，你知道嗎？」

外場經理喬治跟一位朋友握手之後，優雅地經過我的藏身之處。他停下腳步，指指坐在吧台旁一對年輕的俊男美女，他要我仔細看看他們。女生穿著皮夾克，像模特兒般噘著嘴；男生穿著白襯衫，皮膚黝黑。他們沒有訂位，但是喬治想為他們安排最好的桌子：二號或八號，也就是位在角落、俯瞰整個用餐區的桌子。

「客人看了會說：『喔，天啊！坐在角落的那對情侶真是漂亮極了，』」他低聲告訴我。「你必須妝點環境。」

維多莉亞比莉茲搶先一步來到哈姆主廚的桌邊。對馬睿亞的員工來說，哈姆主廚是比演員或政客更有名的客人。當喬治帶著哈姆主廚前往他的座位時，員工們興奮地竊竊私語。莉茲以為，最資深的侍酒師法蘭契斯柯才有服務這位明星貴客的榮幸。但是法蘭契斯柯正在招呼一位常客，所以維多莉亞直接突襲。哈姆主廚二話不說點了酒單上的一款紅酒，幾乎無須討論。

維多莉亞也搶先招呼了巴西闊佬：八號桌的葡萄酒ＰＸ。維多莉亞先對他的女伴微笑，然後才對他微笑。女伴拿出手機，所以維多莉亞側身面對闊佬，跟他討論巴羅洛。女伴漠不關心不知道是否讓維多莉亞鬆了一口氣，我聽說過女客人是惡名昭彰的「擋酒器」，總是說服丈夫不要點令人振奮的酒。（「酒單交給女客人就完了，」一位侍酒師告訴我，「你會希望男客人在餐桌上拿出氣魄。」）莉茲不知道維多莉亞已經招呼過巴西闊佬，她走到八號桌旁，期待巴西闊佬像平常一樣點一瓶ＰＰＸ。結果他只點了一杯單杯的布根地白酒（**單杯！**）。而且還不是特級園，只是村莊級，令人難以想像。維多莉亞跟我帶著他點的酒重新出現時，莉茲已經氣到快要過度換氣。他點了一支布魯諾賈克薩酒廠一九九七年的巴羅洛（Bruno Giacosa Barolo），七百四十五美元，令人振奮。一切恢復正常。他先喝一杯白酒當作開場，然後再循序漸進。

維多莉亞的心理學背景似乎相當有用。令我驚訝的是，她幾乎不花時間處理葡萄酒：換瓶醒酒、冰酒、開酒、過濾。她的主要工作是觀察顧客。她必須判讀出顧客描述的已不是他們想喝的酒，而是他們想成為的人（權力在握、男子氣概、身心強健），然後做出適當建議。

有一桌坐了四位男客人，都穿著有領扣的正式襯衫，維多莉亞過去招呼他們。應該是銀行家，她猜。

「我想要飽滿、厚實，給我這裡最厚重的酒，」其中一位說。她建議了三款不同的酒，他們決定要一支阿瑪隆（Amarone），這款義大利紅酒是濃稠度最接近感冒糖漿的紅酒。跟鰻魚和海膽相比，更適合搭配野豬跟牛排，但他們還是選了這支酒。維多莉亞把酒送上桌之後，他們把她留在桌邊多聊了一會兒。他們在追求她嗎？「我也不知道，」她說，「他們都有戴婚戒，但說真的，婚外情也不是什麼新聞。」

我突然發現維多莉亞每晚在餐廳服務男客時，肩上還多了一種包袱。摩根只要展現權威就行了。維多莉亞除了必須展現權威，還要勾引客人。這不是說她想跟這群銀行家約會，而是她必須討好他們，所以她呈現一種不拒人於千里之外的形象，她迎合他們的示好，至少在送上帳單之前。另一位侍酒師的說法更加到位：「我要讓他們以為自己可以把到我。

但把到我之前，他們得先花點鈔票。」

銀行家四人組迅速喝完那支阿瑪隆，維多莉亞再度回到桌邊。桌上多了兩位客人，變成六人。其中一位問維多莉亞，如果她跟他們同桌吃飯，她會喝什麼酒。她承認，她不會選剛才那支阿瑪隆。她推薦另一支截然不同的酒：二〇一一年的傑美特酒廠（Domaine Jamet），是酒體較瘦的希哈，但她保證一樣豐厚濃郁。這是酒單上她最喜歡的一款酒。她在挑選第一支酒的時候就已贏得客人的信任，所以他們同意試試這支希哈。價格兩百九十五美元，比上一支酒便宜了一百美元。

她的坦誠令我驚訝，因為人們總是想從侍酒師口中（以及他們供應的酒裡）得到安心感。我遇過的每位侍酒師都有一句慣用的空話，用來使客人安心。當客人選了很糟糕的酒，他們會祭出這句話來奉承客人，卻又不帶有讚美意味。維多莉亞的方式是描述事實：這支阿瑪隆來自唯內多（Veneto），使用的葡萄包括科維納（Corvina）、科維諾內（Corvinone）與隆第內拉（Rondinella）。尚・喬治餐廳的安卓亞（Andrea）會說：「這款酒不會令人失望。」德爾弗里斯可餐廳的侍酒師珍（Jane）會輕聲說：「這支酒非常、非常經典。」摩根不太隱藏自己的真實想法，他會說「這支酒令人愉快」，或是「可飲度很高」，或是「很可愛的野餐酒」。

我在後台觀察到，維多莉亞和其他人離開賓客的桌邊、走向侍酒站的時候，都會卸下禮貌的面具。刻意的客氣可能會顯得虛情假意，甚至陰險。「我都叫侍酒師『騙子』，」莉茲、法蘭契斯柯與維多莉亞不在時，麥克偷偷告訴我。

其實，侍酒師並不算是說謊。演員在朗讀莎士比亞的時候會帶入情緒；《天鵝湖》的芭蕾舞者踮著腳尖跳高難度的垁步（pas de bourrées）時，也會假裝自己的腳一點也不痛。同樣地，侍酒師利用輕鬆幽默與虛假微笑把賓客留在另一個現實世界裡，這裡的一切都很優美、精緻、令人愉悅。而且身為顧客的你永遠是對的，也永遠都那麼聰明、高雅、博學、傑出。維多莉亞與其他侍酒師只是短暫地幫你彌補婚姻和工作上的不如意。他們是逃離平凡與平淡生活的工具。藉由一個令人安心的點頭或微笑，他們幫你舒緩了孩子犯罪或生意失敗的煩惱。美食跟美酒只是客人造訪馬睿亞餐廳的部分原因。在摩根最喜歡的餐館吃一個雞蛋三明治也能填飽肚子，不一定非吃奶油煮過的加拿大新斯科舍龍蝦不可。差別在於，在餐館吃飯無法撫慰心靈（或自尊）。

「你要創造一種夢幻體驗，」維多莉亞稍作休息時告訴我。她認為自己有責任製造愉快的經驗。從某個角度來說，這是一種沒有必要的奢華享受，但是換個角度來說，這是一個陌生人能為另一個人提供的最佳幫助。如果她沒做到，她會非常沮喪。「我選擇餐飲業，是因為我想讓別人快樂。我喜歡招待客人，我喜歡讓大家享用美酒與美食。這是我最擅長做的事。最難受的是有時候你就是無法取悅他們，例如那桌客人不喜歡你，或者他們不想接受幫助，或者你就是跟他們處不來，」她告訴我。「這就好像談戀愛的時候，你很愛對方，你想跟他廝守一輩子，但是對方對你沒有這種感覺。糟透了。你時時刻刻都有一種心碎感，這才是最令人難受的。」

○ ○ ○

馬睿亞餐廳的客人捨不得離開。金融六人組追加了一支維多莉亞推薦的希哈。然後又點了一支。午夜悄悄接近。其他客人陸續離去，只剩哈姆主廚跟銀行家還沒走。

剩下的三位服務生打賭看誰會贏，其實是輸，因為他們賭的是誰的客人最後走。他們一邊留意最後幾位客人的動靜，一邊告訴我餐廳外場的恐怖故事。凱蒂（Katy）曾因為試著阻止一位男士拍萊恩．西克雷斯特（Ryan Seacrest）的照片[4]，結果臉上挨了一拳。一位女客人身上散發尿臭味，所以外場經理喬治在她的桌子附近，偷偷噴他自己的香奈爾古龍水。有天晚上一位八旬老人吃飯時間拖得太久，為了增加翻桌率，喬治乾脆用湯匙餵他吃飯。服務生妲奈兒（Darnelle）是高挑的黑人女性，在幾乎清一色是白人的環境裡，她常受客人的氣，大部分是年長客人。曾有客人叫她低調點，因為她的同胞現在是美國總統；還有客人說她長得像演奴隸得到奧斯卡獎的那個女演員；甚至有客人為她在海地長大而「深感遺憾」。

銀行家起身準備離去，妲奈兒走過去拿走他們沒喝完的酒和簽了名的帳單。看到那張帳單時，幾個女服務生都笑了。有人在上面潦草寫著：「打電話給我。」但是他喝得太醉，忘了留下電話號碼。

他們剩下大約三分之一瓶的傑美特希哈紅酒。通常客人喝剩的酒可能會留下來當成單杯酒繼續賣，或是在客人點搭酒的品嘗套餐時單杯送上，其他餐廳也是這麼做。一滴酒都不浪費。但這款酒實在太好了，不應該留下來。

「我的天啊！你們一定要喝喝看這支酒，」維多莉亞說。她拿了幾個酒杯，幫每個服務生都倒了一些。「這是有史以來最好喝的酒。是我最喜歡的一款紅酒，沒有之一。你們一定要喝喝看。」

妲奈兒正在學習品酒，其他人都在啜飲紅酒時，她並不急著品嘗。經常被美食與美酒環繞並未使她對葡萄酒心生厭倦，反而愈來愈有興趣。通常是這樣的：雖然對幕後的陰謀詭計心知肚明，雖然這個優雅的魔幻世界是他們營造出來的，但是服務生與侍酒師外出用餐時，依然渴望獲得相同的經驗。這場表演既逼真又歡樂，連參與其中的演員都期待成為觀眾。放假的晚上，他們也坐在單人扶手皮椅上，就是他們服務過的客人坐過的位置。他們喝著橡木桶陳放的酷愛飲料（Kool-Aid）。摩根一邊啜飲葡萄酒，一邊吃品嘗套餐。

「我進入餐廳工作之前，覺得橄欖園義大利餐廳（Olive Garden）**超棒**[5]，星期天會跟家人一起去那裡吃飯，」妲奈兒搖晃著酒杯裡的希哈。「現在我會提議：『我們去艾宜菲歐利餐廳（Ai Fiori）吃飯吧。』」那是邁克．懷特的另一家米其林星級餐廳。「我覺得很開心，你知道嗎？你走進一家餐廳，坐在吧台喝東西，吃美味的食物，喝好酒，這讓你覺得：『嘿，活著真好，我真幸運。』」

「只要一說出『侍酒師』三個字，旁人就會嚇到。雖然我很窮，但是每當我走進一家餐廳，我都會想要見見侍酒師。我會說，我只有八十美元的預算。對，這支酒是不錯。好吧，請給我八十美元能買到的最好的紅酒，」她說。「很多人因為不是很有錢，就不好意思走進這樣的高級餐廳，但不是每個人都是有錢人。別怕，不要不好意思說：『我的預算

4 編註：萊恩．西克雷斯特主持過好幾季的電視節目《美國偶像》。
5 美國的連鎖義大利餐廳。

只有這樣。』」

她終於把酒杯舉到鼻子前嗅聞。她想了一下，然後慢慢地把酒杯舉到唇邊。「我啜飲第一口酒的感覺是『嗯……』。」她的聲音低了八度，用喉音低吟。「真是**太棒**了。」

妲奈兒閉上眼睛，又啜飲了一口。她輕輕地左右擺動臀部。「這第二口讓我想要**跳舞！**」她隨著內心的音樂滑步起舞，跟著節拍搖晃肩膀。她閉著眼睛再度拿起酒聞了聞。「我保證，」她輕聲說，「一旦你嘗過這種細緻的味道，那小小的味蕾就會打開，然後你就再也回不去了。」

CHAPTER

6

狂歡夜宴

The Orgy

我不是葡萄酒ＰＸ，但是我喝酒方式跟他們愈來愈像。我品嘗的酒款數量更勝以往，等級也愈來愈高。除了原本的盲飲會之外，摩根和維多莉亞也邀請我參加各式各樣的活動：批發商的品酒會、葡萄酒研討會、派對、午餐會等等。居然有這麼多免費或幾乎免費的好酒可以喝，我太震驚了。同時只要有機會，每個盲飲會我都會參加。

幾個月過去後，我慢慢進步。輪到我盲飲時，我不再支吾說出模糊的詞彙，因為聞不出任何味道而陷入恐慌，一副最近剛中風的樣子。我漸漸學會辨識酒裡的訊息。桃子口味的優格是「金芬黛」；焦糖、奶油糖與烘焙香料，意味著在新的法國橡木桶裡陳放。有幾次，我覺得我簡直不認識自己的大腦。喝到帶有優格與奶油爆米花味的夏多內時，啊，是蘋果酸乳酸發酵。我以前連這個字都不會拼，更不用說知道這是釀造葡萄酒的一種技術，把發酵葡萄裡的蘋果酸（蘋果裡也有蘋果酸）變成乳酸（牛奶裡的酸）與丁二酮（diacetyl，用於人工奶油香料的化學物質）。因為我一天嗅聞與辨識精油兩次，所以在酒杯裡聞到覆盆莓或菸草之類的氣味時，就像在派對裡見到熟面孔一樣。有時候我盲飲得非常失敗，讓我以為自己身體有毛病。但表現好的時候（而且這種時候愈來愈多），六款酒裡可以命中一、兩款（猜對它們的年分、葡萄、區域）。我可以大致猜到四款酒的方向，通常是猜對葡萄、猜錯區域，剩下的兩種則是一敗塗地。我最近重新參加一個睽違了數月的盲飲會，侍酒師們都大呼驚奇。「你最近都跟誰一起品酒？」其中一個問我。「不管是誰，我們要知道這些人的電話。」

一杯葡萄酒不再只是好或壞、空虛或飽滿。而是酸度高或酸度低；可能是黑皮諾或卡本內弗朗；典型的，或是耐人尋味的怪咖。每一支酒都是一次機會，能讓我重新檢驗自己對產區或葡萄品種的認識。我喝酒不是為了止渴，這輩子第一次，我喝酒是因為真心想要了解與我邂逅的這瓶酒。它是否真有摩根說的這麼棒？這個酒廠的酒是否真如傳聞中那麼好喝？這是個謎。我會在貨架上找其他侍酒師討論過的酒廠，熱切地體驗在這個新圈子裡相當於文化試金石的酒款，就像一般大眾急著聽碧昂絲的新單曲一樣。我覺得自己漸漸從知道我愛喝什麼酒，演化成理解我為什麼喜歡這種酒。

我終於具備了描述我想要的風味的詞彙與知識，也可以在我選擇的酒款裡尋找特定感受。有些酒款會改變我的心情或心理狀態，原因不在酒精。一個陰鬱又潮濕的曼哈頓早晨，我把鼻子伸進一隻裝著白酒的杯子裡，忽然間，我回到那年七月中跟麥特一起驅車前往海邊。我們放下車窗，大聲播放史提夫・汪達的歌，經過綠色草原，草原上的黃色野花在暖風中搖曳。氣味是記憶的保管者，使我變成一個時空旅人，而且我對目的地的掌控能愈來愈精準。只要選擇一種氣味或一款酒，就能迅速回到一個時間、一種感覺，或一個地方。我知道安迪・沃荷（Andy Warhol）也經常這麼做。這位藝術家寫道：「連續使用同一款香水三個月之後，我會強迫自己不再用它，就算我想用也會忍住……以後每當我再次聞到這個味道，就會想起那三個月的回憶。」氣味繞過有意識的大腦，發揮立即的影響力。迷迭香使我想起小時候跟外婆一起散步，維歐尼耶是中學時期在海邊度假的味道。享樂主義不一定遠離日常生活，非得要在四星餐廳，或是飛長途的紅眼班機到義大利阿瑪菲（Amalfi）的海邊小鎮才能體驗。氣味與風味讓人不用花錢也能為了享樂而享樂，只要我願意，隨時隨地都能體驗。

我跟食物的關係也在逐漸演化。以前做飯是家務，現在做飯成了做實驗。我不再參考食譜，改成根據葡萄酒搭餐的原則來組合食材：異性相吸。甜酒適合辣的食物，酸度高的酒適合油的食物，苦澀、單寧種的酒適合鹹的食物。雞肉的蜂蜜梅子醬加入辣椒，濃湯加入檸檬皮，朋友的冰咖啡加一小包鹽（我想調和苦味。失敗）。我得承認：我的個性變得更加龜毛。若餐廳送上不夠冰的酒，我會請他們收回去；我拒絕使用有異味的酒杯，除了空氣的味道都算是異味。「你搖晃葡萄酒的方式像個渾蛋，」有天晚上吃飯時，友人克利斯（Chris）說。

不過，我距離摩根和真正的葡萄酒阿宅還差得遠。跟著維多利亞實習，我在馬睿亞餐廳見識到客人撒錢喝「令人振奮」的酒，這令我更加好奇：認真的愛酒人士到底從葡萄酒裡得到了什麼？一瓶酒最大的優點是刺激感官嗎？是滿足自尊嗎？是把人灌醉嗎？

我無法代表老百姓回答，但是我知道對摩根和其他侍酒師而言，一支好酒帶來的不只是生理上的歡愉，更是智識上與心靈上的感動。

我對這種感動稍有體驗，是有天晚上摩根邀請我去戴納家吃晚餐，吃完再去參加侍酒師同業公會的派對。好吧，我知道我不該貼標籤，但是聽到兩個單身漢舉辦的「派對前晚餐」，我對食物的預期自然非常低。就是，過期的薯片沾放很久的莎莎醬那麼低。低到當摩根請我帶乳酪的時候，我出於直覺購買了價值四十五美元的蘇打餅與乳酪，想說這樣應該就能吃飽了吧。

沒想到戴納本人用他家廚房裡的真空低溫烹調機做了三道菜，這台設備的大小跟飛機上的洗手間差不多。三道菜分別是海鱸魚佐猴頭菇與黑杏鮑菇，放在菊芋和帕布拉諾辣椒乾熬煮的高湯裡；西洋菜、蒜苗、馬鈴薯、日式高湯和梅爾檸檬碎末為底，鋪上鮪魚腹肉切片；以香料完美調味的豬排佐法式酸甜醬，而酸甜醬的材料是手壓蘋果汁、萊姆酒、德國麗絲玲白酒、蘋果西打、蜂蜜、八角、丁香、胡椒粒和醋。其實在三道主菜上桌之前，我帶來的乳酪就已被戴納的自製義式鴨肉火腿徹底打敗，他用自己的酒櫃精心醃製和烘乾火腿。我差點錯失品嘗他做的醃豬頰肉跟泡菜，他的泡菜是用乳酸桿菌發酵的，不是用醋，這還用說嗎。「我完全、百分之百相信發酵過的泡菜，」戴納語氣堅定。通常只有在討論禁發隱蔽武器許可時，才會聽到如此堅定的語氣。戴納請我們喝他自己做的通寧水，然後他和摩根自己決定盲試我帶來的乳酪。他們正確猜出一款法國的布瑞拉特．薩伐侖乾酪（Brilliat-Savarin）和皮埃蒙特的綿羊乳酪。我花了大約半小時焦慮地選購乳酪（幫那種一起吃曼加利察豬做的火腿時，會爭論這火腿的作法到底屬於義式還是西班牙式的人選購食物，壓力就是這麼大），所以當摩根稱讚我先讓乳酪降至室溫時，我感到相當自豪。「做得好！」

他說，「你已經懂得如何過生活！」

如果他們對乳酪的態度是這樣，你可以想像他們對葡萄酒的要求有多嚴格。我們已喝了並討論了三支酒，此時戴納拿出精釀白蘭地（Fine de Bourgone）和一支四十年的德國冰酒（Eiswein），這款冰酒使用在藤上結凍的葡萄，以低溫提高糖分濃度。戴納把這款冰酒保留給特殊場合，他想帶它去參加公會的派對。身為獨生女，我問戴納何不等到人數較少的場合再說，這樣他自己才能多喝一點。

「因為這些人真正了解它和欣賞它，」戴納說，他指的是同業公會的賓客。

「因為他們已準備好迎接這樣的酒，」摩根附和道，「至少有五到十二個人在喝到這支酒時會說：『我的老天，我被重新定義了。我在這個宇宙的定位，我的存在，還有我每天銷售葡萄酒的方式，都被重新定義了。』」

葡萄酒能為喝酒的人造成的影響，莫過於是。康德與伯克（Burke）等哲學家曾說，味覺和嗅覺無法製造任何「偉大的感覺」，所以不可能帶來像奏鳴曲或靜物畫那樣的美感經驗。對摩根來說，這是胡說八道。好酒能激發影響深遠的改變。葡萄酒改變他對周遭環境的感覺，以及他看待生命的方式。

「我喝過令我感到渺小的葡萄酒，就像看到莫迪里安尼的畫作《裸臥》（*Reclining Nude*）一樣。我看到那幅畫的時候，感受到『有一種存在我之外、比我更偉大的東西，』」摩根說。「對我來說，葡萄酒只是一個接點，通往更寬廣的世界觀。那就是，我並不重要。我只是盛裝著水與器官的容器，幸運的話，能在地球上存在八十年。所以我必須想辦法讓這短暫的存在發揮意義。」

啜飲葡萄酒不會刺激束縛在摩根內心裡的某種野獸。給他一杯恭得里奧，他可以透過風味解讀出採收人、農夫和釀酒師為這款酒投注的血液、汗水、淚水與希望。他能敏銳察覺到一瓶酒的工法所代表的人力貢獻與自然質變，以及它們各自在道德上和歷史上的重要性。「我喝葡萄酒的時候，能知道他們的樣貌，」他說。

在戴納與摩根看來，不是每個人都已準備好接受發酵過的葡萄汁所帶來的頓悟。喝得起，不等於有資格。

那天晚上是我第一次窺見侍酒師把自己視為守護者，守護的對象是這些可能帶來開示的稀有葡萄酒。

摩根、戴納與其他侍酒師都很保護這些酒。他們相信，這些酒應該保留給準備好領悟葡萄酒各個層次的美妙之處的人。把這些酒交給還沒準備好的人，或是不懂得欣賞的人，跟直接倒掉沒什麼兩樣。這是一種褻瀆。被對的人品嘗時，葡萄酒才能發光發熱。所以侍酒師遇到這樣的客人時，有時候會願意降低利潤賣出昂貴酒款。他們寧願在這支酒上面少賺一些，把它交給懂得珍惜的人。

摩根承認，歐瑞奧餐廳數量極其有限的特殊酒款他會挑客人賣，而不是客人挑酒。

「我只是想把酒交給對的人，對吧？」他說。「這幾乎更像是一種責任感，因為喝這款酒可能是一個蛻變的經驗。當你把這瓶酒交到客人手裡，他們可能會瘋狂愛上它，而它也將徹底震撼他們。」

於是摩根和戴納回想起過去曾經徹底震撼他們的酒。謬薩爾莊園一九六九年的白酒（Chateau Musar Blanc）、諾埃爾瓦赫塞酒莊一九九〇年的高納斯（Noel Verset Cornas）、尚路易沙夫酒莊一九九八年的艾米達吉白酒（Jean-Louis Chave Hermitage Blanc）：「深受啟發」，「對大腦的衝擊超越單純的享樂」。聊到過往的品酒經驗使他們情緒激昂，戴納拿起筆電，打開過去五年他自辦生日派對的酒單。他按照時間順序大聲念出酒單上的每一支酒。他和摩根都同意，這些酒被不完全懂得欣賞的人喝掉令人哀傷。摩根說，這「令人心碎」。

我一邊試著回想我喝了他們今晚開的酒之後有何反應，一邊好奇他們如何判斷一個人是否被葡萄酒感動（真正的感動）。他們怎麼知道一個人並未真正領悟一支酒？

「因為，」喝了夏布利的摩根有些亢奮，「他們喝酒的時候，看起來不像胸口被魚叉叉到的樣子。」

○　○　○

身為侍酒師，摩根的工作不是重新定義自己在世界上的定位，而是為顧客尋找能幫他們這麼做的葡萄酒。但這是顧客想要的嗎？熱愛葡萄酒的老百姓，會渴望葡萄酒讓他們覺得自己只是盛裝著水與器官的容器嗎？我想知道葡萄酒ＰＸ的觀點，以及葡萄酒帶給他們的樂趣。

我對這個飲酒菁英階層的認識，大多來自侍酒師的二手描述。我看得出他們對這些有錢人心懷感恩，因為有了他們昂貴的品味及雄厚的財富，侍酒師才有機會品嘗只能在書裡看見的酒款。他們工作的地方，幾乎都是可以在上酒前試飲葡萄酒的餐廳（例如馬睿亞）。就像維多莉亞跟服務生分享那支希哈一樣，侍酒師一有機會就會散播這股熱情，他們知道啜飲好酒的機會可遇不可求。某個星期二在EMP的盲飲會結束後，強給我們一個驚喜：一瓶一九八九年廷巴克酒莊聖翰園的遲摘酒（Trimbach Clos Ste. Hune Hors Choix），這支阿爾薩斯的麗絲玲要價一千七百六十五美元，是前一晚兩位客人喝剩的。「正統經典裝瓶，」摩根舔舔嘴唇，「他們只做了兩個年分，五九年跟八九年。兩瓶我都沒有親眼看過。」買下這瓶酒的兩位男士雖然會偷偷跑到廁所裡吸古柯鹼，但他們是最理想的顧客。食物的部分花費四千美元，葡萄酒是一萬四千美元，而且完全沒問價錢。「有錢人萬歲。」強眉開眼笑，幫我們每個人都倒了一些酒。侍酒師大多來自中產家庭，不會對有錢人的鋪張浪費心懷憤恨。他們或許會取笑有錢人，例如那個用夾鏈袋裝著葡萄酒走進尚・喬治的瘋狂社交名媛，因為她以為自己先開瓶就不用付開瓶費。但是他們都是真心喜愛PX常客，在他們每晚照顧常客的幾小時裡，甚至會跟常客發展出密切的情誼，就像很久很久以前法老王的斟酒人。（羅勃・狄・尼洛說的錢不是**真正**的錢，我聽見一位侍酒師語帶嘲弄地說，口氣像個對財富感到厭倦的投資銀行家在鄉村俱樂部聊八卦。）在最好的情況下，富有的老百姓跟侍酒師一樣對好酒充滿執著；在最差的情況下，他們為餐廳員工提供金援。最令侍酒師瞧不起的，是對二十一美元的沙拉抱怨連連的小氣鬼，他們的蠢腦袋想不透這個價格不只是幾片菜葉，還包括餐廳的店租、保險費、水電費、員工薪資、桌巾餐巾的清潔費、廁所的衛生紙等等。

事實上，無論侍酒師有多會喝酒（連他們都自稱是「功能正常的酒鬼」），推動高級葡萄酒產業的人不是侍酒師，而是他們服務的對象。收藏家在私人酒窖裡堆積了幾萬瓶葡萄酒，他們一輩子也喝不完。史上賣價最高的一支酒於二〇一〇年售出，價格是三十萬零四千三百七十五美元。這支一九四七年的白馬莊白酒（Château Cheval Blanc）可以買一棟房子、念兩次大學，或是買五台保時捷休旅車。儘管它被形容為「純粹的完美境界」，但最終仍會遭到破壞，並且變成極度昂貴的尿液。（「就是因為這樣，酒才會這麼美好又這麼短暫！」摩根會如此堅稱，「因為你四個小時後就會把它尿出去！」）葡萄酒的風味能使位高權重的人潸然落淚。我看過一支ABC新聞的訪談，億萬富翁比爾．科赫（Bill Koch）想到他的酒窖時感動到哽咽。當時記者問科赫：「價值兩萬五千美元或十萬美元一瓶的葡萄酒，真的存在嗎？」「一般人會說，『當然不可能。』」科赫答道。「但是對我來說，這種技術……」科赫清了清喉嚨，「……技藝」他在發出最後一個音節時破音，趕緊眨眨眼防止淚水流下。他試著擠出笑容。「不好意思。」他再次清喉嚨，咳嗽，然後舉起雙手彷彿是說：**我不敢相信這種事會發生在我身上**。記者臉上寫滿尷尬，他試著幫科赫解圍。「這是你非常在乎的事，」他說。科赫挺起身子，在椅子上重新調整姿勢，然後說：「沒錯。」——他可是個跟親生兄弟打了二十年官司的冷酷石油鉅子呢。

我無法完全理解愛酒人士為什麼要花大錢買酒和追逐知名酒款，但我希望有機會理解。因此，我必須跟這些愛喝名酒的人一起喝酒，想辦法了解他們的想法。但是嚴格說來，要找到大量的愛酒富豪訪談並不容易。你不能直接走進馬睿亞或EMP餐廳，請侍酒師告訴你哪些人是葡萄酒PX，然後跑過去問一大堆與他們的飲酒習慣有關的問題，除非你極度渴望被這些餐廳列為禁止往來戶。

我們在吃戴納的鴨肉火腿時，他和摩根提到有個即將開始的活動叫做紐約布根地之夜(La Paulée de New York)，這是一場布根地酒的慶祝活動，在法國已有長達一世紀的歷史。紐約市大部分的侍酒師、批發商、記者和進口商，都興奮地期待這場活動。布根地是全球最棒的葡萄酒產地，布根地酒迷必須投入大量金錢與時間，只有最死忠(也最有錢)的愛酒人士才花得起。據說布根地之夜是最奢華的聚會，有來自世界各地的收藏家。長達一週的慶祝活動包括十幾場晚宴與品酒會，高潮是盛大的終場活動：票價一千五百美元、自備葡萄酒的豐盛晚宴，參加者都必須「帶一支藏酒」(是的，你沒看錯。入場券只能讓你喝到一杯「免費」的香檳)。聽說終場狂歡晚宴上喝的葡萄酒，總價值超過一百萬美元。

光是丟進垃圾桶裡的酒，就包含價值二十萬美元的皮諾與夏多內。「布根地之夜在許多國家點燃革命，」幾年前參加過的一位收藏家說。

布根地之夜非常搶手，有錢也無法參加。你必須認識有門路的人。光是想在活動裡侍酒都很不容易，侍酒師為了爭取布根地之夜(沒有酬勞的)外場工作動用各種人脈。他們知道這場活動是個好機會，能品嘗到價值一週薪水的葡萄酒。戴納告訴我和摩根，他為了擠進這場活動，不惜劈腿跟布根地之夜的總侍酒師約會，因為他能決定誰在外場侍酒。「你這個蕩婦，」摩根欣賞地說。

為了避免政治手段，我直接找上最高層級。我打電話給紐約布根地之夜的主辦人——丹尼爾．強納斯（Daniel Johnnes）。他是布根地葡萄酒的進口商，也是丹尼爾．布呂（Daniel Boulud）餐廳集團的葡萄酒總監。

「銷售一空，賣光了，幾個月前就賣光了，」他說。米歇爾．拉法吉酒莊（Domaine Michel Lafarge）稀有酒款晚宴（每人一千五百美元），與酒莊主尚－馬克．胡洛（Jean-Marc Roulot）和克里斯多夫．胡米耶（Christophe Roumier）共進午餐（一千兩百美元），以及在布呂集團旗下的丹尼爾餐廳享用經典晚宴，主打酒款包括勒弗雷酒莊（Domaine Leflaive）與羅曼尼康帝酒莊（Domaine de la Romanée-Conti）（七千兩百五十美元），全都早已售罄。他或許有可能讓我參加一場星期二的「場外」品酒會：門票九十五美元，相當於一個免費福袋。但是布根地之夜的「場外」活動根本沒人有興趣。大家感興趣的是稀世好酒。我們又來回討價還價了幾次，在我承諾將在一本高檔旅遊雜誌裡為他們寫一篇文章，並且送上我的自尊後，丹尼爾終於把我的名字放進兩場品酒會，（在更多的苦苦哀求之後）他又准了我參加終場的狂歡晚宴。

○　○　○

布根地被稱為地球上最複雜的葡萄酒產地，而這也正是布根地迷熱愛布根地的原因。會不會成為布根地迷，不是由你自己決定的。你必須付出努力。「請記住這個產地是長達一生的追求，」同業公會在參考手冊裡如此描述這個它視為「不可能掌握」的法國產區。侍酒師對那些把布根地當成使命的老百姓，抱持著一種勉強的敬意，而且從定義上來說，這是一種使命，而非興趣。「喝波爾多的是商人，」週二盲飲會的一位侍酒師說，「喝布根地的人是出於熱情。」

光是酒名就令人望之生畏。若你走到馬睿亞餐廳的吧台，瀏覽酒單尋找一杯布根地，很可能會看見以下這句謎語：

CHASSAGNE-MONTRACHET 1ER CRU, LES CHAMPGAINS
F. & L. PILLOT (BURGUNDY, FR.)　2013　34

讓我們來拆解這句謎語。先從簡單的開始：這酒來自布根地，那是法國中央東部的一個地區，面積比麻薩諸塞州稍微大一點。三十四是單杯葡萄酒的價格，二〇一三是年分。明白嗎？很好。其他產地可能不會寫得這麼仔細，但這可是布根地呀。夏山－蒙哈榭（Chassagne-Montrachet）是製造這款酒的村莊名。夏山是一個鎮，蒙哈榭是這個鎮上的特級園。一級（1er）是品質等級，在布根地的四種等級中排名第二。香閣（Les Champs Gains）是一塊特定的葡萄園，面積十一英畝，這支酒的葡萄是這裡種的。F. & L.皮約（F. & L. Pillot）是酒廠名的縮寫。小考一下：這是紅酒，還是白酒？是用哪一種葡萄釀造的呢？如果你是布根地迷，肯定知道夏山－蒙哈榭是白酒界的傳奇，而能夠貼上一級標籤的，必定是夏多內。如果你不知道這些資訊，八成會放棄布根地，改點一杯琴湯尼。

平心而論，在某些方面跟其他產區比起來，布根地已經單純許多。布根地的白酒品種都是夏多內，除了少數幾個例外；紅酒品種則是難搞又脆弱的加美（Gamay）或黑皮諾，這品種比隨遇而安的卡本內蘇維濃更加嬌弱，也更加容易生病。

但布根地的單純僅止於此。波爾多的分級一目瞭然，六十一家酒廠從「第一級」（最優裡的第一名）排到「第五級」（最優裡的最後一名）；可是布根地的分級並非如此有邏輯。它有四種品質等級（由上至下分別是特級、一級、村莊級〔Village〕與地方級〔Bourgogne〕），五個獨特的種植區（約納〔Yonne〕、金丘〔Cote d'Or〕、夏隆內丘〔Cote Chalonnaise〕、馬貢〔Maconnais〕與薄酒萊）；以及大約一百個不同的法定產區（請自行查詢）。不過知道每一個法定產區的名字幫助有限，因為是法定產區內的**哪一個**葡萄園也很重要（光是一級的葡萄園就有將近六百個，所以不用試著記住它們）。但是同一塊葡萄園生產的酒，品質也有優劣之分，這取決於葡萄園的區塊以及釀酒的酒廠（多家酒廠會共享一塊葡萄園）。你也不能只依賴酒廠的名聲。布根地有數千家酒廠，而一家布根地的酒廠可能會釀造多達二十款不一樣的酒，每一款都來自不一樣的葡萄園、法定產區，品質分級也不同。對了，想從他們嘴裡套消息可不容易，因為他們不太喜歡跟外人討論自家的酒。

世上最昂貴的酒款之中，有一些來自布根地。但有許多最難以捉摸的酒，同樣來自布根地。「布根地的皮諾真的很討厭，」摩根哀嘆，「就好像男朋友平常對你很壞，卻總是在正確的時間送上鮮花與巧克力。四瓶布根地的皮諾之中，有兩瓶會讓你覺得：『哇，真的很棒，算是物有所值。』有一瓶是：『可惡，令人沮喪，我花了這麼多錢買這種爛酒。』第四瓶可能是：『**我為什麼還要喝其他的酒？**』」打開一瓶應該相當出色的布根地時，每個人臉上都會帶著一絲恐懼。葡萄酒會氧化，會變瘦，會因為年分普通而難以掌控品質，而且年輕的布根地會經歷許多尷尬的階段。喜歡布根地的人通常都有自虐傾向。當你遇見布根地迷，很難不去猜想到底是怎樣的創傷讓他們想要駕馭這個產地？（**是不是小時候沒有獲得足夠的擁抱？**）

○　○　○

迎接一個漫長、喝布根地佳釀喝到醉的夜晚，最好的方式就是一個漫長、喝布根地佳釀喝到醉的早晨，因此布根地之夜品酒大會（Grand Tasting）的舉辦時間，就選在狂歡晚宴的當天早上。每一家酒廠都有一張鋪了桌布的指定桌，無數條手臂在桌前爭先恐後，參加的賓客向侍酒師伸出酒杯，為了品嘗美酒互相推擠。有人成功搶到一杯，他高舉酒杯慶賀，用法語說：「為所有的嫩妹喝一杯！」（A tout les jeunes filles!）他高聲歡呼，與友人的酒杯碰杯。「為所有的嫩妹喝一杯！」他的朋友回應他的笑容。多數賓客都「吃得很好」，這是摩根描述有錢老百姓的委婉用語。年紀不到三十歲、有一對胸部、頂上頭髮濃密的我，在這裡成了少數民族。我在現場追蹤獵物，強迫他們回答自己為什麼如此熱愛葡萄酒。

有位洛杉磯的男士自備酒杯，因為他覺得布根地之夜準備的酒杯無法發揮布根地的細緻香氣。他認為品嘗熟悉酒廠釀造的酒，猶如詢問朋友的近況。他和葡萄酒之間有一種情緒上的連結。「我眼中的酒瓶就像一群人。」

有些人把葡萄酒當成與真人建立感情的工具。有一對年近三十歲的夫妻選在布根地結婚，丈夫是金融人士，妻子是室內設計師。我問到他們的葡萄酒嗜好真是太巧了，那天早上丈夫才在拍賣會上出價標酒。他們用沒拿著酒杯旋轉的那隻手握住對方的手。為什麼喜歡葡萄酒？「這是我們的共通點，」妻子說。「而且我有個同事是大收藏家，」丈夫說。

還有貪得無厭的類型，例如那位身材圓胖的德國餐廳業者，他一邊回答我的問題，一邊摘掉我毛衣上的小毛球。他為了品嘗年分二〇一二年的酒而來，因為他即將在柏林開一家葡萄酒吧，要為新酒吧囤積六萬瓶酒。葡萄酒帶給他什麼樂趣？「就像做愛帶給你什麼樂趣一樣，」他說，「對我來說，葡萄酒是生活的一部分。我無法過不喝葡萄酒的生活。」為什麼是葡萄酒，而不是其他嗜好，例如跑車？「對，好吧，其實跑車是我的另一個嗜好，但如果酒窖和我收藏的跑車必須捨棄其中之一，我會選跑車。」

有些人是為了累積經驗。一位來自以色列的女士買了套票（價格一萬四千五百美元），能參加布根地之夜最豪華的九個活動。她月初就已飛抵紐約，參加另一個葡萄酒節：巴羅洛葡萄酒節（La Festa del Barolo）。結束後她決定暫不回家，在紐約繼續待三個星期。她不想冒險錯過布根地之夜。「這是一種藝術，」她指的是葡萄酒，「真的是一種藝術。葡萄酒迷來這裡品嘗釀酒的藝術。」品酒大會供應了一百多款酒，她大半都品嘗過了，但是她拒絕吐酒。「吐酒會燒壞我的味蕾。但無論如何，只有吞到肚子裡才能帶給我真實的感受。總之，我有很嚴重的飲酒問題。」

我推擠穿越桌子、酒瓶和穿著休閒外套的人群，尋找一位布根地之夜的老手教我箇中訣竅。我在一位高高的禿頭男子身旁停下腳步，他穿著千鳥格紋的運動外套。他的吐酒方式吸引了我的注意。簡直神乎其技：他可以吐出一道強勁的皮諾酒水流，準確射進距離嘴巴下方三英呎、身體右方一英呎遠的桶子裡，而且完全不用彎腰。如此高雅的吐酒技術絕對來自多年的練習。我向他自我介紹。他叫做理查，從二〇〇〇年紐約布根地之夜開辦以來就從未錯過。事實上，他們夫妻負責招待今年的榮譽貴賓米歇爾．拉法吉。他向一位黑髮及腰的女士招手，那是他的妻子伊莎貝拉。我跟在伊莎貝拉後面，她明顯比理查年輕許多，但沒有年輕到令人側目的程度。她穿著一件巴布爾（Barbour）外套、牛仔褲，戴著一枚簡直跟西施犬差不多大的戒指，臉上掛著無聊的神情。她已經到每張桌子喝過一輪，她說她的味蕾醉死了，**徹底醉死了！**

「我沒辦法每天做這種事，」她嘆了口氣，彷彿她早該這麼做。「我們所有的活動都參加。每年去布根地一次，再加上其他特殊活動。去年參加了四百五十年的週年慶，比往年更加盛大……是某個活動的四百五十年週年慶。我不知道。我走下飛機時已經……」她伸手在面前揮一揮，意思是**爛醉如泥**。「七個小時，從午餐一路吃到晚餐。大家**全都**到了。布根地所有的農夫。真的盛大到**誇張**。所有農夫都來自**義大利**，」她用法式口音說了這個國家的名字。「我們一下機就直奔這場一生一次的**大災難**！有幾位女士的老公不見了！隔天早上才發現他們在酒莊的草地上睡覺！**爛醉如泥！**」她呵呵笑著說出這段回憶。理查走過來，要伊莎貝拉啜飲一口羅希特級園（Clos de la Roche Grand Cru）。伊莎貝拉把酒吞下之後做了個鬼臉。「喔，快看！」她一臉欣喜。「天啊，那好像是我們去年去過的酒莊！應該就是！我不知道酒莊的名字。我只記得飛機降落，地點是布根地郊外。風景美呆了。」她和兩位朋友貼臉打招呼，他們傾身互相虛吻一下。其中一位姓洛克斐勒，另一位的姓氏我曾在許多大型工地見過。「我們加入很多葡萄酒社團，」伊莎貝拉繼續說，「例如葡萄酒怪咖社團、俱樂部。我們在俱樂部參加餐酒會。所有俱樂部都在紐約市。其中很多人都像布萊恩……」她揮揮手指，向房間另一頭的朋友打招呼。「……還有其他人那樣，我們一起參加所有的晚宴。隆河丘（Côtes du Rhône）、波爾多，還有布根地。波爾多騎士會（Commanderie de Bordeaux）。下週末我們還要參加另一個俱樂部在塔克西多帕克（Tuxedo Park）舉辦的晚宴，」位在紐約州北部。有個叫邁克的人過來擁抱了伊莎貝拉。「喔，**真的**很累！我剛去了巴黎十天，只是去睡覺。只是。去。**睡覺**。」她訝異於丈夫前一晚的精力。「他們昨晚出去玩到凌晨三點。我們在丹尼爾餐廳吃了一頓豐盛的晚餐……」我猜應該是傳奇晚宴（Legends Dinner），「……然後續攤到凌晨三點。你的身體能承受的酒精就這麼多！如果我昨天晚上續攤到凌晨三點，肯定沒體力參加今天的活動。也肯定沒體力去飛輪健身房運動。因為這種事我有經驗，我喝多過，我持續參加活動，有時依然會喝多，所以我知道何時該喊停。我已經受夠了。我現在很開心、很滿足。至少今晚之前是如此。」

我不得不向她告辭。品酒大會漸漸安靜下來，狂歡晚宴將在幾小時後登場，而我依然沒有任何珍藏可以帶去赴宴。我一直在拖延買酒這件事，尤其是在摩根建議我至少得買一瓶五百美元的酒之後，他說一千美元更好。我以為他的建議太誇張，但是那位以色列女士說的話令我擔心。「穿什麼無所謂，」她說，「帶什麼酒才是重點。」

我走進布根地葡萄酒公司（Burgundy Wine Company），這家酒店距離品酒大會剛好只有幾條街。我告訴經理，我需要帶一瓶酒去參加狂歡晚宴。我給他一個預算範圍。他瞇著眼睛看我。「你**真正**的上限是多少？」他告訴我，我帶去的酒就是我對別人搭訕說的第一句話。參加者會從指定座位上站起來到處走動，互相倒酒一起品嘗。如果我想跟葡萄酒ＰＸ平起平坐，我最好準備值得分享的好酒。「你必須展現實力，」他建議。布根地之夜的黃金原則是帶自己最好的藏酒。無論你是避險基金的執行長，還是失業的記者，都應該忍痛割愛。

我在酒店裡全身冒汗待了九十分鐘，時而請教經理，時而傳簡訊給摩根，並且上網查閱每一瓶在我預算內的酒評價如何。在摩根的慫恿下，我最後買的是路易拉圖酒莊一九九〇年的高登查理曼（Louis Latour Corton-Charlemagne），一支年紀跟我差不多的白酒。它出錯的機會不算小，摩根如此警告。我花了兩百七十五美元。在我看來，它確是珍藏。

○　○　○

幾個小時後我來到狂歡晚宴，我把酒抱在胸前，宛如珍貴的貨物。我穿過一輛輛在路邊並排停放的黑色休旅車，走上大都會展覽館（Metropolitan Pavilion）磨損的階梯。租用這個毫無魅力的場地的，通常都是服裝樣品特賣會與婚紗展，所以不用花太多力氣就能裝潢得美輪美奐。從地板延伸到天花板的布根地葡萄園照片覆蓋在白色牆面上。但今晚的焦點顯然是葡萄酒，不是裝潢。

一位穿著西裝的男士提出要檢查我帶來的酒，我不情不願地把酒交給他。

「從十一點到現在，我花了整個下午逛畫廊，」排隊寄放衣帽時，站在我身後的男士說。「我必須喝酒才能逛畫廊，」他的朋友說。

「喔，如果我這麼做，」第一位男士說，「我肯定會在畫廊裡說：『通通給我包起來。』」

狂歡晚宴的四百位賓客分散坐在以葡萄園命名的桌旁。特級園等級的人像是大人物、大收藏家或知名酒廠，都被安排坐在特級園桌。我在無數名人的名牌海裡尋找自己的名牌，這些名流例如傑・麥金納尼（Jay McInerney）與奈爾・德葛拉斯・泰森（Neil deGrasse Tyson），他們都坐在羅曼尼康帝桌。

我找到自己的座位。我右手邊坐著四十幾歲的金髮女子蘇珊，這是她跟她老公第六次參加布根地之夜。左手邊坐著被指派到這桌的法國酒廠老闆羅倫，他跟我一樣也是第一次參加。

燈光暗下來，丹尼爾・強納斯站上舞台介紹今晚的侍酒師。他念到知名侍酒師拉賈・帕爾（Rajat Parr）、派翠克・卡比耶洛（Patrick Cappiello）和賴瑞・史東（Larry Stone）的名字時，我身旁的人驚呼連連。

「喔，天啊，」蘇珊對老公露出燦爛笑容。

丹尼爾把麥克風交給一位心情輕飄飄的釀酒師，他舉杯祝願大家「一路醉到底」。「這是我對各位僅有的希望！」他舉起酒杯。我們也都舉杯回敬。這時我才發現，這是一個毫無窗戶的空間。這似乎是很好的安排。「十一點一到，狂歡就會爆發，」蘇珊會意地說。

現在是八點，現場早已一片混亂。侍酒師拿著跟幼兒差不多大小的巨大酒瓶到處斟酒。有一群留著白色八字鬍的矮胖法國人接替丹尼爾站上舞台，他們戴著同款報童帽，手裡的巨大酒杯裝著紅酒。這群人高聲唱著《布根地禁令》(*Ban Bourguignon*)，這是一首布根地的飲酒歌，同樣有搭配的舞步，基本上就是懶惰版的兒歌舞蹈荷奇波奇（hokey pokey）。高舉起右手轉一轉，高舉左手轉一轉；重複一次，只有在用右手舉杯飲酒時才停下動作。

賓客都不是為了食物而來，但我還是拿起菜單看了一眼。六位知名主廚，六道菜，第一道菜是豬頭，最後一道菜是黃金蛋（我跟你一樣毫無頭緒）。羅倫輕拍我的手臂，我轉身時他剛好把麵包盤遞過來。我對那天晚上的記憶相當模糊，但是十分確定當時我倒抽了一口氣。盤子裡堆著高高的現削黑松露，底下鋪著更多黑松露。我看起來必定一臉疑惑，因為羅倫轉頭望向桌子的另一頭。一位胸膛厚實的法國人，身材也像松露一樣肥短，他胖胖的手裡握著一顆棒球大小的黑松露，另一手是他從家裡帶來的銀色削皮器。他有一張紅紅的圓臉，肉肉的手臂在一大袋松露上揮動，像真菌版的耶誕老人。

侍酒師大軍開始斟酒之後不久，我面前的六只酒杯迅速被倒滿。根據筆記，我喝的第一款酒是約瑟夫杜亨酒莊一九八八年的一級園慕胥園（Joseph Drouhin Close des Mouches Premier Cru）。酸度中上，帶有紅覆盆莓與潮溼泥土的氣味。

關於那天晚上喝的酒，我能告訴你的只有這些了。細細品嘗？我連吞酒都幾乎來不及。一開始，我努力幫每支酒做筆記。接著，我試著至少寫下酒的名字。然後只剩下年分：二〇〇八、一九九三、一九六二。接下來我只能在每款酒的旁邊打勾。我大概是算到二十六的時候搞混了數目。蘇珊描述她在EMP參加主廚費蘭・阿德里亞（Ferran Adria）的私人晚宴時，硬是被侍酒師打斷了兩次。坐在蘇珊隔壁的男士說他在巴哈馬群島的度假屋有酒窖的事，也是因為侍酒師來倒酒而一再被打斷。上酒的速度超過我們喝酒的速度，所以酒杯經常不夠用。啜飲，倒掉，啜飲，倒掉，啜飲，倒掉。品嘗第一口的同時，就準備把酒倒掉，好騰出空間裝侍酒師手裡的葡萄酒。我品嘗到當天晚上最喜歡的一款酒，但是我對它一無所知。

「你覺得葡萄酒有可能比性愛更美妙嗎？」我聽到羅倫隔壁的避險基金經理人問他的女伴。

「維嘉西西里酒廠（Vega Sicilia），」她毫不遲疑地說，「人間至喜。」

沒人吐酒，所以我也沒吐。我漸漸感到非常熱。台上的歌手提高了音量，並且用力踏步。「啦啦啦啦，啦啦啦啦擂，」他們吟唱著。羅倫放下品酒筆記後，就再也沒拿起來。

「這是愈演愈烈的瘋狂！」我們身後的一位拍賣商大聲嘶吼，舉起酒杯祝賀。「大家都深陷其中，就像血溶於水，哪哪哪哪哪……」他對著天空咬牙切齒。「我們在破壞大量的葡萄酒。如此美妙！如此哀傷！」

更多葡萄酒送上來！

「簡直就像雜交狂歡派對！」避險經理人說，「你不能愛上身旁的人！」

白酒、紅酒、橘色的老酒。我來者不拒。每個人都是如此。再來。再來！啦啦啦啦擂！我的臉好燙，舞者的身影比之前更加模糊。這支舞很蠢。太開心了！羅倫跟我練習著懶惰版的荷奇波奇舞。我們這桌的侍酒師終於送上我帶來的酒，小心翼翼地放在架子上。我願意倒酒嗎？還是由他來倒？你來吧！某人大聲說，我想是蘇珊。我倒了酒，大家舉杯祝賀，一仰而盡。嘗起來像融化的奶油與絲綢性感內衣。好喝到蘇珊閉上雙眼。我拿著酒瓶走來走去，眾人手中的酒杯向前伸出，宛如燈塔。女士們衣著閃亮，男士們頭髮油亮，侍酒師們手裡的酒杯鋥亮。我和一位白髮男士四目交接，他是留著蓬鬆八字鬍的批發商，好像有個綽號叫「海牛」。現場「啦啦啦」的歌聲實在太吵，我們聽不清彼此說什麼。他親吻我的手，幫我倒了一些香檳。「法國的止痛發泡錠！香檳用來清除口腔餘味最棒了！」一個來自康乃狄克的黝黑男士正在邀請侍酒師一起自拍。「珍！珍！快找瓦瑟曼合照一張！」避險基金經理人一邊大喊，一邊指著進口商保羅．瓦瑟曼（Paul Wasserman）。歌手大聲唱歌。男士們放聲嘶吼。葡萄酒源源不絕倒進酒杯，流進我們身體裡。海牛跟我高舉右手轉一轉，再高舉左手轉一轉，然後右手舉杯飲酒。

我沒聽見任何關於酒款的心得，只有不請自來的、關於我的評論。「老天，你的假笑跟真笑差別超大。假笑很難看，」一個叫做藍尼的人說。另一個人說：「我喜歡你的頭髮掉到眼睛裡的樣子。」一名我從未見過的男子逢人就介紹我是他「未來的前妻」。「我需要她十一分鐘，其中十分鐘用來抱抱，」他對一群我同樣從未見過的人說。有三個男人分別問我是否已有對象。我結婚了嗎？結婚多久了？不到一年？我的回答似乎更像是邀請，而不是嚇阻。酒和性總是分不開，我努力提醒自己。古老的傳統。羅馬人與他們的侍酒情人。我讀過酒神戴歐尼修斯（Dionysus）身兼數職，祂也是「狂野、古怪和異國之神；狂喜、性愛與繁殖力之神；神祕、瘋狂與非理性之神；熱情、喜劇與悲劇之神；血淋淋的生肉饗宴與神祕入會儀式之神……」

是的，這確實是一場雜交狂歡派對。一場酒神節，啦拉啦啦啦。很病態，很放縱，很混亂。「就像是把兩千磅的肥肝堆到你面前，」一位侍酒師在我的耳旁大聲說，他也是摩根的朋友。我們很貪心。我們想把所有酒款一次嘗盡。我們肚子不餓，卻非常貪吃。晚宴鋪張浪費，酒食多到過剩。

不過也有一種開闊的態度。大家都願意接受嶄新的經驗，我從未在紐約這樣的城市看過這種態度。面對刺激的事物，都市人通常都是一副「沒什麼了不起」的姿態。人們想要接受刺激，也想要提供刺激。羅倫和我認為我帶來的酒跟黑松露碎片味道超搭，我們腳步蹣跚地走來走去，要大家試試我們創造的新組合。「Tiens, goute ça et ça（嘿，嘗嘗這個搭這個），」羅倫把一片松露放在皮耶的舌頭上，我把酒倒進皮耶的酒杯裡。「La densité, la profoundeur...（這種濃度、深度……）」在這個無窗空間裡隨著《布根地禁令》的曲調而情緒激昂的賓客，共同體驗到一種對身體的癡迷。喬．坎帕內爾發現我也在，就推著我去喝一款特別的酒。我在EMP盲飲會的侍酒師朋友衝過來，拿著一瓶一九五九年的酒說我非喝不可。每個人都在改變另一個人的身體；每個人都想刺激另一個人，使對方感到愉悅。一位西裝筆挺的男士餵另一位男士吃乳酪。「像奶油般滑順，」他低吟著說。「好吃。」陌生人餵食陌生人。「你可以站著高潮嗎？」一位男士幫我倒酒時問道。藍尼把三支不同年分的酒排成一排。「我要對你做奇怪的事，」他說。卡珊卓把她的酒杯遞給我。「聞聞看。」「喔，天啊，珍。這真是太墮落了，」避險基金經理人對他的女伴說。「沒。錯，」她接過他手上的酒。「**沒錯，太瘋狂了。**」

我找到一瓶無人看管的羅曼尼康提塔希園（La Tâche），一款應該非常美味的傳奇葡萄酒。我試著幫自己倒一杯。是空瓶。我想像它的滋味有多美妙。轉身拿酒時，我的酒不見了。人們隨手從別人的座位拿走用金葉子裝飾的甜點。滾石合唱團的金曲取代了「啦啦啦擂」。主廚跑出廚房，榮耀地接受慶賀：丹尼爾．哈姆、米歇爾．托哈葛霍斯（Michel Troisgros）、多明尼克．安瑟爾（Dominique Ansel）。穿著西裝的人們站在椅子上，對空揮拳。我們都揮舞著餐巾。男士們揮舞著領帶。「他們不只是全球最棒的主廚，**而且他們超瘋狂！**」主廚丹尼爾．布呂高聲喊道，一喊完，其他主廚就把他扛在肩膀上。他在人群衝浪。接著換丹尼爾．強納斯人群衝浪。有個揮舞餐巾的人如跳水般腹部朝下跳到同桌的人身上。《紐約，紐約》（*New York, New York*）的歌聲響起。**一起參加晚宴後的派對吧**，我未來的前夫高聲對我說。法蘭克．辛納屈陶醉地唱著。我們全都唱得很陶醉。勾肩搭背、揮舞領帶、高聲吶喊。所有人都想在這個永不睡去的城市中醒來。

發現我是第一名，最重要的人物
山丘之王，第一名……

——《紐約，紐約》的歌詞

○　○　○

宿醉退去後，我努力理解這場盛宴。在某方面（很大的一方面），這是一次縱慾過度的駭人呈現。我參加布根地之夜之前，以為參加的人是一群細細感受葡萄酒的行家。豈知，我們倒掉了在其他情況下一整年裡能喝到的最好的酒。我們幾乎沒有停下來欣賞酒杯裡的酒，就已伸出酒杯渴求其他的酒。

儘管如此鋪張貪婪，奇怪的是，我發現他們**確實是**符合我期待的感官行家。只是我必須把風味和欣賞的定義放大一些。

其實參加布根地之夜的人確實仔細感受了這些酒，但不一定是用鼻子跟舌頭。布根地之夜用屬於它自己的方式做了一場實驗，證明風味並非如我們所設想的，僅來自鼻孔和口腔。我們感受風味的工具，是大腦。

價格是最強烈的調味料，而我們拿著價值一千五百美元的入場券走進會場，知道自己一定會喝到這些酒，也一定會喜歡這些酒。我在布根地之夜體驗到的感受，其實早已獲得科學證實。史丹佛大學與加州理工學院的研究人員把受試者送進功能性磁振造影設備裡，讓他們品嘗五瓶價位介於五美元到九十美元的卡本內蘇維濃。一如預期，受試者嚴詞批評五美元和十美元的便宜紅酒，稱讚三十五美元、四十五美元與九十美元的昂貴紅酒，後者使大腦的快樂中樞欣喜若狂。但是有個陷阱：後來五美元的酒再度登場，偽裝成四十五美元的酒，十美元的酒則偽裝成九十美元的。這回五美元的超市葡萄酒飽受批評，但換上四十五美元標籤的卻突然變成美酒。

實驗者認為，大腦的滿足感不只來自實際感受，也就是刺激鼻子與舌頭的氣味分子。我們對感知的期待也會使我們感到高興。也就是說，對某些品酒人士來說，在仔細欣賞過一瓶酒的風味、成熟度和年分之後，只要告訴他們這支價值五十美元的夏多內其實是便宜貨，評價就會一落千丈。知道我帶去的酒價值兩百七十五美元對提升風味的貢獻，或許不亞於用來陳放它的橡木桶。

從稀有程度到價格，布根地之夜用各種方式提高賓客的期待。走進狂歡盛宴的感覺（一個專門保留給葡萄酒菁英的精選環境），加上保證會出現紐約市最佳酒窖裡的「珍藏」，意味著早在侍酒師倒第一杯酒之前，我們就已預期每一款酒都很好喝，無論它是否有瑕疵、是不是冒牌貨。事實上，布根地之夜曾是魯迪．柯尼萬（Rudy Kurniawan）經常出現的地方。柯尼萬因為製造假酒而獲判有罪，他或許相當了解品酒的心理作用，所以在狂歡晚宴上慷慨地提供藏酒，說不定也在這布根地行家的至高殿堂裡倒過假酒。「那是一款令人讚嘆的美味佳釀，但至今我依然無法確定它是不是贗品，」一位喝過柯尼萬藏酒的葡萄酒專家承認。「其實是真是假並不重要。」

除了價格，在狂歡晚宴上影響葡萄酒風味的因素，也包括侍酒師的名望、桌布的顏色，甚至背景音樂。雖然我們以為不同感官各司其職，但我們天生就是擁有多重感官的動物，而且感官之間以強烈的方式互相影響。牛津大學的實驗心理學家查爾斯．史賓斯（Charles Spence）做過大量研究，證明顏色如何影響味覺，聲音如何影響嗅覺，畫面如何影響觸覺。決定風味的不只是味覺與嗅覺，還有視覺、聽覺與觸覺。他說感官與感官之間有許多重疊之處，「每一種可能配對的感官之間，似乎都存在著跨感官的聯繫。」他的研究發現，同一杯利奧哈在紅色色調的空間裡搭配連奏音樂（legato）果香味會比較濃，但是在綠色燈光下搭配斷奏音樂（staccato）喝起來會比較「清爽」。用「甜美」的音樂（高頻鋼琴樂音）搭配太妃糖，會讓太妃糖變得更甜，若是搭配「苦澀」的節奏（低音樂器與長號演奏的低頻樂曲），吃起來會比較苦。麻省理工學院的研究科學家可可．克魯姆（Coco Krumme）發現，喝同一瓶葡萄酒，如果你用有水果照片的紫色筆記卡寫品酒筆記，嘗起來會比較有果醬味；如果你用有樹葉照片的綠色筆記卡寫品酒筆記，嘗起來會比較有泥土味。

面對這麼多影響感知的因素，客觀評酒或許是不可能的任務。但有些專家認為，那又如何？哥倫比亞大學的神經科學家丹尼爾．薩茲曼（Daniel Salzman）說，我們本來就沒必要去追求客觀性。他本身是葡萄酒迷，也曾參加布根地之夜。「那可能會大大削減喝葡萄酒的樂趣，」他告訴我，「知道自己在喝怎樣的酒，是享用葡萄酒的樂趣之一。」

部分的我依然相信，我們應該追求更客觀的飲酒經驗。我們傾向於降低或甚至無視味覺與嗅覺，這導致我們的感知容易被情境扭曲。我想搞清楚我所體驗到的風味到底透過哪些方式借助了更強勢的感官，例如視覺。最起碼，我有興趣了解巨大聲響（使味覺遲鈍）或綠色（刺激酸性）的影響，如此一來在我想要擁有更純粹、更敏銳的感受時，我可以控制這些因素。例如，在看了一篇震撼巧克力界的文章之後，我開始注意食物的形狀。這件事發生在英國，熱愛吉百利牛奶巧克力棒（Cadbury's Dairy Milk bar）的人寫了一份請願書，抗議吉百利做出「文化破壞」的行為。這群巧克力狂熱份子怒氣沖沖地說：吉百利公司調整了巧克力棒的配方，變得「更甜」、「不健康」、「不自然」，還「多了點堅果味」。事實上，這款巧克力棒只是改變了形狀而已。原本是形狀方正的長方形塊狀，變成邊緣有弧度的橢圓形塊狀。這改變了巧克力的味道，因為我們「把甜味跟圓形聯想在一起，有稜有角的形狀會跟苦味聯想在一起，」史賓斯解釋道。他與其他人的研究都發現，染成紅色的飲料比透明飲料聞起來更有果香味；在紅色燈光下喝葡萄酒會覺得酒更甜，果香味更濃。因此我也記住了顏色是盲飲時必須注意的因素。情境塑造一切。科學家創造了一種異戊酸（isovaleric acid）與丁酸（butyric acid）的混合物，前者有臭腳丫氣味，後者有嘔吐物氣味，他們讓受試者聞這種混合物。當他們告訴受試者這是帕瑪森乳酪的氣味時，受試者都給這個氣味很高的分數，說它就像新鮮黃瓜一樣令人心情愉快。再次讓受試者聞這種氣味時，他們告訴受試者這是嘔吐物的氣味，受試者都覺得很噁心，分數砍了一半以上。

但我也承認神經科學家丹尼爾的話頗有道理。既然我們知道期待與情境會干擾味道，或許我們可以接受這個事實，把各項資訊納入考量：品牌、價格、顏色、音樂，這些都是體驗風味的一部分。暗指侍酒師是騙子的文章不勝枚舉，因為他們上當點了假酒，或是用華麗的詞藻推銷一瓶特級園，上桌後才發現那是劣等佐餐酒。或許我們該說的是：那又如何？無論葡萄酒如何使人感到歡樂，這種歡樂都是貨真價實的。我有過親身體驗。參加布根地之夜的人也感受過。史丹佛大學的科學家也看到了：價格在受試者的大腦裡製造出真實的、顯著的快樂。

侍酒師與葡萄酒批發商都說，葡萄酒有一種「蜜月效應」。假設你在法國南部度蜜月時喝到一款酒，日後再度點同一款酒來喝，你肯定會失望。一定會。溫文爾雅的酒莊主人一邊帶你參觀有兩百年歷史的家族酒窖，一邊請你吃用他家養的山羊乳做的乳酪，此時此刻你所品嘗的葡萄酒絕對是難以超越的美味。無論是奢華的布根地之夜還是歐洲鄉間，就算這些因素都存在於酒瓶以外，卻都是構成風味的一部分。正如風味並非完全來自酒瓶內部，追求知名酒款的人從葡萄酒得到的樂趣亦非全來自飲酒。有些布根地之夜的參加者之所以喜歡這場鋪張的盛宴，不是因為喜歡晚宴上提供的黑皮諾。就算一直讓他們喝巴羅洛或馬丁尼都無所謂。他們之所以欣賞布根地葡萄酒，是因為能透過它找到一種令他們覺得自己很特別的生活型態。

摩根的直覺是對的：我們最喜歡的葡萄酒，是我們已準備好接受的葡萄酒。或許我們不應該害怕或貶低主觀經驗。我們不會「盲閱」一本書。打開一本海明威，我們不會移除所有情境：作者的名字、寫作的年分與情況等等，然後在一個文學真空的狀態下分析這本書。知道海明威的生平與寫作的年代，能使我們更有能力去體會這本書。這是受到鼓勵的閱讀方式。為什麼不能用在葡萄酒身上呢？知道一款酒來自有八百年歷史的酒莊，價格跟一輛汽車差不多，路易十五世的情婦也很愛這款酒，這些資訊都能幫助我們判斷這款酒是否名實相符，是否達成目標，就像任何一種創作一樣。若我們能夠全方位地感受一種經驗，或許會更喜歡這種經驗。

我很快就有機會驗證這個邏輯。透過一位共同的朋友，我認識了一位葡萄酒收藏家，他是「PPX」、「絕對歡迎」等級的收藏家，在此姑且以他最喜歡的法國酒莊名字稱他為皮耶。金融市場十分善待皮耶。皮耶十分善待自己。最近皮耶也十分善待我。

他指派自己為我的味蕾守護者。有一次週末連假，我跟著皮耶連續參加多場在酒廠私人場地舉辦的正式晚宴，這些場地都有厚厚的絲緞窗簾。服務我們的女侍身穿法國女僕裝，椅子的椅墊超級厚，厚到我的腳趾差點碰不到地板。心理誘發與感知的文獻我看了很多，所以對皮耶打算端上桌的經典酒款能為我帶來多少快樂心存疑惑。對啦，我知道，期待會大幅改變感覺經驗。此外，在字卡的幫助下，我也知道皮耶提供的酒都是超級名酒。請容許我在此炫耀一下，它們是：一八九三年的玫瑰山堡（Château Montrose），波爾多的二級酒莊；一九六七年和一九七四年的白馬莊，聖愛美濃產區僅有四家酒莊獲得一級特等A級，白馬莊是其中之一；以及一九八九、一九四二與一九二一這三個年分的伊更堡。摩根說得沒錯，這些酒都讓我有「胸口被魚叉叉到」的感覺。在研究葡萄酒酒款的過程中，伊更堡在我心目中的地位近乎神祕。這款甜酒產自波爾多的索甸區（Sauternes），暱稱為「諸神的瓊漿玉液」。伊更堡對品質的要求很高，如果碰到惡劣的年分，那一年就不會推出任何產品，寧願捨棄一整年的工作結果（諷刺的是，製作這種「瓊漿玉液」的祕訣是爛掉的葡萄：灰色葡萄孢菌〔*Botrytis cinerea*〕攻擊白蘇維濃與榭密雍〔Sémillon〕葡萄之後，這種腐植真菌會使葡萄脫水、萎縮並濃縮糖分）。史上售價最高的白酒就是一支伊更堡。那第二高呢？也是。湯瑪斯・傑佛遜熱愛伊更堡，曾多點了一瓶與喬治・華盛頓共飲。

我帶著這些資訊品嘗這款伊更堡。我可以說謊，說自己對這些酒毫無興趣，說它們得到過高的評價。若真是如此，一切會簡單許多：我就不用對我忘不了卻再也嘗不到的風味朝思暮想。

事實是，這些酒都很厲害。每一口都令我大呼驚奇。年輕的酒有柳橙、葡萄柚、牛奶糖、番紅花跟香草的氣味。老酒有一種堅果味，以及隨著時間釋放出來的豐厚、鹹香風味。但如此直白的描述無法完整呈現它們的面貌。釀酒師丹尼斯・督布迪歐（Denis Dubourdieu）是伊更堡的顧問，我跟他聊天時，他略帶激動地說：「我的祖父絕對不會用花個三法郎就能在市場買到的廉價水果，來形容他珍愛的葡萄酒。他肯定會覺得這樣很淺薄！很粗俗！」伊更堡是太陽的味道。它嘗起來像一個永遠無法重來的經驗，我最好細細欣賞，把自己交給它，注意它的存在。它強迫我用心體會手裡的酒，直到現在，那天晚上的每個細節都依然深印在我腦海中。我依然記得手指觸摸那棕褐色桌布粗糙織紋的感覺，也記得聽到坐在我旁邊的人俏皮地把灰色葡萄孢菌形容為：「神奇蘑菇！」[1]伊更堡的味道以及這種味道的觀念，實在無法用言語形容。但是在喝的當下，我根本無心思考這個問題。我沉浸在這風味帶來的強烈快樂裡，有一種非喝不可的衝動。

但是，這場邂逅引發另一個問題：如果我們無法分辨葡萄酒之間的差別，或是如此容

1 意指含有致幻成分的野生蘑菇。

易受到外在因素的影響，那麼葡萄酒之間的差別到底是什麼？我為什麼不能在雜貨店裡買一支二十七美元的酒去參加布根地之夜？

我翻看品酒大會那天的筆記時，看到一句我早已忘記或刻意不記得的評註。那是我付錢的時候，布根地葡萄酒公司的經理告訴我的。那是我在掏出將近三百美元買一瓶酒的時候，最不想聽到的事。

「當然，」他說，「這個行業的殘酷真相是，一瓶一千美元的酒，好喝的程度或許只比一瓶五十美元的酒高百分之二。有時候甚至不到百分之二。」

CHAPTER

7

品質控管

The Quality Control

見川玲（Lei Mikawa）負責管理的機構，是納帕唯一一家不歡迎你參觀的葡萄酒機構。老實說，你甚至找不到它在哪裡。至少我迷路迷得暈頭轉向。

我來到加州酒鄉，在二一八號公路上迷失方向，不過這是象徵意義上的迷路。自從我搶喝到伊更堡與其他一生一次的夢幻酒款之後，就一直想要解開一個第一眼看似相當簡單的問題：什麼樣的酒是「好」酒？我參加盲飲會學習區分典型的白梢楠與灰皮諾。但這是類型的差別，不是品質。我不確定該用什麼標準來衡量酒的好與壞。儘管侍酒師之間會針對酒款爭辯不休，但我也漸漸發現辨識酒的年分，不像決定酒的好壞那麼具有爭議性。我花了將近半小時在石子路上迴轉，苦苦尋找玲的實驗室。玲是感官科學家，她的實驗室分析正常人類（評論家或侍酒師以外的人類）對葡萄酒的感覺。她是富邑葡萄酒集團（Treasury Wine Estates）的感官分析經理（sensory insights manager），富邑是全球規模最大的葡萄酒公司，旗下有七十多款葡萄酒，每年販售的葡萄酒多達三千多萬箱，包括你的伯父可能會在感恩節大餐上提供的高級希哈，以及你在飛機上猛喝的迷你塑膠瓶裝灰皮諾。我更加感興趣的是後者。此時我已距離布根地之夜的珍藏佳釀非常遙遠。

「很糟糕」是多數愛酒人士對富邑平價酒款的評語。富邑稱這些酒款為「商業酒」（commercial，售價在十美元以下），還有「平價高檔酒」（masstige，結合「大眾」〔mass〕與「尊貴」〔prestige〕二字，售價在二十美元以下）。這是大多數美國人喝進肚子裡的葡萄汁。二〇一五年，全球高級葡萄酒（例如伊更堡）的拍賣總金額為三億四千六百萬美元，賣給像皮耶這樣的PX。同一年，美國人光是購買五種「很糟」的葡萄酒，就花費了將近二十億美元：貝爾弗特（Barefoot）、沙特家園（Sutter Home）、伍德橋（Woodbridge）、法藍奇亞（Franzia）與黃尾袋鼠（Yellow Tail），這幾款酒的製造商都是富邑最大的競爭對手。美國人購買葡萄酒的平均價格在二〇一五年創下最高紀錄：一瓶九．七三美元。

無論是「商業酒」還是「平價高檔酒」，大抵上指的都是價位。一瓶價格十五．九九美元的華帝露白酒（Verdelho），來自巴貝爾拉尼家族（Barberani）位於翁布里亞（Umbria）、以生物動力耕種、從來沒使用過機器的葡萄園，嚴格說來或許就是「平價高檔酒」。但其實最常使用這個名稱的，是生產一種非常特定類型的商業酒與平價高檔酒的大型集團。這種酒不但便宜，而且味道年年不變，以迎合大眾口味為目標，粗製濫造地大量販售。這種大眾葡萄酒出現在每一家酒店的貨架上，或是連鎖餐廳的護貝菜單上。酒標上通常會有動物圖案，或是成為辦公室茶水間談笑內容的雙關語：瑪莉蓮．梅洛（Marilyn Merlot）、七宗醉（Seven Deadly Zins）。這些酒讓愛酒人士詬病不已。生物動力釀酒師兼酒窖名人藍道．葛瑞姆（Randall Grahm）在一份電子報上挖苦說，黃尾袋鼠之流的酒都有「覆盆莓機油」般的細緻口感。對菁英來說，這些酒都是過度操控、後天戰勝先天的量產科學怪人。它們被貶低為葡萄酒版本的軟性飲料。後來我自己也發現，此言不虛。

我不全盤接受別人的說詞，我想發展出自己的一套衡量標準，來判斷這些酒為什麼品質比較差，如果它們真的比較差的話。除了從一款葡萄酒的風味辨識出它的年分，也要判斷它的品質是好、非常好還是很差，同時還要說明原因。對具有鑑別力的味蕾來說，這似乎是基本功。任何一個通情達理的人外出用餐時，應該都想知道他為什麼要花一百五十美元而不是十五美元，買一瓶容量都一樣的發酵葡萄汁。他應該也想知道如何評斷自己喝的葡萄酒是好是壞。稱職的侍酒師應該具備為客人說明清楚的能力。

但是我認識的侍酒師幾乎都無法清楚說明自己如何判斷品質。他們說一瓶好酒「就像冷冽的水潑在臉上」，或是「站上山巔的那一刻」。「更強烈」、「更奔放」、「更有葡萄酒的感覺」。

摩根平常對我的好奇詢問充滿耐心，但是當我在一場批發商的品酒會上提出品質問題時，他竟然也激動了起來。盧梭酒莊的貝日園（Rousseau Clos de Bèze），一支價值一千兩百美元來自布根地的特級園，使他陷入不尋常的沉默。我問他跟稍早喝過的、價格只有二十分之一的酒比起來，兩者有何差異。「為什麼一定要有該死的答案呢？」摩根突然暴怒。「天啊，美國人，**給我閉嘴**。我沒有必要回答這個問題，因為我們為什麼非要解開世界上的每一個謎團？……答案在你心中。這跟心靈有關。完全無法量化。至少對我來說，在這個一切都被量化與測量的世界上，謝天謝地還有一些東西完全屬於過程、未知與美感。」

○ ○ ○

我認為用「閉嘴，因為這世界需要保留一些該死的未知」來回答好奇的詢問，在大部分的餐廳都是行不通的。也無法令我感到滿意。所以我決定尋找答案。

判斷葡萄酒最古老的方式之一，是考慮釀造的地點與時間。古埃及人追蹤年分：據說西元前一二七二年是「*nfr-nfr*」（非常好喝）的年分；古羅馬人非常關注葡萄酒的產地，他們知道哪些土壤跟氣候適合哪些葡萄。他們的方法是用年分與產地代替自己來判斷葡萄酒的味道。其實現在依然如此。同業工會的參考手冊說，夏布利最棒的葡萄園都是啟莫里期的泥灰土[1]，一種含有牡蠣殼化石的石灰岩黏土。摩根把年分表背下來，所以他知道哪一年德國的葡萄受到大量日曬（二〇〇三），哪一年雨水豐沛（二〇一四），這兩種情況都會影響風味。全球各地的酒廠都仰賴品質認證，來證明自己遵循了可釀出好酒的原則，例如義大利的「DOCG」認證（保證法定產區）。比如說，疏剪葡萄藤，把風味集中在剩下的果實裡；或是味道太粗糙的酒要在年輕時陳放。有「特級珍藏」（Gran Reserva）認證的西班牙酒在木桶裡陳放的時間比「陳釀」等級（Crianza）多一年（或更久），陳放能使單寧更加柔和，也會添加更複雜的風味。幾乎每個地區都有自己的品質分級。法國的「AOC」（Appellation d'Origine Contrôlée，法定產區管制）等級高於「國產佐餐酒」（Vin de France）。德國的「優質葡萄酒」（Qualitatswein）等級高於「國產酒」（Deutscher Wein）。這些條件規定了葡萄酒的品質與風格，侍酒師與酒客都以此為參考依據。

聽起來很簡單，對吧？基本上，我們可以仰賴酒標判斷一支酒很出色、很優質或只是普通。簡單明瞭。沒有爭議。既然如此，有什麼好吵的呢？

先別急。遺憾的是，這件事沒有那麼單純。雖然這些分級系統行之有年，卻不是那麼可靠。酒標上的等級理應符合品質，實際上，並非每一支特級園的酒都勝過一級園，有時甚至比不上村莊酒（有些酒廠的村莊酒可能比其他酒廠的特級園貴好幾倍）。於是，有幾家義大利最優秀的現代酒廠決定拋棄規則，釀造出像薩西開亞（Sassicaia）這樣的優秀酒款，薩西開亞是一種法國葡萄的混釀酒，多年來一直被歸類為等級較低的佐餐酒。波爾多迷用「超級二軍」（Super Seconds）來形容出色的二級酒款，它們跟顯然等級較高的一級酒款比起來毫不遜色。再說，我們與其用葡萄園裡的情況來衡量酒的品質，難道不以酒杯裡的情況（味覺、嗅覺和整體感受）來判斷一款酒的成敗嗎？

好吧，分級並非完全可信。於是我想到價格。具體的量化價格。六十美元的酒遠勝於六美元的酒，卻遠遜於六百美元的酒，對嗎？否則我們幹嘛花這麼多錢？

我向葡萄酒經濟學家卡爾．斯托屈曼（Karl Storchmann）提出這個問題，他是紐約大學的教授，也是《葡萄酒經濟學期刊》（*Journal of Wine Economics*）的總編輯。身為愛酒人士的卡爾每週都會跟朋友一起盲飲。他同意我的簡化邏輯：價格對應品質，但只到某一個程度為止。第一個價格門檻反映出酒的釀造方式；第二個更高的價格門檻應該代表釀酒技藝；還有第

1 啟莫里期是地質學上的地層年代，時間為晚侏儸紀。

三個、又更高的門檻，則是地位象徵。高級酒款或許比較好喝，也更令人卻步，因為它們的釀造過程使用了昂貴的優質材料，所以價格自然高。一個用頂級法國橡木做的橡木桶價格可能高達一千美元。在葡萄能夠得到適當陽光和雨水的納帕谷，地價約為一英畝三十萬美元，比製作盒裝酒的地方（例如酷熱的中央谷地〔Central Valley〕）高出許多倍。把酒放在酒窖裡許多年等它慢慢成熟也有加分效果。這些額外的花費都轉嫁到消費者身上。

根據卡爾的估算，五十或六十美元是價格隨著品質升高的上限。超過之後，抬高價格的因素成了品牌、名聲與稀有程度，所以「五十美元和一百五十美元的酒，在物理特質上可能沒有分別，」卡爾告訴我。布根地的羅曼尼康帝酒莊每年平均只做八千箱酒，而富邑葡萄酒集團的貝林傑酒廠（Beringer Vineyards）每年則生產三百五十萬箱。供需法則允許羅曼尼康帝酒莊用相當於房子頭期款的金額，販售七百五十毫升的發酵葡萄汁。當一支葡萄酒的價格到達三位數以上，代表這支酒有成為投資標的或傳家之寶的價值，至於它是不是好喝的飲料，就沒那麼重要了。「五百美元的葡萄酒不再是酒。你買的不是葡萄酒，而是收藏品，」歐利．艾申菲爾特（Orley Ashenfelter）說。他是普林斯頓大學的計量經濟學教授，跟卡爾合作經營《葡萄酒經濟學期刊》。暫且不討論投機或情感上的價值，說到風味，「五百美元的葡萄酒怎麼樣都說不過去。我絕對可以找到一支只要一百美元，讓你喝不出兩者之間的差異，」他說。「酒的價格再怎麼誇張都有人買。」

他們的論點有不帶情感的科學證據做為基礎，說服力十足。但是這種「國王的新衣」理論似乎過度簡化。我遇過很多把事業與人生（還有財富）全都建立在這種差異上的人。

我也看過標價如何影響我們對品質的感覺，標價反映的不只是品質。

於是我決定訴諸科學。我認為科學或許能拆穿這場鬧劇。或許從化學的角度來說，頂級葡萄酒確實有其獨特之處？

伊諾洛吉公司（Enologix）是一家位於索諾馬的葡萄酒顧問公司，他們認為這種獨特之處確實存在。伊諾洛吉公司宣稱，透過他們的專利「品質辨識軟體」，他們可以分析葡萄酒的化學成分並且預測它的味道和品質。這裡的品質指的是《葡萄酒觀察家》（*Wine Spectator*）或羅伯·帕克（Robert Parker）的《葡萄酒倡導家》（*Wine Advocate*）給葡萄酒打的分數。伊諾洛吉公司的生意興隆建立在指導酒廠如何採收與陳放葡萄酒，使一百多種化合物達到目標比例，因為他們發現這些比例是拿高分的關鍵。除了酒精、糖、酸，還有大家比較不熟悉的萜烯、花青素、多酚。

不過這裡也得加個「但是」：許多酒廠提出異議，說伊諾洛吉公司的「品質指數」專為一種厚重、帶果香的葡萄酒量身打造，只有某些飲酒人士喜歡這種葡萄酒。換句話說，伊諾洛吉公司的配方或許只能釀造出針對某一種口味的「最佳」葡萄酒。除此之外，如果你對品質的定義是「大家都會喜歡」的話，專家的評分不一定是可靠的品質標準。特拉耿公司（Tragon）是一家專門幫助酒商打造暢銷葡萄酒的市場研究公司，他們說酒評家給了高分的酒與消費者喜歡的酒之間……毫無關聯。分數「無法反映任何族群或特定團體的偏好，」特拉耿的一篇報告如此寫道。

最後，素有「釀酒學界的哈佛大學」之稱的加州大學戴維斯分校在二〇一五年發表了一篇研究，這篇研究指出，葡萄酒的品質與化學成分之間並無明確的關聯。科學家檢驗了二十七瓶加州卡本內蘇維濃紅酒的化學成分，這些酒的價位（九．九九到七十美元）、分數（滿分一百，從八十二到九十八分）與其他條件均不相同。他們觀察到某些趨勢：例如，銪、鉬與鎵含量較高的酒比較有可能獲得酒評家的高分。但整體而言，研究人員沒有發現任何一種可以明確預測葡萄酒品質的化學成分。每一瓶葡萄酒都可能含有上千種化合物，就算他們找到了，其實幫助也不大。我們不可能因為一瓶酒帶有一點鎵的味道就喜歡它，就像我們不可能因為梵谷的《星夜》剛好用了鈷藍色就喜歡這幅畫。如果你請侍酒師給你一瓶含有少許鉬與淡淡銪味的酒，他肯定一臉茫然。就算這份研究真的找到能反映品質的化學成分，在晚餐桌上應該用處不大。

別忘了科學也證實每一個人感受到的風味都不一樣。既然如此，「好酒」的定義有沒有可能是完全主觀的呢？

拿這個問題去問侍酒師，他們八成會給你這個答案。相對主義者認為，品質的標準因人而異，就連同一個人也會因時而異。我知道這種說法至少部分正確，因為我自己的品味經歷了大幅變化。自從我開始訓練味覺之後，我就不再喝我以前很喜歡的一款可比喻為液態版仿製鮮奶油的白酒：一瓶十四．九九美元的加州夏多內。我的品味提升到改喝超級時髦的黃葡萄酒（Vin Jaune），它來自法國的侏羅（Jura）。最好的黃葡萄酒喝起來像海水加上變質的馬丁內利氣泡蘋果汁（Martinelli's cider，非常好喝，真的。不要沒試過就先打槍它）。

不過，我心目中的好酒與真正的好酒之間，有一個微妙但重要的差別。雖然每個人都可以（也應該）決定自己最喜歡喝怎樣的酒，但專家為品質打分數的時候，確實試著遵循某些客觀標準。根據這些標準，無論喝的人是否喜歡一款酒，它依然可能是一款好酒。「『好』獨立於個人偏好，」《葡萄酒觀察家》的酒評家麥特・克萊姆（Matt Kramer）寫道。《葡萄酒的科學》（*The Science of Wine*）的作者傑米・古德（Jamie Goode）認為，葡萄酒的品質「獨立於『我們的主觀判斷』。所謂的品酒，其實就是應用一套與生理偏好無關的美學系統或文化。」

我看到一線曙光。或許這一套「美學系統」就是答案。雖然大部分的酒評家對這種「系統」各有解讀，但是專家一致認為品評葡萄酒有三大要素：均衡、複雜、尾韻。不均衡指的是風味以尷尬且令人不愉快的方式顯現，例如把酒嚥下去之後覺得酒精太嗆，或是酸度超越果香。均衡的葡萄酒可以和諧呈現不同的元素。複雜指的是一支酒透過層次、深度與變化，不間斷地帶來樂趣。尾韻指的是在你吞酒或吐酒之後，風味在嘴裡停留的時間。平庸的酒尾韻很短，好酒尾韻綿長。這樣的清單應該可以幫助酒客判斷葡萄酒固有的、客觀的「味道」，而且這樣的味道也應該反映在它得到的分數上。酒評家的評分應能代表一支酒是超級佳釀或平庸之作，無論酒評家本人是否喜歡這支酒。一支九十二分的酒就是九十二分，跟酒評家有多喜歡這支酒無關。

但如果這些特質真能為品質提供一把客觀的尺，為什麼酒評家對於葡萄酒的品質會如此意見分歧呢？甚至連自己的評分都會互相矛盾。如果品質是與生俱來的，而且這套「美學系統」可以辨識品質，那麼同一款葡萄酒應該會得到相同（或非常接近）的分數才對。至少至少，同一位酒評家應該會給同一款葡萄酒相同的分數。

但實際上，並非如此。有一篇發表於《葡萄酒經濟學期刊》的研究，追蹤調查了一個重要的加州葡萄酒比賽裡所有的評審長達三年。在每一場比賽裡，大約七十位評審每人品嘗三十杯酒，有些酒會重複倒三杯，然後請評審把這三十杯酒排名，依序為金牌、銀牌、銅牌或無獎牌。結果非常尷尬：只有百分之十的評審給了一致的分數。大部分的評審每次喝到同一款酒，都給了完全相反的分數。有位評審第一次喝到某一款酒時給了九十分（銀牌），幾分鐘後再度喝到時給了八十分（無獎牌），喝第三次的時候決定它應是逼近滿分的九十六分（金牌）。這項研究的作者認為，這些獎牌無異於隨機頒發。「我們可以合理地推測，贏得任何獎牌的任何葡萄酒，都可能在另一個比賽中贏得任何獎牌，或是完全沒有得獎，」他寫道。

這使我們對理應幫「好酒」提供可靠定義的「美感系統」幾乎沒有信心，尤其是這份研究的結果與其他研究一致。一份加州電子報刊載了另一項研究，他們追蹤了參加十幾個比賽的四千款葡萄酒，發現有一千多款在某幾場比賽中拿到金牌，但是在其他比賽卻鎩羽而歸。作家兼物理學家雷納．曼羅迪諾（Leonard Mlodinow）在《華爾街日報》上描述了一位釀酒師把同一款酒貼上三種酒標，送去參加同一個比賽。其中兩瓶被徹底貶低（其中一瓶得到「難以入口」的評語），第三瓶贏得一枚雙金牌。

但這項葡萄酒比賽的研究確實發現，評審在某一種情況下的評分表現極為一致：幫他們不喜歡的酒評分。品質難以捉摸，但是壞酒無所遁形。

○○○

我從舊金山開車到玲位於聖海倫娜（St. Helena）的實驗室途中，這些品質的定義在我腦海打轉。既然「好」酒無法獲得前後連貫的描述，我決定造訪「壞」酒重鎮（更正確的名字應該是「大眾市場」酒），在缺乏品質的產品中尋找品質的定義。

公路兩旁的安妮女王式豪宅裡都有品酒室，豪宅的花園像貴賓狗一樣修剪得很精美。我經過的這些酒廠幾乎都很關心《葡萄酒觀察家》的評分，或是能否在《葡萄酒經濟學期刊》剖析過的那些比賽裡有好表現。但是對大眾市場的葡萄酒，也就是像富邑這樣的製造商來說，如何贏得「胃佔有率」比分數更值得關心。他們的目標是從啤酒和伏特加汽水調飲手裡搶到客戶。玲任職期間，富邑推出大榔頭系列（Sledgehammer）紅酒吸引愛喝啤酒的硬漢，號稱這些紅酒喝起來「就像榔頭直接敲打味蕾！」（網站上，它的座右銘出現在一瓶從爆炸火焰中現身的金芬黛旁邊，口號非常朗朗上口：「吃肉、喝酒、超讚。」）富邑也用類似的方法，推出碧系列（Be.）跟窈窕女孩瑪格麗特調酒（Skinnygirl Margarita）搶生意。碧系列利用女性雜誌裡會出現的測驗題，幫女性跟酒款進行配對，例如喜歡穿超高跟鞋的女性適合粉紅蜜思嘉（Pink Moscato），這款酒叫做「挑逗」（Be. Flirty）；喜歡穿圓點平底娃娃鞋的女性適合麗絲玲，這款酒叫做「閃閃動人」（Be. Radiant）。有一份新聞稿稱讚碧系列是富邑第一個「專為愈來愈具有影響力的千禧年女性設計」的葡萄酒系列。請想一下：不是「釀造」而是「設計」。另外也有人用「開發」來描述碧系列。我突然發現，這是我離開科技領域之後，第一次聽見「開發」被用來做為「創造」的同義詞。

我終於在牧場平房之間的一條小街上找到玲的實驗室，那是一棟芥末黃的辦公大樓，藏身在一整排低矮的水泥倉庫後面。入口有一塊告示牌寫著「謝絕品酒與參觀」，但其實這裡只有幾個停車場，一點也不吸引人走進去。

玲的年紀三十出頭，她沒穿酒鄉常見的裝扮：牛仔褲加卡哈特外套（Carhartt jacket），而是穿著黑色洋裝、黑色絲襪與黑色仿麂皮靴。她帶我走上鋪著地毯的樓梯前往實驗室，那是一個簡樸又明亮的空間，幾張塑膠檯面的實驗台上放著一杯杯紅酒，一位助手正在把罐頭蘑菇、黑胡椒與蔓越莓混合到這些紅酒裡。實驗室的一側有一排窄窄的、燈光明亮的白色小隔間，寬度僅能容納一張椅子、一個人與一張小小的固定式桌面。玲請試飲員坐在這裡品嘗葡萄酒，無菌的小隔間摒除了潛在的感官雜訊，例如意外飄來的氣味或明亮的色彩。門口附近的牆上釘了一條紙做的字母串，寫的是：派對時光。

二〇一〇年加入富邑之前，玲服務於速食公司「盒中的傑克」（Jack in the Box），負責測試不含反式脂肪的油，尋找哪些油用來炸食物最好吃，從薯條到雞塊。她說，在葡萄酒業工作跟開發速食「幾乎一模一樣」。我覺得很驚訝。酒評家對設計酒款（例如大榔頭系列）嗤之以鼻，說它們與在得來速買到的汽水沒兩樣。可以勉強嚥下，但令人倒胃。味道穩定，但非常無聊。工業製造。玲的工作是否真如他們所言，把葡萄酒變成了含酒精的可口可樂？「看起來似乎有這個趨勢。」她覺得沒什麼。「幾年前蜜思嘉超級流行。它的味道幾乎就像是軟性飲料。」

富邑的感官研究實驗室創立於一九八九年，是業界第一間研究感官的實驗室，基礎概念是葡萄酒跟零食或汽水的相似度超乎表面。沒有一家廠商在推出新口味的洋芋片或能量飲料之前，不會先做市場調查、感官評估和消費者測試。他們需要資料、數字及分析。葡萄酒有什麼不一樣？玲接手的感官研究實驗室是在貝林傑酒廠監督下成立的，這家具有代表性的加州酒廠早在禁酒令的年代之前就已存在，當時的母公司是雀巢（貝林傑酒廠在二〇一一年納入富邑旗下）。雀巢在創造超市主力商品方面經驗豐富，例如低卡冷凍餐、哈根達斯冰淇淋與咖啡伴侶奶精。因此當貝林傑的團隊想要幫葡萄酒進行感官分析，藉以了解喝酒的人喜歡怎樣的紅酒或白酒時，業界都覺得非常合理。

但葡萄酒界從未做過這樣的事。傳統作法是酒廠老闆率領一小群專家，創造出一款符合他們心目中「好酒」的葡萄酒。重新定義摩根在宇宙裡的定位的那些酒，差不多都是這樣做出來的，由釀酒的職人遵循對品質的直覺精心釀造。詢問酒客的意見，就好像莫內在創作下一副畫之前，先召集一個顧問小組共同決定該用那些顏色。

為了跳脫傳統，貝林傑酒廠（以及現在的富邑）改以討論的方式釀造葡萄酒。他們針對業餘酒客設計商業酒與平價高檔酒，而非針對葡萄酒專家。為貝林傑釀造高級酒款的酒廠也可以（並且已經）仿效這個方法（這只是為釀造好酒增添一把工具而已）。感官分析帶來全新的葡萄酒哲學：不是釀造好的葡萄酒送到消費者手上，而是把消費者的意見納入葡萄酒裡。其他釀酒巨頭也開始使用這種方法，例如嘉露酒廠（E.&J. Gallo，旗下品牌包括安德烈〔André〕、卡洛羅西〔Carlo Rossi〕與貝爾弗特），以及星座集團（Constellation Brands，旗下品牌包括伍德橋、羅伯蒙大維〔Robert Mondavi〕與雷文斯伍德〔Ravenswood〕等等。）這兩家公司目前都有自己的感官研究部門。特拉耿公司也為沒有能力經營內部實驗室的酒廠提供類似的服務。

玲邀請我參觀開發葡萄酒的第一步，業界稱之為「從消費端反向創造」。我剛抵達實驗室不久，就有一群自願試飲員（都是富邑的員工）坐進會議室，試飲並描述十四款玲最新研究的葡萄酒。雖然玲沒有說明這些是什麼酒，但很有可能是混合了富邑的舊產品、新產品原型，以及富邑競爭對手的暢銷酒，因為玲與同事想要仿造它們的特色。在我受邀參觀的試飲會上，她請試飲員討論他們會用哪些詞彙描述每一款酒。她準備了我稍早見到的蘑菇與覆盆莓，以供需要回憶氣味的人使用；她必須確定每個人都對「果香」或「泥土味」使用相同的定義。玲的「感官測量儀器」就是這群試飲員，他們不需要是葡萄酒行家，只要對食物的差異比較敏感就行了，這個條件不容忽視。根據特拉耿公司的研究，大約有百分之三十的人「在辨別自己經常吃喝的產品之間有何差異時，準確度跟瞎猜差不多」。

幾天後，這群試飲員將進入試飲隔間，評估每一款酒的個性。接下來會有一百多位試飲員（不只是富邑的員工）依照喜愛程度為這十四種樣品打分數。比較了「葡萄酒的感官特色」以及「消費者最喜歡的酒款」這兩組數據之後，玲就會知道目標消費者想喝怎樣的酒。或許他們想喝的是帶有黑莓氣味與酸度低的紫色葡萄酒。或許新趨勢是色澤較粉紅的紅酒，沒有經過橡木桶陳放，酒精濃度較低，而且帶點甜味。無論答案是什麼，富邑旗下的酒廠都會調整混合比例、陳放過程、酵母菌株、採收時間、種植、砧木接枝或橡木桶的使用。「如果我們發現A葡萄酒的分數比B高出許多，而且A的含糖量顯著較高，就表示我們只要在酒裡多加一點糖就行了，」玲解釋道。通常試飲員會覺得不透光的、深色的葡萄酒比半透明的、淺色的葡萄酒（例如黑皮諾）好喝，所以富邑可能會加深葡萄酒的顏色。由業餘的葡萄酒買家幫助專家預測近期的葡萄酒趨勢，並不是新鮮事。九〇年代濃郁、帶奶油香氣的夏多內非常暢銷，但特拉耿公司的一個試飲會不喜歡當時盛行的橡木桶風格。在試飲的酒款之中，試飲員最喜歡一款價格四美元、未經橡木桶陳放的酒。但是研究人員建議客戶考慮設計未經橡木桶陳放的新酒款時，委託他們做研究的酒廠把他們給趕出去。「他們說：『你瘋了，滾出我的辦公室。』」蕾貝嘉・布萊鮑姆（Rebecca Bleibaum）回憶道，她是特拉耿的「感官長」（Chief Sensory Officer）。然而現在流行的，正是酒體較瘦且未經橡木桶陳放的夏多內。

我啜飲玲提供給試飲員喝的酒。我能理解為什麼這些酒會讓人想起便利商店。它們使我想起加了一小杯伏特加與賀喜巧克力糖漿的藍莓冰沙。但我試著保持開放的心胸。**價格只是調味料**，我提醒自己，**不要這麼傲慢**。老實說，我不想喝完這些酒。喝完第二口之後，就再也沒有新味道出現了。這些酒非常飽滿、黏稠、厚重。

就這點來說，它們非常符合商業酒與平價高檔酒消費者的口味，他們偏好比較甜、帶果香的葡萄酒，沒那麼收斂、苦澀和複雜。也就是說，跟葡萄酒鑑賞家心目中的「好酒」恰恰相反。我回想起在一場盲飲會上，有位來自尚・喬治的侍酒師提到自己去參加一場婚禮的恐怖經驗，因為喜宴上供應的是貝林傑葡萄酒。「我朋友跟我挑戰看誰敢喝桌上的夏多內。我們一喝都覺得『超噁！』」她語帶抱怨，旁人紛紛點頭。「那天晚上我喝了很多威士忌加蘇打水。」玲的葡萄酒之於摩根的一千兩百美元、帶泥土味的盧梭酒莊，就像士力架巧克力棒之於烤鵪鶉。

雖然摩根或許不肯喝下玲的任何一杯樣品，但是「從消費端反向創造」的酒款已經改變了人們從葡萄酒裡得到的樂趣。在二〇〇七年，像大椰頭這樣的酒款鮮少達到特拉耿的產品上市最低分數。試飲員勉強嚥下這些酒，然後打出跟波菜與冷凍青豆一樣的低分。可忍受，但一點也不好喝。現在大眾市場的葡萄酒更能滿足消費者的口味，試飲員經常給它們和高檔冰淇淋（例如哈根達斯）一樣的高分。「葡萄酒慢慢變成一種享受，屬於『令人喜愛』的類別，」蕾貝嘉說，「在盲飲的情況下，消費者很喜歡這些酒。」酸度高、澀到讓嘴巴皺起來的波爾多，是一種需要後天習慣的味道。黃尾袋鼠或大椰頭帶有強烈果香與甜甜的尾韻，是消費者天生就喜歡的味道，就像許多人愛喝含糖的南瓜香料拿鐵、健怡可樂與維他命調味水一樣。玲和蕾貝嘉這樣的人有句座右銘：「行銷會讓你買一瓶酒一次。感官會讓你買兩次。」（星座集團的感官部主任約翰・恩蓋特（John Thorngate）提醒大家，到了奢侈品的等級，這套邏輯就不適用了。奢侈品的消費者完全不理性：「喝嘯鷹酒莊（Screaming Eagle）的人就算不喜歡它的味道還是會繼續喝，因為喝起來心情很爽。」這家酒莊的酒價格在一千美元左右。）

關於何謂品質，這並未提供一個令人滿意的答案。而且違背直覺的是，「壞酒」其實才是好喝的酒，至少對許多喝葡萄酒的人來說是如此。

像富邑這樣的製造商，對品質的定義遠比羅伯．帕克或專業侍酒師協會來得單純：很多人不需要對均衡或尾韻有任何了解，出於直覺就會喜歡的酒，這樣的酒才是好酒。這些「壞酒」的設計目的是讓人開心，所以不需要使用者手冊也能開心享用，它們訴諸於酒客的天生喜好。這有什麼不好？相同的趨勢也出現在音樂、時尚、電影和藝術界，下里巴人與陽春白雪和平共存。你不會想要在銳舞派對上聽孟德爾頌，同樣地，你也不會想在走婚禮紅毯時搭配麥莉．希拉（Miley Crus）的《愛情破壞球》。

我利用在加州的時間跟提姆．漢尼（Tim Hanni）碰面，他曾經在貝林傑酒廠工作。率先成為葡萄酒大師的美國人有兩位，他是其中之一，這是由葡萄酒大師協會頒發的最高榮譽。儘管提姆擁有如此高級的頭銜，他卻有個綽號叫「葡萄酒假惺惺剋星」（wine antisnob），因為他試著說服其他侍酒師重新思考品酒的規則。更精確地說，他希望大家能徹底拋棄現存的遊戲規則。他對餐酒搭配法則嗤之以鼻，把金牌頒給多數行家喝都不肯喝的葡萄酒（「巧克力櫻桃」，有人想喝嗎？），而且他認為告訴喝酒的人特級園比大榔頭更值得欣賞，是一種充滿誤導和優越感的作法。在距離玲的實驗室不遠的一家星巴克裡，提姆指出愛酒人士對「好酒」的定義跟風味毫無關聯，跟釀酒方式也沒關係。他認為這種定義的基礎是同儕壓力與一窩蜂心態。因為希望能被葡萄酒的「核心」群眾接納，渴望成為假惺惺的人模仿假惺惺的品味，於是類似的偏好就這樣點滴滲透人心。如果你對葡萄酒所知無多，你或許會以為自己像一張白紙，沒有偏見。不過，當你想到「波爾多」這個地方，如果你的腦中出現了任何聯想（或許你會立刻想到城堡、有錢人或傳統），那都是因為在人生的過程中，某篇文章或朋友隨口說出的一句評論影響了你對何謂好品味的看法。

要愛上飽受讚揚的葡萄酒款，「你真的必須捨棄天生的愛好，接納葡萄酒定義的集體幻覺，」提姆說。說這些話的這位先生，在接受自己是個酒鬼的事實之前，品嘗了大量的經典葡萄酒。提姆強調，我們每個人對風味的敏銳程度都是獨一無二的，這應該能夠引導我們找到自己喜歡的葡萄酒。愛喝葡萄酒的人好像一定要極力讚揚單寧很重、帶苦味的巴羅洛，但是我們小時候明明都愛吃甜食，嘗到苦的東西就會整張臉皺起來，這是為了避免吃到毒物而演化出來的防禦機制。如果你愛上巴羅洛，「你的味蕾不是『變成熟了』，它只是變得不自然了，」提姆說。「你捨棄對甜味或其他味道的自然喜愛，甚至學會對它們嗤之以鼻。這種態度不只針對酒，也針對人，因為這也是批評的一部分。你知道自己應該喜歡什麼酒，不應該喜歡什麼酒，進而因為某些人喜歡你不應該喜歡的酒而討厭他們。你學會批評那些酒，也學會批評喜歡那些酒的人。」

提姆的論點並非創見。他的話使人想起一九八四年法國社會學家皮耶・布赫迪厄（Pierre Bourdieu）在著作《區隔：品味判斷的社會批判》（*Distinction: A Social Critique of the Judgement of Taste*）中提出的理論。布赫迪厄認為，我們學會欣賞高爾夫、纖細的手臂、歌劇、香檳等等，是因為我們在接受特定消遣以及排斥其他消遣的過程中，取得了社會與文化資本。在布赫迪厄看來，沒有任何一種品味是純粹的。我們與自己的社交圈互動時，會接受應該（和不應該）喜歡哪些人事物的暗示，目的是得到同儕的接納。到最後，我們欣羨使我們變得令人欣羨的人事物。「品味區分等級，包括人的等級，」布赫迪厄寫道。從這個角度來說，喜歡羅曼尼康帝酒莊顯然比較主觀武斷，甚至有點邪惡。只有某個社會階層能指定哪一支酒是「好酒」，而且原因跟酒本身可能關係不大。我們也利用大家對葡萄酒的評斷反過來去評斷一個人。這令侍酒師的工作蒙上帶有貶意的詮釋：侍酒師引導客人認識高級酒，本質上就是在幫助上層階級透過這種對「好酒」的武斷觀念，讓他們覺得自己跟庶民不一樣。

提姆所表達的長期疑慮，也是我一開始對葡萄酒產生興趣的部分原因。我不相信大規模控制全球品味的陰謀論，但專家之所以欣賞某些酒款，似乎有可能並非因為它們是好酒，而是因為他們知道自己應該說這些是好酒。他們選擇的最愛葡萄酒，反映出他們的身分。最明顯的例子就是很多人會在Instagram上放自拍照，但侍酒師分享的照片都是喝過的酒。酒標反映出他們是怎樣的人，許多侍酒師下班後會上傳「＃今夜首選」（#bestbottleofthenight）的照片，炫耀自己喝過的好酒。摩根也承認，配合主流品味的壓力確實令他感到沮喪。他抱怨，有的人因為不同意某家流行的香檳酒廠是軟木塞發明以來氣泡酒界最棒的事，就遭到侍酒師攻擊。「他們對這件事的堅持猶如宗教狂熱，」他抱怨道，「還有，花三百五十美元買一支酒的人，不會想要承認自己不喜歡這支酒。」

或許「壞酒」並不那麼「壞」。至少，它張開雙臂歡迎那些在其他情況下永遠不會拿起酒杯的人。「許多人從偏甜的酒開始喝，然後慢慢改變口味，最後進入奢侈酒的世界，變成葡萄酒收藏家，或是常喝葡萄酒的人，或是葡萄酒假惺惺，」玲說。她把自己開發的酒款，視為培養愛酒人士的輔助輪。現在愛喝大榔頭的人，或許再多嘗試幾瓶葡萄酒，就會變成視大榔頭如敝屣的葡萄酒假惺惺。

離開玲的實驗室之前，我注意到她辦公室裡的架子上有一個小小的塑膠盒。裡面裝的東西似乎是某種葡萄酒的調味料。標籤上寫著：「奶油糖與巧克力木條樣品」(Butterscotch & Chocolate Stave Samples)。[2]

從我收集到的資訊看來，我們很難只靠味道就說這些平價葡萄酒是「壞酒」。不過，它們的製作（或設計）過程是否有問題？

○　○　○

每年都會有一萬四千位釀酒師與葡萄農齊聚沙加緬度會議中心，參加葡萄酒與葡萄聯合貿易展（Unified Wine & Grape Symposium）。酒廠會來貿易展買桶塞、酒桶、酒瓶、瓶塞、酒帽、離心機、濃縮劑、顏色穩定劑、破皮去梗機、電透析機、浸泡管、酒槽、壓榨機與水泵。酒廠的主要設備之中，只有一種這裡沒賣：浪漫。

玲和提姆都會去貿易展。我也決定去看看。「不參加貿易展，就不是業內人士，」特拉耿公司的一位員工告訴我。

玲為我介紹富邑為了迎合消費者口味調整葡萄酒的各種方式時，她描述的釀酒過程聽起來簡直不可思議。顏色、苦味、單寧味，甚至連黑莓、櫻桃跟李子的香氣，全都可以根據消費者的喜好調升或調降，你會以為酒廠似乎在葡萄酒的每一個特色上都裝了調節器。

因為這是真的。我沒有完全理解這一切如何辦得到，直到我跟著一群身穿絨毛背心與工作靴的男人一起走進貿易展的展場。我經過名字充滿未來感的各種產品，暗示著科幻般操控風味的工具：Accuvin（葡萄酒化學檢驗工具）、Ubervine（葡萄苗供應商）、Dynamos（過濾設備）、Nutristart（幫助發酵的添加劑）、Turbicel（幫助白酒發酵的添加劑）、Zyme-O-Clear（幫助沉澱的酵素）、索爾牽引機——這些名字跟親切的酒標（例如你家附近的酒店裡常見的「貝爾弗特」或「裸葡萄」）等，天差地遠。

幫助沉澱的酵素跟索爾牽引機通常不會出現在釀酒的故事裡。走進酒店或參觀葡萄園時所介紹的高級酒釀造過程，通常都是籠統的全貌，非常傳統、千篇一律而且缺乏細微差異：首先，酒廠主人在一塊擁有理想風土的土地上，種植他想要的葡萄品種。接著，葡萄開花結果。由於他是農夫，而且健康的農作物仰賴良好的天氣，所以他咒罵太陽／雲霧／雨水／天空，因為天氣太熱／太冷／太濕／太乾，導致葡萄太甜／太酸／過度發霉／過度脫水，無法釀造出理想中的葡萄酒。最後，他採收葡萄，將葡萄分類、破皮，把葡萄漿倒進某種容器裡，例如不鏽鋼槽。葡萄皮上的天然酵母菌或是另外加入的酵母菌開始發酵，它們消耗葡萄裡的糖分，釋放出酒精、二氧化碳與構成葡萄酒香氣的氣味化合物（還有其他東西）。葡萄汁發酵之後，釀酒師或許會把葡萄酒裝進橡木桶裡，讓微量的氧透過橡木的表面孔隙滲入葡萄酒，或是讓橡木為葡萄酒增添風味。他也可能把葡萄酒留在不鏽鋼槽裡，保留清爽口感和果香風味，或是把酒移到蛋型的水泥槽裡，達到介於橡木桶與不鏽鋼

2 這是用來幫葡萄酒調味的木條，浸泡在葡萄酒裡會釋放出特定風味。

槽之間的效果。最後，他把葡萄酒裝瓶送出。

消費者以為所有的葡萄酒，無論價格多少或產地在哪，都是這種傳統的農耕產物。我們很難責怪他們，因為酒廠經常刻意強調傳統工法的這一面，無論實情是否如此。沙特家園的酒標是葡萄藤依傍著一棟維多利亞房舍的田園景象，底下醒目地寫著「創立於一八九〇年的家族葡萄園」以及「納帕谷家族企業」。這讓人聯想到一個親切的、由爸爸和媽媽經營的酒莊。從我們家送到你們家。你不用去想這家酒廠以工業規模的方式每年生產一億兩千萬瓶葡萄酒，美國五十州的每一個家庭都來上幾瓶也不成問題。

二十一世紀的葡萄酒釀製不太像《草原小屋》（*Little House on the Prairie*），比較像電影《千鈞一髮》（*Gattaca*）。尤其是大量生產商業酒與平價高檔酒，以及高級酒款價格在四十美元左右的工業化酒廠。並非所有平價酒款都高度使用化學干預的手段，但如果酒廠想要維持低價量產，風味的最終決定權就不再是大自然說了算。

「不是由葡萄決定葡萄酒的方向，你在製造……你在……打造一款滿足個別酒廠喜好的葡萄酒，」美國酒石酸公司（American Tartaric Products）的參展業務代表告訴我。「這不算是欺騙，」他彷彿看穿我的心思，主動提出解釋，「而是創造更好的產品。」

沒有一種缺陷不能用某種粉末修正，沒有一種特色不能調整，從瓶裝、盒裝到袋裝。單寧味太重？用歐維純蛋白粉（Ovo-Pure）、魚膠（魚鰾做成的顆粒）、吉利丁（通常是用牛骨與豬皮為原料）來純化；如果是白酒，可用純班特皂土（Puri-Bent，皂土也是貓砂的原料）來消除造成混濁的惱人蛋白質。單寧味不夠？別用要價一千美元的橡木桶，改用一袋橡木片（烘烤出風味的小木片）、「酒槽板」（長型的橡木條）、橡木屑（無須解釋），或是幾滴液態的橡木單寧（有「摩卡」和「香草」兩種口味）。此外也可以加單寧粉模擬橡木桶陳放的酒體，標價馬上翻倍（「如果是一瓶八到十二美元的葡萄酒，通常可以調漲到十五至二十美元，因為喝起來有橡木桶陳放的品質……你把酒妝點一番，」一位業務代表解釋道。）

酒體太單薄？用阿拉伯膠（糖霜和水彩顏料也使用這種原料）在口腔裡製造豐厚口感。泡沫太多？加幾滴消泡劑（食品等級的聚矽氧油）。降低酸度可用碳酸鉀（一種白色鹽類）或是碳酸鈣（白堊）。用一袋酒石酸（又叫做塔塔粉）就能使酸度再度升高。若想增加酒精濃度，可把壓好的葡萄漿跟含糖的葡萄濃縮液混合，也可以直接加糖。降低酒精濃度可使用柯恩科技（ConeTech）的旋轉錐（spinning cone），或是維諾公司（Vinovation）的逆滲透機，或是加水。用樂斯福公司（Lesaffre）的酵母菌或酵母菌衍生物仿製陳年波爾多。翻開目錄，訂購CY3079人工酵母菌來加強「新鮮奶油」與「蜂蜜」的氣味，或是用Rhône2266增添「櫻桃可樂」的氣味。有任何問題都能請教拉爾蒙公司（Lallemand）攤位的「酵母菌靈媒」，這位留著大鬢角的先生會告訴你，哪一種酵母最適合你的「目標風格」（想釀出帶有柑橘氣味的白蘇維儂，請用Uvaferm SVG。梨子跟香瓜的氣味，請用Lalvin Ball。百香果的氣味，請用Vitilevure Elixir）。用維果靈（Velcorin）殺死微生物（請小心，因為它有毒）。用二氧化硫幫葡萄酒防腐。

在所有製程結束之後，如果你對成果依然不滿意，只要在這難以描述的葡萄酒裡加幾滴幻紫（Mega Purple）就行了，這是一種被稱為「神奇藥水」的濃稠葡萄汁濃縮液，它可以使酒體變得飽滿，使尾韻變得更甜，使顏色更豐富，遮掩不夠成熟的味道，掩蓋酒香酵母的馬騷味，並且突顯果香風味。沒有一家酒廠會承認自己使用了神奇藥水，但是據估計幻紫每年流入兩千五百萬瓶葡萄酒。「幾乎每家酒廠都有用，」蒙特瑞郡的一家酒廠總裁告訴《葡萄酒與葡萄》雜誌（*Wines and Vines*）。「反正價格在二十美元以內的葡萄酒差不多都有用，高於這個價格或許沒有。」

葡萄酒可以合法加入六十幾種添加劑。BSG公司攤位展示的產品包括橡木萃取液，他們的業務代表聽到釀酒不借助化學合成藥劑不禁噗哧一笑。「大自然的品味很古怪，」她提出警告，「當然，只靠老天爺也能釀酒。只是你可能不會喜歡。」

科學手段也能釀酒，只是你可能同樣不會喜歡。用這種方法釀出來的酒，味道可能和我在玲的實驗室裡喝的一樣。漂浮著軟木塞的瓶裝麥根沙士。葡萄酒行家說這種「人為的」釀酒方法就像味蕾版的自動調音或修圖，提供非常乾淨卻毫無靈魂的、過度完美的葡萄酒。

那麼，我們可以說壞酒是用高科技捷徑做出來的酒，好酒是毫無人為操控的酒嗎？沒錯，提倡自然葡萄酒的人會同意這種說法。自然工法的酒廠拒絕使用機器、澄清劑、人工酵母菌與酵素，製造出「過熟、過度加工與過度濃烈的」葡萄酒，這是記者艾莉絲·費林（Alice Feiring）的看法，她是自然工法的守護天使。加工葡萄酒被視為釀酒界的加工食品，或是更糟。費林的部落格裡提到一次跨年夜「慘劇」，她被迫勉強喝下工業製造的香檳。「它麻木不仁。它非常虛假。它是個叛徒，」她如此哀嘆。費林對天然葡萄酒的定義是「不加東西進去，也不拿東西出來」，這樣的酒顯然是最自然的發酵葡萄汁：微妙、真誠、輝煌的不完美。這樣的酒是好酒。雖然有時候，嗯，不好喝：「混濁，聞起來有海藻的怪味，好像是沒洗澡的法國哈比人釀的酒，」《食酒雜誌》的葡萄酒主編雷伊・艾爾（Ray Isle）如此寫道。

就算你不是費林口中的「葡萄酒界激進的純素主義者」，也會承認發酵葡萄與酵母菌排泄物混合在一起之後，再用蛋白跟二氧化硫處理過的液體，一點都不像能喝的東西。但這樣的描述雖然聽起來令人胃口盡失，卻不只適用於超市的平價酒，也適用於某些全球最知名的葡萄酒款。瑪歌堡（Château Margaux）的技術性干預或許沒有像富邑製造大椰頭時那麼粗暴，原料的品質比較好，而且追求的風味也截然不同。但除非你是激進的純素主義者，否則葡萄酒應用些許化學輔助，這件事本身不一定能用來界定好酒與壞酒。釀酒的過程結合藝術與科學由來已久，雖然酒客大多沒有聽過故事的這一面。波爾多人利用蛋白去除雜質的歷史長達幾世紀，他們對二氧化硫也不陌生，這種防腐劑被加入老酒之中防止腐敗。就連今日看似象徵傳統的橡木桶，也曾經是新奇的技術，在那之前，羅馬人使用陶土做的雙耳細頸瓶儲存葡萄酒已有數千年之久。有些酒廠自豪於使用「工業化之前」的方法釀酒，拒絕使用任何添加物。但他們不知道的是，古羅馬人早就用豬血、大理石碎屑、海水來調整葡萄酒的味道，甚至加入鉛來增加甜味。雖然葡萄酒添加化學物質聽起來令人擔憂，但是別忘了，有些化學物質（例如酒石酸），本來就存在於葡萄之中。透過科學「操控」釀造出來的葡萄酒，好與壞的差異可能在於程度，而非方法的類別。

人為控制的釀酒過程阻礙了關於品質的對話。過去，壞酒很容易定義。它們壞得一目了然，就是字面上的意思。有瑕疵、有問題、搞砸了。因為酒香酵母在橡木桶裡受到汙染，所以散發出馬廄和用過的OK繃的臭味。接觸過多的氧，會有刺鼻的醋味；接觸的氧不夠多，則會散發酸菜與臭雞蛋的的味道。添加劑與粉末只是消除了這些缺陷。「在國際市場上，只有不到百分之一的葡萄酒呈現出釀酒過程的缺點，」酒評家珍西絲・羅賓森（Jancis Robinson）在《論品酒》（*How to Taste*）一書中如此寫道。因此在某個意義上，我們或許已經忘了**真正**的壞酒是什麼味道。「壞酒」與好酒之間的差距正在縮小，因為酒廠不僅利用化學捷徑避免明顯的錯誤，也利用化學捷徑模仿高級酒。用價格是橡木桶九牛一毛的低價複製桶味，修正惡劣氣候，即使年分不佳也能維持品質。「今日的葡萄酒市場有幾種令人感到諷刺的情況，其中一個，」羅賓森寫道，「是雖然最便宜和最昂貴的酒之間價差遠勝以往，但是兩者之間的品質差距卻是有史以來最小的。」實質上，釀酒業的工業革命把不錯的酒變得大眾化。

「只要用了這些東西，中央海岸的人也做得出跟納帕谷味道很像的卡本內，」貿易展的一位業務代表這麼說，他靠在一個儲有白色、棕色與黃色粉末的玻璃櫃上（中央海岸是製造廉價佐餐酒的心臟地帶）。接著他靠近我低聲說：「做高級酒的那些傢伙都很生氣。」

○　○　○

飛機降落，我回到紐約。對那些被我問過什麼樣的酒算是好酒，卻支支吾吾說不出好答案的侍酒師，現在我感同身受了。或許並不是只有一種正確的方法能衡量品質，但我依然想找到一個自己能夠接受的標準。價格、化學、酒評家的「美感系統」，這些答案似乎都太過狹隘，也有明顯的缺陷和矛盾。我還不打算承認是釀造的過程定義了品質，就像我無法接受披頭四的每一首歌都很棒，只因為是披頭四唱的。我比較願意相信真正的答案跟喝酒的當下有關。我知道玲開發的酒和我品嘗過的伊更堡有天壤之別。就連我那些不知道「Shiraz」跟「Syrah」其實是同一種葡萄的朋友，也可以輕易喝出商業葡萄酒與傳統葡萄酒的差別。我買了兩瓶澳洲的希哈，一瓶是七．九九美元的黃尾袋鼠，另一瓶是有機耕種的喬姆酒廠（Jauma），要價三十九．九九美元。我帶這兩瓶酒去參加一場晚餐派對，兩瓶都倒入醒酒器，所以沒人看到酒瓶。他們都只啜飲了黃尾袋鼠一小口。「我認為你對我的味蕾造成永久性的傷害，」麥特抱怨。我不懷疑這兩款酒之間差異顯著，我只是不知道如何說出這種差異。

我一時興起寫了封電郵給保羅．葛瑞可（Paul Grieco）。保羅自詡為紐約的「麗絲玲大王」，他是風土連鎖葡萄酒吧的共同創辦人，摩根第一次約我喝酒的那家小酒吧也是其中之一。儘管保羅曾在曼哈頓幾家傳統的高級餐廳服務過很長的時間，堪稱德高望重，但是大家都覺得他很瘋狂。他們在他背後都叫他「瘋子」（我認為是親暱的表現）。他用一套獨一無二的規則對待葡萄酒。既然葡萄酒界的傳統人士無法幫助我解決品質的難題，或許這個叛逆份子可以。

保羅對葡萄酒有非常強烈的看法，他也不惜折磨顧客，好讓他們聽到這些意見。風土酒吧莫瑞丘店（Terroir Murray Hill）的重金屬星期一播放黑色安息日樂團（Black Sabbath）與摩托頭樂團（Mötorhead）的歌曲，這是每週一次的主題之夜，慶祝在富含金屬的泥土裡種植的葡萄釀出來的酒。他印出以葡萄酒為主題的紋身貼紙，只要客人坐著不動夠久，就會被他貼上貼紙。保羅稱風土酒吧的酒單為「聖經」，那是一本長達六十一頁的活頁簿，與其說是飲料索引，不如說是一份宣言，而且非常地、刻意地深奧難懂。它「對客人比出中指，」保羅會自豪地說。他舉辦「麗絲玲一夏」活動，支持這種他認為被惡意中傷的葡萄賤民，連續五年夏天不賣麗絲玲以外的白酒。你想喝白蘇維濃？幹，這裡有一杯麗絲玲。想喝夏多內？幹，喝這杯麗絲玲。許多客人轉頭就走。保羅的（前）合夥人勃然大怒，但是保羅認為，只要能散播麗絲玲福音，損失幾個客人也值得。我特別欣賞的是，保羅的酒單把便宜的超市酒藍仙姑（Blue Nun）放在一千九百美元的薩西開亞旁邊，肯定會嚇傻一堆葡萄酒界的假惺惺。此外也有幾款盒裝葡萄酒。身為在恍然大悟後發現所謂的「好酒」缺乏明確與客觀標準的人，我很敬佩保羅沒有瞧不起「壞酒」。他不喜歡藍仙姑，但是他明白這款酒的歷史意義：讓美國人先認識麗絲玲葡萄，然後再離它而去。

我在風土酒吧翠貝卡店跟保羅碰面，這間酒吧像個非常時髦、非常舒服的地牢。保羅看起來精神不太穩定。他的人中留著一排稀疏的小鬍子，細到彷彿是用細字筆畫上去的，雜亂的山羊鬍像松蘿菠蘿一樣垂掛在胸口。

就算你跟保羅意見相同，他還是會用與人爭論的口氣說話。我們很快就發現，他跟我都不喜歡伴隨著一杯松塞爾葡萄酒一起上桌的矯揉造作。儘管如此，他依然對著我大聲說話。

「這只是含酒精的葡萄汁啦！是一種讓人快樂的飲料！說到底就是這樣，不多也不少！」他憤怒地說。「我認為你應該撕開侍酒師產業的假面具，然後告訴大家這一切都是胡說八道！……我們說了一大堆，舉出一大堆重點，做了一大堆研究，裝模作樣地走來走去，卻沒有讓大家愛上葡萄酒！喝更多葡萄酒！」我們坐在金屬高腳椅上，保羅每說一個字就用雙掌拍擊桌面一下：喝！（啪）更！（啪）多！（啪）葡！（啪）萄！（啪）酒！（啪）。「諾亞方舟八千五百年前停靠在聖母峰時，諾亞做的第一件事是什麼？種植葡萄，釀酒，喝醉，然後全裸昏睡！如果我們把文明世界拉回那個時候（有何不可？），回到一切的原點，人類的生活裡本來就有葡萄酒！所以……」他對我伸出一根手指「……為什麼要吸引大家喝更多葡萄酒、覺得喝葡萄酒很自在會這麼困難？」

保羅想要改變世界，對他來說，這意味著讓人們喝更多葡萄酒，並且覺得喝葡萄酒很自在。「葡萄酒的世界，就像湯馬斯．佛里曼（Thomas Friedman）說的那樣，應該是平的。該死的又大又平[3]，」他發出怒吼。保羅相信葡萄酒「跟運輸有關」。他討厭那些「不斷抬高葡萄酒小世界身價的人」。「我希望你可以在奧克拉荷馬市或任何地方，走進你家附近的雜貨店，貨架上有一手百威啤酒，假設是七美元好了。啤酒旁邊是一手『風土牌灰皮諾』，假設是八美元或九美元。貴了一點，但是沒有貴到讓人買不下手。你心想：『嗯……買哪

3 編註：湯馬斯．佛里曼是《紐約時報》專欄作家，曾三度榮獲普立茲獎，著有《世界是平的》、《謝謝你遲到了》等書。

一個好呢……有親戚要來家裡……決定了！』」(啪)「『就買灰皮諾。』」

一位批發商打斷了保羅，他到店裡來請保羅試喝一款希臘葡萄酒。保羅啜飲葡萄酒時，他刻意把話題從面前的葡萄酒轉移到希臘的整體情況。不同於拉皮奇歐餐廳的喬與拉拉，保羅對於酒廠或釀酒師的故事沒興趣。他只對酒本身的味道有興趣，而不是他對酒的想像，也不是葡萄園的景色有多夢幻。他只在乎酒給他的感覺。大家都知道他參加品酒會時穿得像個逃犯：戴著眼鏡，壓低帽沿，不與人眼神接觸，以免閒聊分散了他對酒的注意力。

批發商離開後，我問保羅他想從葡萄酒裡得到什麼？

「一定要好喝。」

這答案很模糊。「好喝有沒有什麼特定的……標準？」我問。

「喝完一口，還想再來一口，」他說。「喝完一杯，還想再來一杯。喝完一瓶，還想再來一瓶。」

此時剛好有個長腿德國妹走過來想喝開胃酒，保羅想說服她來杯雪莉酒。我趁這個機會思索他剛才說的話：**喝完一口，還想再來一口**。這個「好酒」的品質定義似乎平淡無奇，如此簡單，也如此……真實？

我喜歡的是在這個定義之下，壞酒在正確的時刻也可以是好酒。我想起有一年在麻薩諸塞州的沙灘上慶祝國慶日。從一個開心的夜晚變成超棒的夜晚，只因為一瓶不知道在哪兒買的普通廉價、味道像泡泡糖的粉紅酒，它肯定用了產品目錄裡的人工酵母菌，還有一長串的化學添加物。我不相信摩根那瓶珍貴的盧梭酒莊會比這支粉紅酒更棒。那天晚上的烤棉花糖、同伴和我們放在有沙子的紙盤上敲開的龍蝦，都會被盧梭酒莊搶了風采。以那個情境來說，盧梭酒莊會是一支壞酒。有些時候，盧梭酒莊或是其他「好酒」就是不適合。它們再怎麼好，那樣尊榮的身分都太過貴重。那一瓶廉價的加工粉紅酒讓我喝了一口還想再來一口，喝了一瓶還想再來一瓶，因為在那個當下，它是完美的酒。

不過保羅的定義也允許（並且暗示）葡萄酒擁有深藏不露的潛能。因為酒本身好喝而一口接一口，反映出葡萄酒可能帶來的諸多感受之一。好酒之所以讓人一杯接一杯，是因為第一口引發驚訝與好奇。好酒讓我們想要多喝幾口、多喝幾杯，不是因為我們口渴，而是因為第一口或第一杯裡，有我們不太了解的東西。它挑起我們的興趣。它很神祕。

「喝完一口，還想再來一口」也等於同意喝葡萄酒是一種過程。好酒帶領你踏上探尋更多葡萄酒的旅程。

喝下這第一杯，下一杯又是新的嘗試。或許更好，或許更糟，但至少是一種新的體驗，帶來新的視野。

「所以，」保羅回來之後，我問他，「你覺得剛才的希臘葡萄酒好喝嗎？」

他把亮紅鏡框的眼鏡推高，卡在眉毛與一頭亂髮之間的額頭上，深深地看了我一眼。

「我以為我已經說得很清楚了，喝了一口，還想再來一口。你有看到我喝下一口嗎？」

我的眼神往下移動。他喝完了一整杯。

「對。答案很明顯：好喝。」

或許這就是好酒的意義。沒有公式化的標準答案。就如摩根所說的，它帶著一絲神祕。就像單靠一條琴弦，無法把鋼琴的一段曲調從悅耳動聽變成餘音繚繞；單靠一個顏色，無法使一副畫變成令人駐足的巨作。如果好酒有公式，就會失去價值。但是喝到好酒的當下，我們會知道這是好酒。因為與它有關的記憶永遠不會消失。

CHAPTER

8

十誡

The Ten Commandments

在研讀、品酒和外場實習的過程中，我的葡萄酒詞彙以出乎意料的方式增長。侍酒師會用「演化」來形容，就像老酒的「氣味」慢慢演化成「陳年酒香」（bouquet）。

「Flight」（飛行、飛機航班）這個字不再只是跟搭飛機有關，也意指幾杯葡萄酒排成一列。「extended skin contact」（長時間的皮膚接觸）不是用來搭訕的台詞，而是把葡萄皮浸泡在葡萄汁裡，增加口感與色澤。「pooled house」（小費合計）是小費集中在一起的餐廳，不是漢普頓（Hamptons）的某個豪宅。[1]

「單班」是值班一個時段，「雙班」是值班兩個時段，「餐廳週」是「永恆的早午餐」，而早午餐等於地獄。「奧客」（SOE）喜歡早午餐，少花一點錢就能享用精緻美食。「翻桌率」是一張桌子在營業時間內從客人入座到重新整理之間的週期：「*mise-ing*」（整理餐桌）。如果是週末，用餐區一個晚上可以翻桌三次。碰到「旺季」，有時甚至可以翻桌三次半；十月到十二月是旺季，紐約客宛如沒有明天似地放縱享樂。每一次剛翻桌後，侍酒師會用酒杯「標示」（mark）餐桌，然後「引導賓客」（play the guests），希望他能「說服他們」（stretch

1 漢普頓是長島東部的海邊度假勝地。

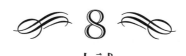

them out）點一支昂貴的酒。「戀屍癖」（Necrophiliacs）喜歡古老的、帶醋味的、瀕臨死亡的酒。太早開好酒來喝的人是「殺嬰犯」（infanticide）。「瑞士酒」是味道溫和的酒，跟桌上的各種菜色都搭得起來。「叫賣酒」（hand sell）是比較奇特的酒款，需要侍酒師幫它背書。如果是客人自己選了奇特酒款，那它就成了「未爆彈」（trigger wine），侍酒師必須詳述酒的風味，確定客人真的想喝一款來自斯洛維尼亞、用雙耳細頸酒瓶陳放、沒有加二氧化硫防腐的橘色葡萄酒。害羞的葡萄酒新手一定會點的無聊酒款叫「應召酒」（call wine），像是松塞爾、普羅賽柯氣泡酒、加州卡本內。「應召酒」通常會跟「熟女果汁」（cougar juice）重疊，這種酒又叫「熟女快克」（cougar crack），例如濃郁香甜的阿根廷馬爾貝克、帶桶味的夏多內和顏色超綠的紐西蘭白蘇維濃。熟女的前夫會點「BSD」葡萄酒，意指「快看我的大屌」（big swinging dick），也就是知名酒廠、價格昂貴、帕克給了高分、風味顯著的酒。真正的葡萄酒阿宅覺得這種酒很俗氣。他們喜歡「獨角獸酒」（unicorn wines）：稀有的小產量珍品，這是侍酒師的地位象徵，只要有人訂購、品嘗或看見酒瓶，就會立刻拍照上傳Instagram。

我剛開始跟侍酒師混在一起時，有一半的時間聽不懂他們說的話。我的筆記本裡畫滿問號。「摩根說這支酒被煮過？？？」（翻譯：高溫損壞）。「在地板（floor）底下陳放？？？」（翻譯：是在酵母菌層〔flor〕底下）。我匆忙抄下專業術語回家再查，或是現場打斷他們詢問定義。面對摩根，第二種作法比較危險，因為他可能會說出更多我得回家上網查詢的詞彙。

但是幾個月下來，葡萄酒的專業術語我已經用得很習慣。這改變之劇烈，只要拿起我那一大疊品酒筆記看一下就知道，也就是我對葡萄酒的氣味與感受的文字描述（別被名字給騙了。品酒筆記主要描述的是氣味與風味，而不是舌頭上的味道）。我的葡萄酒詞彙庫變得更大、更飽滿、更豐富、更濃稠，而且，沒錯，偶爾也有點甜膩。保羅只需要「好喝」就夠了。我不行。

侍酒師、德勒斯登的科學家以及我的氣味教練尚．克勞德．岱爾維爾都強調，流利地描述氣味才能培養有意識的感受力。語言幫助我們分類和回憶過往的經驗（有些專家推測，我們之所以忘記嬰兒時期的經歷，是因為小嬰兒無法組織文字）。知道氣味的名字可加深你對這種氣味的印象，使它更容易辨識，而且充滿情緒。「這可以鞏固記憶，」一位研究人員告訴我。如果我們缺少敘述一段經驗的詞彙，當我們要用文字傳達這段經驗時**一定會**非常辛苦，而這樣的辛苦會竄改我們對這段經驗的印象，這種現象叫做「語言遮蔽效應」（verbal overshadowing）。如果請人們描述一杯葡萄酒，缺乏專業術語的人再度碰到同一款酒時，辨認的能力低於可以輕鬆描述的人。可以仰賴專業術語的人，比較不會受到語言遮蔽效應的影響。

在這樣的邏輯之下，我貪婪地收集氣味詞彙：盲聞氣味精油、煮飯時嗅聞食材，走在街上偶然飄來氣味時，我會說出這是什麼味道。豐富的詞彙對我的協會認證考試來說至關重要，考試的時間悄然逼近，避無可避又令人懼怕，就像查帳一樣。豐富而穩定的詞彙能在我盲飲的時候，幫助我在腦海中建構葡萄酒的形象，使我能夠明確無誤地描述這些酒。

專業侍酒師協會的官方盲飲表要侍酒師使用相當乏味的詞彙，這些詞彙落在幾個較大的類別底下，例如「水果」、「非水果」和「泥土／礦物」。侍酒師是一群力求超越的人，當然會想出比「蘋果」或「香菇」更豐富的品酒詞彙。泥土味？試試「帶甜味和皂味的果汁，加上腐爛的濕木頭、松露、腐植土的氣味」。我在每一場盲飲會都寫下一連串深奧難懂的描述詞彙，包括ＥＭＰ、聯合廣場的辦公室與皇后區的老夥伴，這些詞彙都是他們把鼻子放進酒杯之後說出來的，還有像是：「野草莓水」、「乾燥的以及重新補充水分的黑色果實」、「蘋果花」、「番紅花龍蝦高湯」、「腐爛的木頭」、「墨西哥辣椒皮」、「燒焦的頭髮」、「嬰兒的呼吸」、「汗水」、「裹著巧克力的薄荷」、「用過的研磨咖啡粉」、「糖漬紫羅蘭」、「草莓果實皮革」、「人工皮革」、「剛出廠的假陰莖」、「馬具」、「塵土路」、「檸檬皮」、「去光水」、「不新鮮的啤酒」、「剛犁過的土」、「紅木樹林的地面」、「梨子喉糖」、「牛皮」、「乾燥的草莓」，還有「諾比舒咳」咳嗽液——你會以為他們在朗讀威卡巫術的愛情魔法書。

每次輪到我描述一款酒，我都覺得要想出跟他們一樣隱晦難懂的詞彙很有壓力。我發誓，有時候我說出來的詞彙，我平常絕對不會用來形容葡萄酒。脫水石榴籽？我不介意來一點。如果我聞到草莓的味道，誰說那不可以是瓶裝草莓水？如果我聞到羅勒的味道，我會加碼說有細葉香芹（chervil），雖然我不是百分之百確定那是一種香草還是囓齒動物。我試著如實描述。但是當全場只有你一個人在說話時，四分鐘感覺非常漫長。另外，我也想讓盲飲會的夥伴覺得我很厲害。畢竟我是個作家，想出奇特的詞彙是我的工作；如果有我能夠與侍酒師並駕齊驅的領域，肯定是創造稀奇古怪的詞彙。

我加入這場詞彙軍備戰之後，不禁開始擔心應該說明風味、加深印象的品酒筆記，反而使盲飲經驗變得更加模糊，甚至有點欺騙的意味。如果我捏造了一些味道，如何確定其他人沒有做一樣的事呢？為了準確地處理盲飲經驗，我必須確定我擁有足以掌握盲飲經驗的正確詞彙。可是我不確定。我甚至不確定如何判斷詞彙是否「正確」。

如果這世上有一群人不喜歡使用空洞的形容詞，那肯定是經濟學家。我知道《葡萄酒經濟學期刊》多年來一直為葡萄酒界的傳統進行事實查核，所以我跑去翻找舊期刊，尋找跟品酒筆記有關的文章。學術界是怎麼說的呢？葡萄酒術語岌岌可危。

品酒筆記的初衷是帶領飲酒的人走向葡萄酒，並且知道在拔開瓶塞之後應該會嘗到怎樣的味道。現在品酒筆記讓它們應該幫助的對象嚴重失望。一項二〇〇七年的研究請普通的愛酒人士喝兩款葡萄酒，並且附上一份專業酒評家為兩款葡萄酒寫的評語。他們請受試者幫評語和酒款配對。自願的受試者啜飲了兩杯德國麗絲玲，專家說其中一杯「很有生命力」，帶有「一點礦物特色」，另一杯「精緻優雅，給人一種強烈的石板印象，突顯出原本就已沸騰的泥土／果香之戰」。理論上，這個任務應該非常容易，因為兩種敘述各自描繪兩種酒款的風味。但受試者覺得非常困難，他們的表現沒有比隨機幫評論與酒款配對好到哪裡去。

誰能責怪他們呢？「假裝我們有能力分辨每一種味道和氣味，這根本就是胡說八道。只有胡說八道的藝術家會宣稱自己具備這樣的能力，」理查・匡特（Richard Quandt）在另一篇發表於《葡萄酒經濟學期刊》的論文中如此寫道，他是普林斯頓大學的經濟學家。他認為酒評家的品酒筆記非但前後不一致，也無法提供有用資訊。但我們「看他們的評語看得很開心，因為我們對葡萄酒的品質大致上一無所知」。

就連專家也備感困惑，部分是因為品酒筆記經常引用抽象概念，例如「礦物味」（minerality）。這個術語在九〇年代開始流行，現在幾乎每一期的《葡萄酒愛好者》雜誌（*Wine Enthusiast*）都會多次出現這個詞。拿起一顆葡萄柚，你就能理解帶有「層層葡萄柚與礦物味」的葡萄酒裡，有怎樣的「柑橘」氣味。但是要找到一絲「礦物味」可沒那麼容易。你應該聞石頭嗎？還是一片潮溼的金屬？原來，礦物味的定義並無共識。在美國葡萄酒經濟學家協會（American Association of Wine Economists）舉辦的研討會上發表過另一份研究，法國的研究人員對夏布利的酒廠和飲酒人士做了問卷調查。夏布利生產的夏多內白酒以清瘦著稱，大部分侍酒師會說它帶有「礦物味」。這份研究想知道全世界最了解礦物味的專家，會如何定義這個詞彙。結果答案五花八門，從「點火燧石」到「礦泉水」應有盡有。

對於我們使用的詞彙定義是否存在著共識，我的信心在一個週六早晨走到了存亡關頭。那天輪到我主持盲飲會。除了每位侍酒師帶來的一瓶酒之外，我另外準備了一場盲聞練習：我在六個塑膠杯裡放了不同的香草，蓋上鋁箔紙之後戳次幾個小洞。其中一杯裝著細葉香芹，因為大家的品酒筆記裡經常出現這種香草。如果侍酒師能聞到葡萄酒裡的細葉香芹氣味，當然也能在細葉香芹裡聞到細葉香芹的氣味。「是某種青草嗎？」他們聞過杯子之後猜道。「香菇？」「芹菜？」「我不知道，」終於有人承認。我驚愕地發現，就連我的指導老師們，紐約市最優秀的侍酒師，都不一定知道自己在說些什麼。

放棄品酒筆記是不可能的。侍酒師仰賴品酒筆記賣酒。酒客參考品酒筆記預測一款葡萄酒的風味。我若想掌握盲飲技巧或是提升感受力，就不可能捨棄文字敘述。但我想知道「汽油味」和「礦物味」是我們能找到最好的詞彙嗎？如果我們的語言不精準，我們的品酒結果就不會精準，記憶力也不會精準。我稱之為「不精準」（其他人稱之為「唬爛」）的情況多如牛毛。我的感受有多準確可靠，完全取決於我能用來描述感受的詞彙。有沒有比這更好的方法呢？

○　○　○

一個涼爽的週三早晨，我趁著還在加州的時候，把一袋袋食材放進租來的車子裡，如果你要辦一場全國最噁心的晚餐派對，用這些食材準沒錯。我買了焦糖、一顆青椒、杏桃乾、濃縮萊姆汁、一個蘆筍罐頭、黑醋栗糖漿、草莓果醬與兩盒法藍奇亞葡萄酒；我的車在舊金山的山丘上搖晃前進時，後座的食材也跟著撞來撞去。混凝土斜坡漸漸被辦公傢俱店、連鎖餐廳和自助倉庫取代。隨著我愈來愈接近位於戴維斯（Davis）的目的地，郊區公路旁的購物區慢慢變成平坦的褐色農田。廣告看板上寫著「動物診所，免費手術評估」，還有「頭皮癢？快來頭蝨沙龍」。我經過牧牛人牛排館（Cattlemen's Steakhouse）和乳牛牧場餐廳（Milk Farm Restaurant）的霓虹招牌遺跡（這家餐廳是牛奶暢飲比賽的發源地），一路駛向安妮·諾柏（Ann Noble）位在尤里卡街（Eureka Street）街角的棕色平房。這條街名跟她相得益彰，因為安妮在創新方面紀錄輝煌。[2]我為了追查品酒筆記的起源而來到這裡，一個被雞隻塑像與佛教經幡包圍的住宅。

用各種香料、植物、水果和其他有特定氣味的東西來形容葡萄酒，是一種根深蒂固的作法，你很容易以為自古以來就是如此。法老王圖坦卡門、路易十四、班哲明・富蘭克林和每一個跟他們同年代的葡萄酒行家，都是一邊喝酒，一邊試著分辨酒杯裡的味道是黑櫻桃、酸櫻桃或醃櫻桃。事實上，這種以食物為基礎的自然主義詞彙，歷史跟迪斯可差不多長。它起源於一九七〇年代，發明人就是安妮。

古希臘和羅馬人大量記錄了葡萄的種植與耕作，但是對葡萄酒的評價只有簡單的「拇指朝上」和「拇指朝下」兩種結果，他們顯然認為沒有必要鑽研風味的微妙差異。希臘雄辯家阿特納奧斯（Athenaeus）在著作《歡宴的智者》（*The Learned Banqueters*）中，簡潔有力地讚美塞廷葡萄（Setine）釀成的酒是「第一等」，卡古本葡萄酒（Caecuban）很「出色」；賀拉斯（Horace）在著作《詩經》（*The Odes*）裡給沙比納葡萄酒（Sabine wine）的形容是「卑賤廉價」。他們的評價焦點都放在葡萄酒如何影響健康，而不是影響味蕾。塞廷葡萄酒「不容易使人喝醉，」阿特納奧斯說。龐貝城的葡萄酒「使人頭痛，通常會持續到隔天的第六個小時，」老普林尼（Pliny the Elder）抱怨道，他推薦許多帝王最愛喝的山提農葡萄酒（Sentinum），帝王們「從實際經驗得知，喝這種酒不會引起消化不良和胃脹氣。」如果酒評一直維持這樣的傳統，會比現在的酒評有用多了。

一千多年之後，葡萄酒假惺惺對於自己從酒瓶裡品嘗到的味道與氣味依然相當沉默。英國皇家海軍高階軍官山繆爾・皮普斯（Samuel Pepys）在一六六三年只用了微不足道的半個句子，就把一瓶歐布里昂堡（Château Haut-Brion）形容完了。這瓶酒，他寫道：「有一種令人滿意且非常特別的味道，我從未嘗過。」（時間快轉三百年，羅伯．帕克為一九八三年的歐布里昂堡寫的酒評應該會長達六句。）

到了十八與十九世紀，釀酒技術的進步提升了葡萄酒的品質，再加上餐廳與侍酒師推波助瀾，葡萄酒從普通飲品一躍變成社會名望的文化標準。既然欣賞一瓶好喝的布根地或波爾多葡萄酒成為地位指標，大家自然想要跟朋友分享自己有多喜歡這種優雅的嗜好，於是他們發展出一套全新詞彙，用優美的詞藻描述他們喝過的黑皮諾和梅洛葡萄酒。早期的酒評家形容葡萄酒的方式很像聊朋友的八卦，概括評斷每一瓶酒的個性，而不是風味。喬治．桑茨貝里（George Saintsbury）在一九二〇年的《酒窖筆記》（*Notes on a Cellar-Book*）中，稱讚一瓶艾米達吉（Hermitage）紅酒的陳放「使這款酒年輕時的陽剛口感更加柔和洗煉，」還說這是「我喝過最陽剛的一款法國酒」。在接下來的四十多年，酒評家維持相同的風格。例如，作家法蘭克．舒恩梅克（Frank Schoonmaker）讚賞一款法國蜜思嘉「出色卓越、格調非凡」。他們欣賞葡萄酒的標準跟人品一樣：誠實、優雅、魅力、高尚。

一九七〇年代，加州大學戴維斯分校有一群科學家，決定把如此模稜兩可的詞彙從逐漸現代化的釀酒學領域踢出去。為了使葡萄酒的世界納入科學的嚴謹態度，他們需要用科學詞彙來討論研究結果。在當時發表的詞彙表裡，戴維斯的釀酒學教授拒用「大眾媒體裡

2 古希臘數學家阿基米德發現如何計算不規則物體的體積時，高興地從浴盆裡跳出來高喊「尤里卡」，意指「我發現了」。

常見的……華麗詞藻」，懇請同事不要用像「高雅」這樣的詞彙。

安妮在一九七四年來到戴維斯教一門葡萄酒的感官品評課程，當時她非常驚訝品酒的詞彙進展如此有限。她先去旁聽，教室裡坐滿以釀酒為職志的學生。老師請他們輪流說出自己在一杯葡萄酒裡聞到什麼氣味，他們說不出來。他們「苦苦掙扎，」安妮回憶道，「想破頭也擠不出幾個詞彙。」

她接手這門課之後，把她家櫥櫃裡的東西翻找出來，例如黑莓果醬、香草萃取液、狗毛等等，然後把它們放進玻璃杯裡。她讓學生盲聞並且記住這些「標準氣味」，這種作法後來成為（至今也依然是）辨識一百五十種氣味的必修速成班（這堂課的期末考是辨識各種氣味與葡萄酒，考題裝在黑色酒杯裡所以看不出顏色，學生必須只靠嗅覺辨識出答案。這考試比聽起來困難許多：四十年來，沒有一個學生得到A）。這種建立嗅覺詞彙庫的過程被戲稱為「鼻子幼稚園」，安妮逐步地把詞彙正式化，做成一個包含六十幾種形容詞的葡萄酒香氣輪盤。她調查專業人士的意見，並且記錄分類學生自由發揮想出來的詞彙，再把這些詞彙納入候選名單。接著，她剔除「模糊」的詞彙（再見，「芬芳」），或是「與愛好有關」的詞彙（「高雅」走開），只留下「明確與分析」的詞彙。這些氣味分為幾大類，例如「香料」（包括「甘草」、「黑胡椒」與「丁香」）或「堅果」（「核桃」、「榛果」、「杏仁」）。有史以來第一次，釀酒的人、喝酒的人與酒評家可憑藉一套標準互相溝通。氣味輪盤成為葡萄酒界的共同語言，有系統地把今日我們使用的自然主義詞彙組織起來。「現在幾乎每一個重要的葡萄酒作家或部落客都大量使用這些詞彙，廣泛程度遠超乎讀者的想像，」

釀酒學教授羅傑・波頓（Roger Boulton）在一份報告中如此描述安妮的貢獻。布根地商學院（Burgundy School of Business）的一位研究人員把安妮比擬為現代摩西，他說氣味輪盤「堪比『摩西十誡』」。

○ ○ ○

安妮已於二〇〇二年從戴維斯退休。她來應門的時候，穿著一條紫色運動褲。她雙頰紅潤，蓬亂的灰色短髮像小雞身上的絨毛。我一走進她家，就很慶幸我在看到她的德國米克斯牧羊犬之前就先聞到狗味。牠叫做莫瑟爾，是德國的一個葡萄酒產區，牠的前輩包括黑皮諾、麗絲玲和金芬黛。「莫瑟爾，你今天嘴巴很臭，」安妮說。我嗅聞了幾下，希望能聞出牠的蹤跡。

我的盲飲會侍酒師夥伴生活在安妮創造的詞彙宇宙裡，但是幾乎沒有人聽說過安妮的名字與貢獻。「你說你要去拜訪誰？」當我愛現地說我有機會跟安妮碰面時，一位大師級侍酒師如此問道。這是一個警訊。這表示這群專業人士可能從未停下來認真思考自己的品酒筆記。此外，他們對別人的作法有樣學樣，連壞習慣也一併接收。整個葡萄酒界彷彿在玩一個大規模的傳聲筒遊戲，而他們傳遞的訊息已成為無法解讀的一團混亂。

當我們說自己在葡萄酒裡聞到黑莓的氣味時，我們聞到的不是真正的黑莓。我們品嘗的葡萄酒裡從來就沒有真正的黑莓，也沒有覆盆莓、鳳梨或汽油（幾年前奧地利發生過一件醜聞，在葡萄酒裡發現了防凍劑，但這是非法行為，而且也不會有人欣賞那種味道）。我們說自己聞到酒杯裡有「黑莓」的味道，目的是表達我們聞到一種其他人會經稱之為黑莓的氣味。品酒筆記有一套編碼與連貫性。雖然有些希哈聞起來真的有培根與橄欖的氣味，有些田帕尼優聞起來有皮革味，但是每一個葡萄品種都各有一套標準的描述詞彙。在協會的測驗或比賽中，評審想要確認當你喝到一杯希哈或你認為自己喝到希哈時，你說出來的關鍵詞彙能反映出你的理解。摩根聞不到莎草奧酮這種讓希哈擁有黑胡椒氣味的化學物質，但如果其他跡象都直指希哈的話，他還是會說出他聞到莎草奧酮的氣味。如果他不這麼說，可能會被扣分。若你試著把品酒筆記翻譯成其他語言，就會清楚發現這些詞彙的比喻意味有多濃厚。假設摩根的品酒筆記用熟肉、培根、黑莓蜜餞、李子跟香草描述一款紅酒，場景換到中國，這些形容詞都會替換成有類似氣味的當地食物。同一款紅酒，中國的侍酒師可能會寫下臘腸、醃豬肉、山楂乾、柿子跟松子。

安妮同意帶我上一堂「鼻子幼稚園」課程。若要使我的葡萄酒詞彙更加精鍊，有誰比建立葡萄酒詞彙的人更適合？我想檢驗自己的品酒筆記詞彙，確定我能夠分辨我在酒杯裡聞到的氣味；當然，我也非常渴望安妮能用她教過專業釀酒師的嗅覺訓練來指導我。如此一來，我就能確定我的氣味詞彙擁有紮實的基礎，而不是一味模仿別人。

只要花一點點時間跟安妮相處，就能發現她用介紹新朋友的方式說出周遭的氣味名稱。「你聞聞看，這是厚紙板飄散的香草味，」她打開一箱酒杯。她把幾十個酒杯放在廚房的流理台上一字排開，然後把我帶來的食材分別放進酒杯裡。她在每一個酒杯裡都倒了幾盎司的紅酒或白酒，再各自加入一點蘆筍汁、醬油或切碎的柳橙皮。她不斷地對酒杯裡的東西發出評論。「卡夫（Kraft）做的焦糖有個特色，那就是有香草跟奶油味……喔！我剛剛聞到一股很濃的氣味……除了硫之外，這些李子比普通的好……我要把這一杯留下來，因為這個味道太酷了。」

「我住在氣味主導的世界裡，」安說，「『聆聽你的鼻子』是我的人生真言。」

安妮的朋友朋友荷比（Hoby）在午餐過後不久來到她家，他二十八歲，是戴維斯化學系的研究生。他帶來一份氣味不太尋常的禮物。他遞上一小袋天堂椒（Grains of Paradise），一種有胡椒味和薑味的種子，是他在芝加哥的香料店買的。「很厲害，對吧？」他驕傲地說。荷比是盲人，跟安妮的老公一樣。他像安妮一樣對氣味充滿熱情。

「我最喜歡在納帕或索諾馬谷的公路上兜風，只要搖下車窗幾個小時，就能來一場氣味探索之旅，」荷比說，「你一定會被你聞到的氣味感動到不行。」他推薦一〇一號公路。五號州際公路「聞起來非常無趣」。

「不對！你忘了那些飼育場！」安妮抗議，「飼育場的味道會讓你清醒過來。」

「沒錯，」荷比承認。

「以前他們會在迪克森（Dixon）晒苜蓿，風從南方呼呼吹來，聞起來就像大麻派對。」

安妮小時候常做一件幾乎沒人會做的事：練習說出自己聞到的味道。她在她家附近騎腳踏車的時候，會指出嗅覺地標，而不是視覺地標。乾淨的衣服。玫瑰樹叢。她現在幫別人指路時，還是會叫對方在聞到煙燻味的地方右轉。安妮的「鼻子幼稚園」之所以如此命名，部分原因是為了彌補教育過程的缺口，早在我們喝盒裝果汁跟睡午覺的年紀，就應該注意到這件事。父母經常鼓勵孩子說出視覺線索與聽覺線索，例如藍色或狗叫聲。但嗅覺線索幾乎沒有得到任何關注。於是，多數人從未學習過標準化的氣味詞彙；擁有這些詞彙，我們才能討論和辨認氣味（法國人是值得注意的例外。法國人顯然認為敏銳的味覺跟文法與數學一樣，都是重要的生活技巧。所以一九九〇年法國政府在全國的小學開辦「味覺教育課程」，課程內容包括描述氣味、用鼻後嗅覺聞氣味，以及品嘗各種法國乳酪的獨特味道）。

「就好像教一個孩子認識顏色。你給他看紅色，然後說：『這是紅色』，」安妮說。她遞來一杯混合了罐頭蘆筍汁的白酒給我聞。「這是蘆筍，」她說。我吸了一口氣，試著遵循她的指導，不只是嗅聞，而是真正的**聞進去**。「聆聽你的鼻子，這是我愛用的奇怪說法，叫你的大腦**全神貫注**在這個氣味上，」她解釋道，「這是某種禪宗的修行法，因為你專注於當下……最重要的是專注，專注就是回到當下。」專注。我閉上眼睛。我試著不去聽安妮的時鐘發出的聲音，它走到整點都會發出鳥叫聲。**不要注意莫瑟爾呼吸的聲音和牠的口臭**，我告訴自己。我再次吸氣，深深的，就像尚・克勞德教我的那樣。我把這口氣留在肺裡一段時間，然後用鼻子呼氣。我思考安妮的建議，用文字描述這氣味，把它更深刻地印在大腦裡。「如果不用可檢索的特定方式儲存資訊，」她說，「只不過是把一團雜亂放進去又拿出來而已。」蘆筍有木頭味。一點草味，一點霉味。還有極細微的一絲大蒜味。

我們一一解構每一個氣味標準，從茴香和香草，到奶油和鳳梨切片。荷比覺得罐頭蘆筍跟罐頭四季豆很難分辨。

「你不會對四季豆這麼粗暴，」安妮舉起蘆筍，「而且四季豆沒有這種罐頭的、幼嫩的、跟硫有關的味道。」

她接著說荔枝有柑橘、植物和花的氣味。但就連「花」也很模糊。所謂的鮮花，例如玫瑰與薰衣草，都有一種乾燥、清新而且不持久的氣味。「白色」的花，例如茉莉花與梔子花，有一種厚重、使人發暈、甜甜的香氣，帶著些許動物和腐爛的氣味。大自然是最頂尖的調香師，在誘人的氣味裡注入微量的吲哚。如果你還記得的話，這種化學物質也出現在人類的糞便和陰毛上。這種現象頗富詩意：永恆之美源於腐臭和神聖的複雜交織。

人類辨識氣味的表現很糟糕，科學家曾經推測人類可能不具備這樣的能力：是大腦結構使我們無法做到。如果讓十幾個陌生人看一張青草的照片，問他們這是什麼顏色，我敢說他們的答案都是「綠色」，否則我就幫你家除草一輩子。如果讓他們聞一聞剛割下來的青草，再問他們這是什麼氣味，儘管他們已經聞過一百萬次，還是有可能說出各式各樣的模糊答案，例如「檸檬」或「五年級的假期」。《認知》期刊（*Cognition*）曾刊出一位語言學家的研究，他說如果人類的視覺辨識力跟嗅覺一樣，肯定會「被送去看醫生」。「我們似乎在辨識氣味上有某種神經缺陷，」神經科學家傑．葛特費洛（Jay Gottfried）如此說道。

近年來的研究指出，人類其實具備用文字描述氣味的大腦結構。因此，根據安妮對童年和氣味的理論，問題出在社會制約上。為了調查人類缺乏嗅覺表達能力到底是先天還是後天，荷蘭的語言學家以英語人士和嘉海人（Jahai）為研究對象；嘉海人是馬來西亞的漁獵採集部落，他們的語言包含豐富的氣味詞彙。受試者必須辨識一組「刮一刮、聞一聞」（scratch-'n'-sniff）的氣味。嘉海人從小就學習討論氣味，就像美國人討論顏色一樣，他們可以快速、輕鬆、不間斷地說出氣味的名字；他們大概只需要兩秒鐘就能說出答案。支支吾吾的英語人士平均得花十三秒；就算說出這是什麼氣味，他們也總是沒有肯定的答案。拿到（一點也不陌生的）肉桂時，一位受試者含糊不清地說：「我不知道怎麼說，甜甜的，對。很像我吃過的大紅口香糖（Big Red）[3]，或者像是，我知道那個字嗎？我說不出來。天啊，它聞起來有口香糖的味道，像大紅。我可以說是大紅嗎？好。是大紅。大紅口香糖。」「長期以來，我們以為人類對氣味的辨識能力很低，這種假設並非舉世皆然，」研究人員說，「只要使用正確的語言，就可以用語言表達氣味。」

嘉海人似乎有優勢，因為嘉海語有十幾種專門用來描述特定氣味種類的詞彙。例如「*plʔeŋ*」的意思是「吸引老虎的血腥味」，適用於被壓扁的頭蝨或松鼠血，但千萬別跟「*pʔin*」搞混，這是生肉的血腥味。「*sʔiŋ*」指的是「人尿」、「村地」。還有更臭的，「*haʔɛ̃t*」是「糞便、腐肉、蝦醬」的臭味。反觀英語人士，大概只能腦力激盪出幾個獨特的氣味詞彙，例如「霉味」跟「芬芳」。「臭」大概就是我們的萬用詞彙，涵蓋嘉海人口中的「*plʔeŋ*」、「*pʔin*」、「*sʔiŋ*」、「*haʔɛ̃t*」以及其他詞彙。

不過，說英語人士沒有氣味詞彙並不正確。安妮建立了一個詞彙庫，而我正在研究它：三十一個酒杯，每一杯都有少許紅酒或白酒，混合了水果、蔬菜、香草或香料。包括肉桂、黑橄欖、丁香、梨子、杏桃乾、黑莓果醬、黑醋栗、香草與茴香，現在這些氣味也存在我的詞彙庫裡。它們不是氣味專用的詞彙（例如「臭」），但它們很有用——至少維持了一段時間。

○○○

我在追蹤品酒筆記演化史的過程中，才發現前人的詞彙居然那麼貧乏。安妮把氣味輪盤的詞彙大致限縮在超市就能找到的東西。「鼻子幼稚園」恰如其分地由幼稚園小朋友都認得的食材構成。最深奧的參考食材是什麼？家樂氏香果圈穀片，用來描述麗絲玲、蜜思嘉與格烏茲塔明那。

如果你最近曾買葡萄酒，你會注意到像「*pain grillé*」（烤麵包）這樣珍貴的形容詞，已悄悄進入曾經一目了然的詞彙裡。念過藍帶學院會比較容易看懂《葡萄酒觀察家》對年度佳釀的描述，例如「糖漬水果、海鮮醬、熱巧克力醬與烘烤蘋果木」。有些酒聽起來隱約令人不快，例如這款普羅旺斯紅酒有「乾茴香與微焦杜松的氣味」，加上「強勁的鐵味……深埋在尾韻之中」。此外，當羅伯．帕克稱讚一款加州卡本內「沒有堅硬的邊緣」，卻擁有「摩天大樓般的酒體」以及「宛如一件完美無暇的巴黎高級訂製服」時，實在很難想像他沒有嗑藥。

3 Big Red是箭牌的肉桂口味口香糖。

葡萄酒專業人士被迫發揮娛樂性與獨特性，只好往異國料理、植物園、建築界和藥房貨架上搜刮形容詞。亞卓安・雷若（Adrienne Lehrer）是語言學家，也是《葡萄酒與對話》（*Wine and Conversation*）一書的作者，她告訴我，有位酒評家曾在簽書會後來找她。這位男士坦承自己在寫評論時，經常讚美某些酒款帶有細微的木梨氣味，不是因為他聞到木梨的蘋果和梨子香氣，而是因為木梨這個詞聽起來比較厲害。「我認為不會有人質疑我，因為沒人知道木梨是什麼，」他坦言不諱，「連我自己也從未聞過木梨。」這些精心描述的品酒筆記，可能會嚇跑本來打算成為葡萄酒愛好者的人，他們看到筆記裡寫著「微焦杜松的氣味」，結果自己喝的時候卻沒有嘗到那麼豐富的味道，只好懷疑要不是酒壞了，就是自己的鼻子壞了。

偏見也會影響品酒筆記。一份曾於美國葡萄酒經濟學家協會的研討會上發表的研究發現，酒評家會把優美和講究的詞彙保留給比較昂貴的酒：「高雅」、「帶煙燻氣息」的酒款使人想起「菸草」與「巧克力」；便宜酒就用簡單、隨意的詞彙描述：何妨來一杯「好喝」、「俐落」又「多汁」的葡萄酒？這種作法有邏輯可循。華麗的詞彙讓人覺得花高價買這瓶酒非常值得。誰想花數百美元買「家樂氏水果圈」或「罐頭蘆筍」？「風格獨具的李子」、「煙燻黑醋栗」和「*framboise*」（覆盆莓的法語）聽起來更像是奢華的口味。

為了使品酒筆記再度變得明確而有紀律，學術界、侍酒師、酒評家與酒廠都曾提出各式各樣的方法。麥特・克瑞莫（Matt Kramer）在著作《真實品味》（*True Taste*）裡說，用六個詞就能總結葡萄酒品質的關鍵要素：「和諧」、「口感」、「層次」、「細緻」、「驚喜」與「細微差異」。《紐約時報》的酒評家艾瑞克・愛西莫夫（Eric Asimov）比克瑞莫更上一層樓，他說只要兩個詞：「鹹香」與「甜」，就足以「說明任何酒款的精髓，超越任何一種最華麗、最詳盡的比擬參照」。康乃爾大學飯店管理學院的教授凱西・拉圖爾（Kathy LaTour）又比他們更勝一籌，她建議不要用品酒筆記，改用品酒素描。她的研究發現不使用文字，改用色彩、漩渦、線條與塗鴉來表達葡萄酒的風味，或許是最能夠幫助新手記住新酒款和不同風格的方式，不會受到語言遮蔽效應的影響。

但是葡萄酒界的人通常都很囉嗦，而且他們還沒準備好用隻言片語或圖畫取代豐富詞彙。於是，拯救品酒筆記的方法再度於科學家的實驗室裡誕生。

○　○　○

我拜訪安妮的時間事前經過計算，這樣才有時間跟亞歷山大・舒密特（Alexandre Schmitt）碰面，他每年都會從波爾多到加州朝聖一次。我相信如果是你跟亞歷山大碰面，他肯定也會在幾分鐘之內把這些資訊告訴你，所以我就不浪費時間了：他本來是調香師，因為跟彼得綠堡（Chateau Petrus）的釀酒師建立密切的師徒關係，而開始接受葡萄酒訓練。彼得綠堡是知名的波爾多酒莊，生產價格高昂的葡萄酒。這兩個男人決定如此交易：亞歷山大畢業自位於凡爾賽的國際高等香水學院，他負責教導釀酒師尚－克勞德・貝胡埃特（Jean-Claude Berrouet）嗅覺知識，尚－克勞德教導亞歷山大葡萄酒知識。這就像是新銳設計師獲得時尚教母安娜・溫特（Anna Wintour）親自指導一樣，而亞歷山大與尚－克勞的合作，也為他的事業帶來相同的效果。很快地，葡萄酒界的高級訂製屋包括彼得綠堡、瑪歌堡、白馬莊、伊更堡、第一樂章（Opus One）、哈蘭酒廠（Harlan）和嘯鷹酒莊等，就紛紛雇用亞歷山大指導釀酒團隊嗅覺技巧，並且教他們如何討論嗅聞的結果。「我指導他們的時候非常嚴格，」亞歷山大語帶自豪。他自稱可以辨識一千五百種氣味。一千五百種有多厲害呢？他說大部分受過品酒訓練的人可以辨識八十到一百種氣味。如果給一般人嗅聞一組氣味，他們只能辨識出二十種。

亞歷山大的團體「嗅覺課程」為期兩天，人數上限二十人，學費每人八百美元，據他說經常一位難求。那個星期他在聖海倫娜的葡萄酒商業中心（Wine Business Center）授課，我在那裡跟他碰面。

「品酒的時候，要說出一大堆風味很容易，」他對學生說，他們大多是當地的釀酒師，「但是，如果你不知道它們真正的樣貌，就只不過是一種抒情或詩意的描述罷了。那不是真正的客觀。毫無理性可言。」

安妮為我準備的是罐頭四季豆，亞歷山大則是在桌上放了幾十個透明玻璃罐，裡面是工業製造的氣味精油。他把細細的紙片放進每一個玻璃罐裡，再把紙片傳給全班。這天早上的嗅覺清單包括吲哚與石竹烯（Caryophyllene β），這是丁香油裡的一種化合物。

像亞歷山大這樣的人希望專業人士可以用精準的化學詞彙，取代美食界的詩意表達。亞歷山大要求我們在詞彙與標準化的、實驗室等級的氣味之間建立關聯，如此一來，我們才能把「草莓」的概念跟構成草莓氣味的精油連結在一起。以他的標準來說，像安妮那樣仰賴實體草莓辨識氣味不夠精確。這是新鮮草莓、冷凍草莓還是草莓果醬？有機栽種還是傳統栽種？是什麼品種的草莓？

這是一個大規模運動的第一步，這個運動的目的是用化學成分來寫品酒筆記，品酒的人必須說出是哪些化合物構成了酒杯中的各種氣味。這是聞起來「像」和聞起來「是」之間的差別。用綠維特利納釀的葡萄酒聞起來「像」葡萄柚，但是聞起來「是」硫醇（thiol）的味道，也就是構成葡萄柚氣味的化學物質。按照這個更加科學的系統，品酒筆記應該把「香草」與「榛果」寫成「內酯」（lactone），把「草莓」與「覆盆莓」的氣味寫成「酯類」（ester），把「甜菜」與「泥土」寫成「土臭素」（geosmin）。不過在許多情況下，化學術語也證實了用食物形容葡萄酒的氣味是正確的邏輯。按照安妮的規則，你會說格烏茲塔明那聞起來像荔枝跟玫瑰。新的品酒筆記會說它「富含萜烯」，荔枝與玫瑰都含有萜烯化合物，是它們獨特香氣的來源。

為了駕馭反覆無常、又可能複雜難懂的品酒筆記，同業公會建議侍酒師至少在與其他專業人士討論時，可使用技術詞彙（我猜這就是為什麼摩根煩惱自己對「莎草奧酮」而不是對「黑胡椒」嗅覺缺失）。大師級侍酒師傑奧夫．克魯斯（Geoff Kruth）是同業公會的營運長，他指出品酒筆記「毫無用處，頂多只是一種自我滿足」。他說新的詞彙應該能夠「在我們對於葡萄酒內在客觀因素的理解，以及我們描述它們的方式之間，建立起連結」。

用化學術語寫品酒筆記之前，你必須知道賦予葡萄酒獨特氣味個性的，是哪些化學物質。促成這種新方法的部分技術，仰賴於對葡萄酒化學成分的理解，有一間實驗室正在研究這種技術，而且就這麼剛好，這間實驗室位在亞歷山大上課的教室樓下。

（好了，我已經對你們感到厭倦。我想該下課了。）亞歷山大下課之後，我跟幾個學生一起走到一樓，拜訪ＥＴＳ實驗室（ETS Laboratories）。我們尾隨一位科學家經過成排的桌子，桌上擺放著冒泡的燒杯和天平。電子裝置的嗶嗶聲、風扇的轉動與馬達的低鳴，讓這裡有加護病房的感覺。許多機器確實是六位數價格的醫院設備，在醫院用來處理血液樣品，在這裡則是處理卡本內紅酒。加州、俄勒岡與華盛頓的釀酒師會把釀造中的葡萄酒樣品送來ＥＴＳ檢查，確定葡萄汁已適當發酵，或是沒有造成瑕疵的細菌。ＥＴＳ甚至可以幫你複製競爭對手的葡萄酒。只要測量競爭對手的葡萄酒含有多少單寧、橡木內酯和其他化合物，ＥＴＳ就能告訴酒廠如何透過發酵與陳放來模仿別人的酒款。「有些釀酒師非常熱衷此道，」我們的導覽員輕聲笑道。

我還在努力嗅聞泡過吲哚的紙片，想把自己變成可靠的嗅覺機器，沒想到ＥＴＳ的機器已經搶先一步。我們停在一台氣相色譜－質譜儀（gas chromatograph-mass spectrometer，簡稱GC-MS）旁邊，它長得很像影印機跟冷氣機交配之後的產物。從一九八〇年代晚期至今，研究人員就一直利用這些儀器，分析葡萄酒（總數約為數百）的氣味化合物如何組成一款酒的香氣。這台儀器的嗅聞技術可分辨哪些化合物形成不同葡萄品種的典型氣味，藉以發展全新的化學詞彙。

例如，導覽員沾沾自喜地表示，最近他的團隊使用這台儀器，解開了是什麼讓某些加州葡萄酒有一種很酷的香草味。以前人們聞到這些酒，會說「有一種清爽的味道」或是「有一點類似薄荷的調性，」他說。多虧了GC-MS的幫忙，他們不再需要如此模糊的說法，得以說出製造這種氣味的化學物質：桉油醇（eucalyptol）。

這些基礎化學詞彙的目的，是提升品酒筆記的客觀性。可是我把這種新術語放在葡萄酒詞彙的悠久歷史裡來思考，看似突破過往「唬爛」式描述的創新作法其實沒有那麼厲害。一直以來，透過品酒筆記我們看見的不只是酒杯裡的酒，也看見了品酒的人；最新的這種複述法也是一樣。在描述葡萄酒時，我們喜歡談論理想中的自己。我們宣稱自己在葡萄酒裡聞到的氣味，反映出當代的價值觀與偏見。二十世紀的早期與中期，社會階級定義分明，一款美味的索甸甜白酒獲得的讚美是「卓越的榮譽和品種」；而一款令人失望的、味道更接近波爾多的布根地，得到的評價是沒有堅定捍衛「宗族血脈」。在科學的協助之下，安妮平易近人的食物術語誕生於美國人非常注重健康生活的年代，氣味輪盤上充滿天然食物，使葡萄酒看起來好像比沙拉更健康。「由四季的天然植物組成的葡萄酒，對逐漸老化的戰後嬰兒潮世代來說難以抗拒，他們極其注重身體健康，」尚恩・薛斯葛林（Sean Shesgreen）以品酒筆記為題，為《高等教育紀事報》（*Chronicle of Higher Education*）撰寫的一篇文章中如此寫道。在健身狂熱、《鋼臀》（*Buns of Steel*）健身錄影帶盛行的一九八〇年代，人們執著於身材的同時，形容葡萄酒酒體的新詞彙也大量湧現：「肥厚」、「結實」、「強壯」、「纖瘦」。到了最近，我們最喜歡的滿分酒款簡直是農夫市場的縮影，豐富的異國蔬果滿足人們對職人技藝、返樸歸真的生活型態的想像。品酒筆記裡出現的「蠟豆」（wax bean）與「野草莓」，反映出現代人對小農和有機蔬果的熱愛。鼓勵大家用「莎草奧酮」？化學詞彙似乎也反映了一個更新的趨勢，那就是唯有量化才值得信任。我們想要知道健康的數據、戀人的數據、享樂的數據。

我以為自己會欣然接受科學詞彙的準確性。葡萄酒界終於發現自己的壞習慣，並且試著回歸到現實世界裡。但是在驅車返回舊金山的路上，我仔細思索這次拜訪安妮和亞歷山大的過程，不禁懷疑這是否真的是一種進步？「吡嗪」或許是描述白蘇維濃最精準的一個詞，卻距離整體的品酒經驗非常遙遠。以前我們會說卡本內蘇維濃帶有甜椒、黑醋栗、剛犁過的泥土與黑胡椒的氣味，若是用新的品酒筆記法，會變成吡嗪、硫醇、土臭素與莎草奧酮的氣味。正確嗎？非常正確。迷人嗎？一點也不。此外，我們不一定知道為什麼這些氣味集結起來，會變成葡萄酒的氣味。把吡嗪、硫醇、土臭素與莎草奧酮放在同一個玻璃杯裡，肯定不會出現一瓶歐布里昂堡的氣味。持平而論，把切丁的甜椒跟黑醋栗、黑胡椒和些許泥土混合在一起，同樣做不出歐布里昂堡的香氣。但至少安妮的系統並未標榜化學詞彙那樣的明確性。

我和摩根一起盲飲時，總是最喜歡那些讓我迷失在故事裡的形容詞。與其說是比喻，其實更像是場景：不可能發生的、想像中的夢幻場景，雖然很古怪（也很主觀），卻比「香草」或「內酯」更能喚起記憶。這不是能向顧客轉述的品酒筆記，也不能用於考試，卻是侍酒師記住酒款的方式。摩根想出最精采的品酒筆記：

「剛剛從核子反應爐之類的地方走出來的綠巨人浩克」：澳洲希哈。

「男芭蕾舞者」：內比歐露。

「中央公園南街，」排著一列馬車的大道，總是飄著獨特的馬糞味：波爾多。

「都市的垃圾」：難喝的、熱帶氣候的夏多內。

（摩根寄給我一封四百字的電郵說明這個詞。細節我就不說了，但是他提到「生理學上過熟的水果」。）

「高跟鞋的鞋跟把這味道從我的舌頭上踢走，但是糖分在其他地方蓋上一條喀什米爾羊毛毯」：略乾的德國麗絲玲。

「該死的刮鬍刀片」：奧地利麗絲玲。

最令人難忘也最尖銳的評論，是一位侍酒師解釋自己如何在盲飲時猜對皮諾塔吉葡萄酒（Pinotage）：「以下是非官方說法，因為你真的不能在公開場合這麼說，這味道讓人想起海地頸圈酷刑，就是把泡過汽油的輪胎套在某個人的脖子上，然後把輪胎點燃。」

知道有人在推動品酒筆記的核實，以免內容愈來愈怪誕，這令我感到安心。但是看見有更客觀的方式能用來評析葡萄酒的香氣之後，不知為何，我反而願意接受荒謬的葡萄酒詞彙了。最好的方式是……一網打盡。我每一種方式都想用。我渴望使用分析的、客觀的詞彙，幫助我理解酒杯裡的化學物質。這使我保持誠實，也能阻止酒評家把華麗的行銷術語偽裝成客觀描述。這種方法讓葡萄酒回歸到形塑葡萄酒的各個過程與決定，為記憶提供更具體的樣貌。有天晚上，我和摩根在一場風暴結束後走到街上。「有春天的味道，」我說。他聞了聞，然後沉默了一下。「是潮土油（petrichor）的味道，」他終於開口。潮土油，雨後土壤散發的氣味，字源是希臘語的「*petros*」以及「*ichor*」，前者意指石頭，後者指在諸神血管裡流動的仙界液體。這樣的明確性把這個時刻，以及這個氣味，烙印在我的腦海中。

我也想要使用更具創意的詞彙。用科學詞彙，或甚至用安妮的詞彙，幾乎每一杯酒都有可能聽起來一模一樣。紅色果實、藍色果實、黑色果實、燉煮過的果實。摩根的狂野描述使我對葡萄酒產生渴望。雖然喚回記憶的品酒筆記比較不嚴格，卻可能更加準確。味覺與嗅覺都是主觀經驗，透過比喻和詩意的描述，通常更加貼近我的品酒個人經驗。嚴格說來，白梢楠通常會有烤蘋果、哈密瓜、薑跟濕稻草的氣味。但對我個人而言，我之所以認得它，是因為聞一下就想起含著鳳梨的濕綿羊。在機場碰到一位汗水淋漓的法國男人，這味道表示這杯酒大概是波爾多。我爺爺的古龍水，刺鼻，帶點薄荷味，我知道這是卡本內弗朗。我的童年度假回憶：秋天、潮溼的樹葉、泥土，這是黑皮諾。

文字很重要，但我想起安妮跟荷比告訴我的話。最重要的是全神貫注。我放下車窗，讓冷冽的空氣打在臉上。我的頭髮從四面八方鞭打我。

離開酒鄉、返回舊金山的路上，我聞到西洋杉的木頭味，想起跟同學一起參加學校在俄勒岡山區舉辦（討厭又潮溼）的露營時，被迫生營火的事。然後是乾草。安德魯谷（Andrew Valley）是煙燻味。農地消失後，開始飄來煮飯的味道。聖拉斐爾（San Raphael）聞起來像糖醋雞丁。拉克斯珀（Larkspur）是馬鈴薯跟迷迭香丟在一起煮。穆爾伍茲（Muir Woods）是大自然的最後一擊：樹脂松木與常綠樹，苔蘚，些微的鞋油味。我還沒看到舊金山的路標，就已聞到鹹鹹的海風，混合著清潔劑濃厚的皂味跟大蒜味。這時我才發現，我這一整路都沒有打開收音機。我忙著聆聽別的東西。

CHAPTER

9

粉墨登場

The Performance

既然我終於掌握了討論葡萄酒的正確詞彙，我當然很想大顯身手向別人推薦葡萄酒。但要是你覺得紐約市最熱門的餐廳很難訂位，其實在那裡求職才是難如登天。最好的餐廳（幾乎就是每一家有侍酒師的餐廳）招聘侍酒師時，都遵循一個極為糟糕的矛盾原則：你必須曾經在紐約市工作過，才能在紐約市找到工作。在你自吹自擂完自己的外場經驗之後，面試官一定會問你：「但是你有沒有在紐約市工作過？」大部分服務業專業人士都是靠說謊來繞過這條死胡同。摩根也是這樣找到他的第一份侍酒師工作。「這是我不殺人，就只能被殺的局面，」他說。我對於美化履歷這件事沒什麼道德包袱。問題是，我沒有用來美化的材料。

我若想以侍酒師身分在外場工作，最大的機會（好吧，其實是唯一的機會）就是通過侍酒師認證考試。最初，我把準備考試當成接受侍酒師訓練與取得侍酒師信任的方法，因為我打算藉此打進他們的圈子。其實參加考試能幫我評估這些訓練是否提升了我的程度，讓我不再是一竅不通。但是漸漸地，我希望協會的認證是使我更加認識葡萄酒的一塊關鍵墊腳石。只是達成目標的一種手段，認證本身並非我的目的。摩根和他的朋友之所以如此注重味蕾健康，或是記住席米爾卡門河谷（Similkameen River Valley）有哪些內谷亞帶，不是單純為了個人的啟發，而是因為這些練習與剝奪，能幫助他們以更高層次來照顧客人的味蕾。我認為，我學習了這麼多葡萄酒與感官的知識之後，終極考驗將是我能否運用這些知識，說服其他人相信我體驗到的這些感受。除此之外，我聽他們討論工作上的焦慮、壓力跟快樂已經好幾個月了，我非常渴望試試身手。

幾個星期後，我將參加協會的初級測驗（Introductory Exam），通過這場筆試才有資格參加認證考試。假設我通過初級測驗，那麼幾個星期後就得參加認證考試（因為競爭激烈，所以我相當樂觀地兩場考試都報了名）。

認證考試最令我擔心的項目是侍酒測驗。除了在頂尖侍酒師比賽擔任評審、在馬睿亞餐廳實習，以及私底下在同業公會的網站觀看侍酒流程的影片之外，我看過侍酒師示範侍酒步驟非常多次，我相信我已完全掌握。還有，認證考試的考場不可以是我第一次在有觀眾的情況之下開香檳。考慮到幾乎不會有餐廳允許來路不明的作家為他們的ＰＸ侍酒，我必須另外設法練習為真正的現場觀眾提供正式服務，因此我決定仿效其他侍酒師準備考試的方法：參加比賽。

○ ○ ○

摩根的大師級侍酒師考試還有兩個月，所以他決定把握時間參加青年侍酒師比賽（Young Sommeliers Competition），這是美國國內歷史最悠久侍酒師比賽。這個每年一度的比賽主辦單位是法國國際美食協會（Chaîne des Rôtisseurs），它是由美食家組成的國際兄弟會，起源可追溯到十三世紀的法國以及皇家燒鵝廚師同業公會（Royal Guild of Goose Roasters）。這或許能解釋為什麼美食協會的會員每次出席自家活動時，脖子上總是繫著緞帶（顏色因位階而異），身上掛滿動章，而且都用法式頭銜稱呼彼此，例如「*confrère*」（同志）與「*bailli*」（長官）（侍酒師對盛大場面的觀察總是敏銳，他們當然不會放棄為美食協會取綽號的機會。他們都叫它「老富白兄弟會」）。美食協會的會員對餐飲和服務的品質要求很高，對他們來說，青年侍酒師比賽是讓他們常去的高級餐廳維持高水準的一種方法。對摩根來說，這是在緊張刺激的計時比賽中複習侍酒技巧的機會，而且這場比賽要求他達到協會最正式的侍酒標準。聽起來完全符合我的需求。

跟頂尖侍酒師比賽一樣，摩根通過了線上測驗，進入美食協會的準決賽。從我的角度看來，線上測驗的題目大部分都難得不得了，例如「線籃（muselet）是什麼？」（甘藍的表弟嗎？）[1]還有「誰是香檳查理？」（愛開派對的人？）我沒趕上比賽的報名期限，但是我用花言巧語說服美食協會的葡萄酒活動主辦人葛蘭・艾詹森（Grand Echanson）讓我參加準決賽，測驗項目包括盲飲、理論與侍酒。

準決賽將在大學俱樂部舉辦，這個私人俱樂部已有一百五十年歷史，位於曼哈頓中城區，是一棟氣勢恢宏、高雅如宮殿般的建築，過了大廳之後就禁止使用手機。女士直到一

1 線籃是固定香檳瓶蓋的金屬絲網，以免瓶塞噴飛。

九八七年才獲准入會，但至今依然不准使用俱樂部裡唯一的游泳池（男會員喜歡裸泳）。比賽當天我穿了西裝外套、配戴珍珠首飾，就是在馬睿亞實習時經過維多莉亞批准的那一套裝扮。我不想冒任何風險。葛蘭．艾詹森提醒我，評分會從檢視我的服裝跟指甲開始。「想像自己是牡蠣，評審是海牛跟木匠，」他在電郵中寫道。看到這句話我異常擔心，因為在路易斯．卡羅的詩裡，最後海牛跟木匠吃光了（跟隨他們的）牡蠣。[2]

評審在一個不對外公開的房間裡等我，這裡依然有濃濃的飯後雪茄氣味。四位評審都身穿精緻的西裝和領帶。我不知道他們對我的裝扮是否有意見，因為他們沒說。這幾位將在我的侍酒測驗中扮演賓客的同志圍坐在桌旁，桌上放著水杯與評分表。葛蘭．艾詹森說我可以開始了。

就算我還沒學會安靜地打開香檳瓶塞，你或許以為我至少可以正常地繞著餐桌行走，而不是方向變來變去亂走一通。那你就錯了。我走到距離評審只有幾英呎遠的時候，突然發現自己即將逆時針繞行餐桌，所以我趕緊身子一歪轉到右邊改變航向，再腳步蹣跚地走回左邊，而此時我才想起我原本的繞行方向一直是順時針。我在一位評審旁邊停下腳步（不對！錯了！他不是主人！），然後側向跳了幾步靠近葛蘭．艾詹森（可惡，又逆時針了）。於此同時，評審把頭轉來轉去以便追蹤我的位置，以及請我推薦適合搭配前菜的酒款：丹吉內斯蟹佐小香菇、小茴香、紅葉芥菜與龍蝦奶油醬。

「當然，」我充滿熱情地說。我用興奮的口吻介紹一款西班牙卡瓦氣泡酒，這家酒廠叫做……叫做……到底叫什麼名字啊？「我得參考一下酒單，」我向他們道歉。摩根告訴我，美食協會喜歡侍酒師努力賣酒。我應該介紹一下這款酒有細緻的氣泡、家傳三代的釀酒師等等等等。但我說出口的卻是：「它的口感略為爽脆，但也帶有酵母自我溶解的風味，跟搭配龍蝦的奶油麵包很像。」

「酵母自我溶解……這是化學課嗎？」一位評審說。

沒錯，先生，我說話就是這麼機車，我想告訴他。

這是不應該對賓客使用化學詞彙的完美範例。「那是釀造香檳的過程中，死掉的酵母產生的風味，」我提出解釋。

評審臉部抽搐。我也臉部抽搐。死掉的酵母？你真的說了這個，比昂卡？

「嗯，」一位評審說。

嗯，我也在心裡對自己說。

問題源源不絕。**不要捏造事實，**摩根提醒過我。我用優雅的侍酒師語調，輪著說出幾個包裝精美但意思是「老娘不知道」的句子。「我不想瞎猜，但我相信這款蒙特貝羅（Monte Bello）是波爾多混釀。」還有「我很樂意找飲品經理確認答案。」或是「這真是個好問題。請容我花點時間查閱參考資料之後，再為您解答。」在對他們點的酒缺乏了解的情況下，我只要不知道該說什麼就一直丟出「鮮味」這個詞，摩根的愛用詞彙。「這款布根地的黑皮諾有一種鮮味的深度，跟肉味的特質相輔相成，不過你們即將享用的松子燉飯也帶有不

2《海牛與木匠》（*The Walrus and the Carpenter*）是路易斯・卡羅（Lewis Carroll）在《愛麗絲鏡中奇遇》（*Through the Looking-Glass*）寫的一首敘事詩。

錯的鮮味，不如喝夏多內怎麼樣？」我的聲音像個病人。我忘了擦拭酒杯，也忘了送上瓶塞。我把香檳灑在桌上。我在他們的烤麵包正上方開口說話。我對基本的問題露出呆滯神情，例如「一九八二年是波爾多的好年分嗎？」，這個問題的難易度相當於「一七七六年北美洲發生了什麼事？」

「她的表現就像是『我的老天，這到底是什麼地方？』」我轉身的時候，聽見其中一位評審這麼說。顯然，評審對我的看法和我自己一樣。

侍酒測驗的最後一個考題，是幫一瓶老紅酒換瓶醒酒。在摩根的建議下，我背熟了一份想像中的酒單，這樣才有酒款可以推薦給評審，再搭配每一家酒廠精采的介紹詞令。時間不多了，而我的虛擬酒單上只有一款紅酒來自法國：金玫瑰莊園（Château Gruaud-Larose），波爾多前五級六十一家酒廠的其中一家。

四位男士的最後一瓶酒想喝什麼呢？葛蘭·艾詹森想喝一支一九八六年的金玫瑰莊園。

我簡直不敢相信自己如此幸運。情況終於要好轉了。

我把換瓶醒酒要用的器具準備好，用有輪子的小桌推到餐桌旁，在葛蘭·艾詹森手肘右側停下小桌。我拿出一根蠟燭，點燃；醒酒器；兩塊餐巾，三個杯墊；當然，還有葡萄酒，它斜躺在銀色籃子裡，我非常用心地蓋了一塊白色餐巾在上面。萬事俱備。

「這支金玫瑰莊園是哪裡的酒？」扮演無知賓客的評審問道。

「聖朱里安（Saint-Julien），」我說。輕鬆達陣。他看起來很驚訝。

我一邊準備開瓶，一邊把這支酒的相關資訊編織成一個小故事。我說它來自二級園，是波爾多相當出色的酒廠。酒莊很美，跟歐貝力波哈酒莊（Château Haut-Bages-Libéral）是同一個主人。整個波爾多只有這家酒廠擁有冰雹砲（hail cannon）！[3]大家的心情似乎都放鬆了。

我站在斜躺的酒瓶前拿出開瓶器。刀刃在瓶口流暢又快速地劃了一次，再一次。太棒了。喬．坎帕內爾肯定為我感到驕傲。我把螺絲錐插進瓶塞，位置是正中央。很好。我充滿自信，不斷閒聊。從測驗開始到現在，評審終於露出開心的樣子。棒呆了。

我把開瓶器支點的金屬邊緣靠在瓶口上，一邊慢慢地把瓶塞往上拉，一邊聊著卡本內蘇維濃混釀酒的單寧口感。我沒有多想瓶塞為什麼滲出濕意。然後，只聽見濕潤的「啵」一聲。

我的第一個念頭是，我遭到槍擊。我的第二個念頭是，我寧願我遭到槍擊。

酒瓶裡噴發出來的卡本內紅酒，如雨水般灑在評審身上。紅酒從桌面滴落，也從我的臉和酒杯邊緣滴落。白色桌布染上紅色酒漬。腳下的地毯也是。我是葛蘭．艾詹森的人肉盾牌，紅酒潑濺在我的白襯衫上。我簡直被紅酒浸濕，胸口猶如冒出鮮血。

到了這種地步，掩飾真相已毫無意義，評審也不打算這麼做。其中一位評審也是大師級侍酒師，他認為酒評家為葡萄酒評分的制度最適合用來評量我的表現。

「葡萄酒比賽裡，每一種品質都有不同的定義，」他說。「有金牌、銀牌、銅牌。品質稍微差一點的就拿不到獎牌。有一種品質是每一位葡萄酒評審都很熟悉的，叫做

3 冰雹砲是一種震波產生器，可對大氣層釋放震波，破壞冰雹的形成。

DNPIM。你知道是什麼意思嗎？」我搖搖頭。「它的意思是『不要放進嘴裡。』（do not put in mouth）」

我發現，我屬於這種品質。我是人類版的DNPIM。

○ ○ ○

雖然我的桌邊服務可能令人胃口盡失，但是我的盲飲技巧屬於前段班。美食協會的評審覺得我的盲飲表現優秀得不真實。「我很驚訝你的侍酒表現沒有那麼好、那麼洗煉。因為你的盲飲表現令人印象深刻，」比賽結束後，一位評審告訴我。

我自己沒有那麼驚訝。侍酒師的感受力一直是我最感興趣的領域，至於我的侍酒技術，真的就是那麼糟。我提不起勁去學習一套龐雜的規則，因為這套規則似乎只有一個存在目的，就是要求侍酒師遵循一套龐雜的規則。

但是我必須通過考試，所以我盡責地接受侍酒師的建議，在家裡加倍練習侍酒步驟。我像個舉辦成年人茶會的精神病患，搖搖晃晃地端著砧板（我家最像托盤的東西）在餐桌旁走來走去，拿著便宜的普羅賽柯氣泡酒為空蕩蕩的椅子倒酒，並且假裝回答它們對調酒原料或香檳年分提出的問題。我練習了一遍又一遍，擦拭酒杯、讓客人看酒標、倒酒、酒不小心灑出來、酒濺到桌上，最後在地面上變得黏黏的。「我非常抱歉，」我對空椅子說，「我願意負責乾洗費用，請不要客氣。」麥特回家之後，就由他來假扮賓客。我很快就發現，還是空椅子比較好，它們不會給我臉色看，而且只會問我知道答案的問題。「這款酒帶有豐富的堅果味（nuttiness），」我讓麥特看酒瓶上的酒標。他大翻白眼。「我看是你腦袋不正常吧。」[4]

但這樣的練習感覺還是不夠。我只是在建立侍酒服務的肌肉記憶，沒有任何情緒上的理解。擔任頂尖侍酒師比賽評審的時候，我親眼看過第一流的服務；在馬睿亞餐廳實習的時候，我見識到外場的真實壓力。透過這兩次經驗，我認識了服務的「步驟」。但是「原因」比較難以捉摸。只要我確實把酒倒進酒杯裡，真的有人在意我是從他們的右邊倒酒，而不是從左邊嗎？我想知道正式的餐廳侍酒步驟背後的基本邏輯。就像演員說的，我的動機是什麼？為什麼這些步驟如此重要？

○ ○ ○

摩根聽了我在比賽中發生的慘劇之後，想辦法幫我在歐瑞奧餐廳安排跟著他實習的機會。他正在為他自己的侍酒測驗做準備，他的大師級侍酒師考試還有兩個測驗要通過，這是其中之一。我想他應該是認為，幫助我也能順便複習。無論如何，我心懷感激。我可以跟著他在外場的午餐和晚餐時段實習一週。我們談到讓我開瓶跟倒酒，看來在歐瑞奧餐廳

4 nuttiness 亦有「瘋狂、痴傻」的意思。

實習，應該會比在馬睿亞餐廳有更多的練習機會。此外，維多莉亞非常公事公辦，而摩根則是有一種哲學氣質。若有人能說明龐雜的侍酒傳統，我敢說摩根是不二人選。就如同他在我們的第一封電郵裡所提到的，他「經常針對這個主題思考與書寫，想確定為什麼我所做的事在文化上與社會上具有重要性」。

「我必須先處理水的問題，」實習的第一天，他一見到我就說了這件事。「當務之急是我們沒水。」

有人忘了訂購聖沛黎洛氣泡水，摩根陷入慌亂，因為他不知道晚餐前氣泡水會不會送來。我跟著他走上陡峭的階梯，來到歐瑞奧餐廳分為三個空間的酒窖，這裡的溫度設定在攝氏十二度左右，同時也是葡萄酒團隊的辦公室。其中一張辦公桌旁有一張畫素很粗的男性肖像。我一開始以為那是一張通緝犯的海報。確實如此。底下的說明寫的是：「《紐約時報》餐廳評論家，彼得・威爾斯（Pete Wells）。」餐廳的工作人員對評論家保持高度警戒。兩層樓底下的廚房入口也貼了十幾張大頭照，並且列出每一位評論家的餐飲偏好。《Vogue》雜誌的傑佛瑞・斯坦葛頓（Jeffrey Steingarten）：「喜歡：薯條。不喜歡：朝鮮薊、印度餐廳的甜點、藍色的食物（除了藍莓）、韓國泡菜。」我很難想像歐瑞奧餐廳料理雉雞、牛排和緬因龍蝦的「創新美式」廚房，會端出印度餐廳的甜點來激怒斯坦葛頓先生。保持警戒就是最好的防禦，我想。

就像同年分的人類一樣，三十歲的歐瑞奧餐廳漸漸不再注重酷炫或流行，開始注重安定與穩定的收入。做為劇院區的指標餐廳，顧客群除了附近辦公大樓裡律師之外，也包括想在紐約市度過奢華夜晚的外地夫妻。菜單跟椅子都是皮革材質，品嘗菜單的價格每人一百二十五美元起跳，柔和的爵士樂以有格調的音量播放。加州、布根地與波爾多是酒單上的大宗，肥肝全年供應。上一回獲得《紐約時報》專題評論是在七年前，歐瑞奧餐廳被形容為「拉斯維加斯的活動餐廳直接空運曼哈頓」。

摩根和我匆忙上樓到酒窖取酒，幫吧台補貨。我抓住酒瓶的頸部拿起一支酒。摩根露出痛苦的表情。「在外場工作時，要對產品表達尊重，」他發出懇求。他把那支酒放進我的肘彎，讓我像抱著嬰兒一樣抱著它。

午餐時段的第一組客人是包廂裡的商業聚餐。摩根大步走進包廂，照顧這組即將上菜的客人。我算了一下座位，看看有多少人不喝酒。

「不要用手指，」摩根悄聲說。

我把手臂交叉在胸前。

「不要把手臂交叉在胸前！」

我雙掌撐在身後的侍酒站上，身體微向後靠。

「不要向後靠！」

摩根讓我拿酒、開瓶和侍酒的時候，都會說明侍酒師禮儀的基本邏輯。有些作法聽起來還是沒什麼道理。例如我不應該「背手」對著賓客（倒酒時，用手背對著客人的臉），永遠都是手掌對著客人的臉。為什麼？「這跟聖經有關，」摩根態度堅定，「這是一種信任的行為。你不用手背對著別人，因為你的手裡沒有藏著東西。」

其他步驟聽起來挺有邏輯。我們開香檳的時候，摩根俐落地切開並移除金屬箔，就跟其他葡萄酒一樣，然後他拿一塊摺好的餐巾蓋住瓶口。他要我用左手握住餐巾跟瓶口，拇指壓在瓶塞上。瓶塞上覆蓋著金屬線籃（原來這個就是線籃！），他要我用右手旋轉線籃上的金屬線圈，轉六次剛好可以轉開。從這一刻開始，我的左手拇指絕對不能離開線籃，他提醒我。在認證考試的時候，此時拇指離開線籃就自動出局。在現實生活中，可能會危害周遭每個人的生命與四肢。沒想到香檳的瓶塞居然是一種社會威脅。瓶塞會以每小時二十五英哩的速度從瓶口噴出，曾經有人因此瘀傷、撞傷、甚至弄瞎了眼。（有一份研究以「瓶塞眼傷」（bottle-cork eye injuries）為主題，這是瓶塞擊中眼窩的正式術語，而這份研究非常嚴肅地表示：「瓶塞眼傷的病例似乎在跨年的時候數量較多。」）這個官方的、協會認可的作法，目的是為了確定沒有人會在吃生和牛肉片時遭到暗殺。就如我剛才說過的，符合邏輯。為了安全移除瓶塞，我用右手扶住瓶底，使瓶身微微傾斜，然後來回旋轉瓶底，使左手壓住的瓶塞慢慢鬆開。

一切愈來愈合乎邏輯了。每一位服務人員都順時針繞行餐桌，才不會不小心撞到彼此。桌上放著杯墊，讓服務生知道這桌客人已經點了酒。瓶塞放在杯墊上，潮溼的瓶塞就不會弄髒桌面，而且有些客人喜歡觀察瓶塞來了解葡萄酒的陳放狀況（脆脆的瓶塞，或是濕透的的瓶塞，都表示氧會經滲入酒瓶，破壞了葡萄酒）。酒杯放在盤子的右方，因為大部分的人都是右撇子。只能碰杯腳，因為觸摸杯身會留下指紋，並且導致杯身溫度升高，影響裡面的酒。侍酒師開瓶前與開瓶後都要擦拭瓶口，確定不會有瓶子外面的黴菌或碎屑汙染葡萄酒。他們擦拭從冰桶裡拿出來的酒瓶瓶底，不讓水滴到客人身上。他們把老酒放在換瓶醒酒的籃子裡，使瓶身維持存放時的水平角度，以免攪動了沉澱物，倒進客人的酒杯裡。換瓶醒酒之後，他們以吸氣的方式熄滅蠟燭，而不是吹氣，這樣蠟燭的煙才不會汙染酒的香氣。

在摩根遵循的步驟之中，這些有實際考量的作法只佔一小部分。我發現了一些無法解釋的新作法。摩根是堅守規則的人，我們值晚班時，他不斷注意到「未達服務標準」的事情。三十號桌的男士在女伴抵達前點了海尼根，服務生卻給他上了女伴的葡萄酒。希哈使用的酒杯變來變去。服務生應該問「用完了嗎？」而不是「可以為您收盤子嗎？」他們為客人介紹「特色菜」，而不是「菜單以外的品項」。他非常受不了歐瑞奧餐廳在客人點了調酒之後，還繼續把酒杯留在餐桌上，用來提醒客人或許可以點一瓶酒。他對於同一桌的主菜沒有同一秒上桌感到不以為然。還有推進用餐區的餐桌數量。整個用餐區的動向也有問題，害他不得不背對賓客。他嘀咕地說尚．喬治絕對不會發生這種事，這不是我第一次聽他這麼說。

對摩根來說，這些品質上的妥協類似拿永恆的靈魂跟魔鬼交易。「就像浮士德一樣，」他發出抗議。他在角落的卡座收拾盤子時，被迫用手背對著六位賓客中的其中兩位。「我想用手掌對著他，但是我必須把手伸得很裡面。我沒辦法把盤子遞給左手，但是我必須先幫坐在裡面的人收拾才行。」

我的視線越過他，看見他的上司凱莉（Carrie）正在跟一桌熟客聊天。她的一邊膝蓋抵著固定式沙發座，一條手臂垂掛在沙發頂端，身體還靠在皮製椅背上。我決定不要告訴摩根這件事比較好。

摩根與客人互動的時候，十分注重身體與四肢的位置。絕對不會做錯誤的動作。每當他伸出手臂幫助別人時，一定是優雅、充滿自信的弧度。他走路時抬頭挺胸，這是承襲自尚・喬治的習慣。每晚開工前，領班會糾正服務人員的儀態。抬頭挺胸的目的是展現自信，餐廳主管相信這樣能說服賓客多花一點錢。我突然發現自己經常抖腳、揮手、摸頭髮、身體向後傾斜。我想起摩根會叫我去做一種瑜珈，以便提升每一個動作的「輕快程度與身體的專注力」。他保證做瑜珈有助於「關注身旁的人，也關注身體裡的自己」。

○ ○ ○

有些惹惱摩根的服務疏忽，其實也跟歐瑞奧餐廳的標準相牴觸，但大部分都違反了摩根自己的行為準則。摩根的行為準則深受協會的準則影響，但是又更上一層樓，達到極為嚴格的境界。例如，當客人禮貌地問：「你好嗎？」摩根會用完整的句子認真答覆。「我今晚非常好，謝謝。」他認為回答時多用點心，不要丟出制式回應，可以提醒客人對方也是活生生的人，並且幫助客人融入當下。「這使你變成有血有肉的人，而不是機器人，」他說，「上一次有人說『喔，我們不可以一步一步地在錯誤中度過人生』是什麼時候？」

摩根有非常崇高的想法，那就是透過葡萄酒建立人類之間的情感。在隔天晚上開工前的例會上，可以明顯地發現摩根覺得重要的，歐瑞奧的其他同事不一定如此認為。

歐瑞奧餐廳的葡萄酒總監凱莉一如往常勉勵大家，提醒大家注意幾個基本的服務原則。都是摩根絕對不會犯的錯誤。她懇請員工一定要「擁抱」賓客，還有永遠不能用手背對著賓客。「我們要扮演賓客的手臂，讓他們無須自己伸手。」

在提醒大家切記一定要把食物送到正確的桌號之後，剩下的半小時說的都是銷售。凱莉考服務生歐瑞奧餐廳提供哪些單杯葡萄酒，要他們模仿對賓客說話的語氣背誦品酒筆記。她覺得只要一、兩個簡單的形容詞就夠了，例如「乾燥的花朵」或是「中等酸度」。但是摩根在每一款酒介紹完之後，都插嘴詳細說明細微差異。這款瑪索利諾酒莊（Massolino）「以帶鹹味的花香為主軸」。碧約酒莊（J.M. Boillot）有「多一點吐司麵包味，一種營火、烤榛果、烤栗子的感覺。」「進口這款酒的人是葡萄園品牌公司（Vineyard Brands）的老闆，我覺得這件事滿有趣的，值得一提，」摩根說。在場顯然沒有人同意他對「有趣」的定義。

「有人知道我為什麼特地挑這三款酒出來考試嗎？」凱莉問道，她試著把話題拉回來。「因為這三款酒賣得很差，」她語帶責備。

摩根再度插嘴。他對這件事也有看法。「各位，對任何人來說，一杯三十美元和五十美元的葡萄酒都算很貴。我認為你們應該問自己的問題是：為什麼有人願意花這個錢？」他說。「這是一款十一年的葡萄酒。這種酒有一種華麗、奢侈、強烈的感覺，是酒單上其他酒款無法提供的。有人不想要這種華麗、奢侈、強烈的感受嗎？我知道我想要。我不一定總是買得起……但是當我想要寵愛自己的時候，我願意花這個錢。」

凱莉回到正題上，彷彿剛才根本沒聽到摩根說話。「至於甜點酒，就算客人沒點甜點，你也可以說：『要不要來杯甜點酒代替甜點？』」

她宣布要來一場業績競賽，誰能累積最多完美桌數就獲勝。一桌完美的客人會點調酒（「應該是開胃酒，」摩根說。）、一瓶葡萄酒和一瓶甜點酒。優勝者將得到一支馬格南瓶的香檳。「這是你們的業績，你們的獎金。盡力提高業績，就一定能獲得獎金，」凱莉說。我有點懷疑她的這段話是模仿電影《大亨遊戲》（*Glengarry Glen Ross*）裡的台詞：「第二名的獎品是一組牛排刀。第三名的獎品是回家吃自己。」

餐廳的客人早就懷疑餐廳的服務人員會耍這種陰謀詭計。這種認為侍酒師一定會從獵物身上大撈一筆的疑心病（與刻板印象），至少從室內電力開始供應以來就已存在，導致世人恐懼和懷疑像摩根這樣的人。在一份一八八七年的餐廳評論中，《紐約時報》的美食評論家輕蔑地說，某一家巴黎餐館雖然「可以批評的地方很多」，但是「最值得批評的」是必須「限制侍酒師推薦特定酒款的權力，因為我們可以合理推測他收取佣金」。一九二一年，有位記者對美國的侍酒師人數增加感到焦慮不安（而且還是禁酒令的年代），於是他決定利用《紐約時報》召集國人一同對抗這群危險份子：

> 這篇文章……有一個慎重而堅決的希望，那就是把一個賺取薪水的行業徹底消除。筆者堅信，若不將這群人踢出目前的行業，逼迫他們另尋其他謀生之道，這種邪惡的風氣將會從歐洲擴散至美國，在全美舉國上下都努力量入為出的此時，這種風氣將帶

來全新的艱鉅阻礙。這種行業是巴黎高級餐廳裡一種奇特的員工，叫做「侍酒師」。

此文作者並未阻擋侍酒師大舉入侵。但是他沒說錯，因為摩根每天都在餐廳為兩位老闆效勞：歐瑞奧和歐瑞奧的顧客。這兩位老闆都希望賓客能帶著笑容離開。但正如我在馬睿亞看到的情況一樣，歐瑞奧餐廳並不介意在服務過程中盡量鼓勵客人花錢，而這通常不是人們外出用餐時的主要目的。儘管摩根常說要尋找能幫人重新定義宇宙定位的葡萄酒，但他也必須考慮自己對餐廳的責任（酒水的利潤高於食物），以及對其他員工的責任（小費另計）。（歐瑞奧的外場服務生年薪在六萬到六萬五千美元之間，內場服務生是四萬兩千到四萬八千美元之間，送菜員是五萬五千美元到六萬美元之間，以上數字是最低時薪的總計，小費另計。歐瑞奧的小費高於大多數餐廳，因為價格本來就比較貴。摩根領取的小費比例較高，他的年薪約為七萬美元，比在尚．喬治的六位數年薪少了很多。）

摩根用服務來彌補兩位老闆之間的差異。他絕對不會逼客人超出預算，但是他也不能欺騙餐廳。為了讓酒客有心情喝特別的酒款，以及讓他們覺得這款酒真的很特別，他會努力用最好的方式照顧每桌客人。如果他用優雅的態度使這個夜晚變得美好，他服務的老百姓或許也會想要做同樣的事。也許他們會點一瓶酒，而不是一杯酒。或是不點普通的奇揚替，改點精選古典奇揚替（Chianti Classico Gran Selezione）。

幸好人類擁有多重感官，摩根的用心甚至也能提升葡萄酒的風味。直覺告訴我們這件事是真的，但實驗室也曾測量出實際效果。牛津大學做過一項研究，查爾斯．史賓斯是這項研究的共同作者。他們讓受試者吃一份拌好的沙拉，有兩種擺盤方式，一種是放在盤子的中心位置，另一種擺盤充滿藝術感，猶如康丁斯基（Kandinsky）的畫作，香菇以正確的角度對準胡蘿蔔絲，柳橙沙拉醬滴出不對稱的小圓點。受試者認為第二盤沙拉比較好吃，也願意花更多錢吃這盤沙拉。摩根擁有改變葡萄酒風味的力量。他或許更像是釀酒師，只是他不知道。

○　○　○

在某種程度上，我還沒完全理解前一天晚上的情況。摩根以相同的高標準仔細檢視客人的行為，就像他仔細檢視自己與同事的行為一樣。看到沒有以他心目中適當的方式遵守高級餐飲禮儀的人，他似乎相當痛苦。「那傢伙居然在嚼口香糖。用餐前吃口香糖真是太棒了，」他挖苦地說。「你看十四號桌，」他輕聲說，「這是用裝飾主盤當麵包盤的典型範例。」看到有人把裝飾主盤當杯墊用時，他痛苦呻吟。他對客人從頭到尾都喝調酒感到困惑：「錯誤的搭配！」揮手召喚服務生的客人，以及在用餐區穿著外套的客人，都令他感到惱怒。他說丹尼爾·布呂曾說明外套寄存的重要性：「我們請客人寄存外套，不是因為我們想偷你的外套，說不定是因為你不該在用餐區穿著外套。」把西裝外套脫掉的男士令他惱火。「如果是在尚·喬治，他們一定會請你把西裝外套穿回去。」他面有懼色地看著一張六人桌喝一支厚重的希哈配生魚，這是一款「有個性、色澤偏黑、桶味重、令人難忘的酒」。

「那就是摩根的煉獄，」他說，「一款像是浸泡了牛肉乾的黑色奶昔。我的老天，他們居然吃鮪魚。那就是摩根．哈利斯的第七層地獄，那裡的人永遠都在做這件事。喝胖傑克酒莊（PlumpJack）的希哈配生鮪魚。」

摩根的心目中有一套正確的標準，包含侍酒師的服務準則與賓客的行為準則。這些準則的地位超越個人想法。同樣地，客製化與舒適不應該犧牲正確性。尤其是在餐桌上，他希望一切都按照適當的方式處理，要以用餐區的基本價值觀為依歸。每一家餐廳都是一個獨特的文化系統。這裡不是餵食客人的飼料槽，所以不該出現飼料槽的行為。

「我對餐廳充滿浪漫的想法，」摩根承認，「我喜歡那種用餐經驗，老派的作法，一切都井然有序。那是我們不習慣的樂趣。」他哀嘆加州休閒風盛行，球鞋取代皮鞋（「請讓我永遠自重自愛，如果我費心穿上西裝，腳上就不會穿慢跑鞋，」他後來在推特上寫道）。摩根會穿帽T來參加盲飲會，但工作時對外表非常講究。那天晚上，他穿著閃亮的棕色皮鞋，緊身剪裁的灰色西裝，小圓點口袋方巾，搭配小圓點襪子跟領帶。

摩根對終極用餐經驗可能的模樣，或是該有的模樣，有一套自己的想法。如果他自己無法達到標準，他會覺得對不起客人。但有時候阻礙他的是客人。看到想要自己收盤子的客人，或是把裝飾主盤遞給服務生的客人，他會搖頭嘆息。他希望客人把服務交給他。「你才是接受服務的對象。」

有時候，客人也會阻礙自己。「我覺得自己好像自動販賣機，」他低聲抱怨，因為客人自己做了決定，沒有請他幫忙就直接選了酒單上的某一款酒。有些客人會這麼做，是因為他們知道自己想喝什麼，但有些客人似乎只是覺得讓人服務很不好意思或很彆扭。矛盾的是，不依賴摩根也不問他問題的客人，反而最令他不開心。「你的餐費裡包含我的服務！」他對我發出抗議，在客人差一點就能聽見的距離。這對年輕夫妻沒有先問他，就選了一支他覺得不適合的白蘇維濃。他可以建議更便宜也更好喝的酒。

根據我和侍酒師外出用餐的經驗，我發現無論他們的知識有多豐富，在有侍酒師的餐廳裡，他們通常會把決定權完全交給對方。除非他們看見一款無論如何都想喝的酒，否則他們只會提供兩種資訊：一、預算，二、酒的風格（可能範圍很大，例如「舊世界，沒使用橡木桶，帶鹹味」；或是吹毛求疵的「我上星期喝了歌柏堡酒莊（Schloss Gobelsburg）的綠維特利納白酒，非常喜歡。你們有類似的酒嗎？」）他們讓最了解餐廳酒單的侍酒師擔任嚮導。

摩根和我站在米其林星級餐廳的用餐區，這家餐廳兩人份的晚餐至少要價兩百美元，還不包括葡萄酒、稅和小費。參加佔領華爾街運動的人如果看一眼這裡的客人，心裡肯定會想：「榨乾這群王八蛋吧。」但是摩根認為，餐廳是世界上最民主的地方，只要付得起，人人都可以享有最好的服務、關注與照顧。但就算已提供最好的服務，摩根依然覺得自己欺騙了客人。他們在這種自己應得的頂級待遇之中受到欺騙。摩根沒有機會提升他們的經驗，或甚至改變他們對葡萄酒的看法。

「餐廳是一個平等的世界。只要能付清帳單，每個人都能得到相同的服務。每個人都受到歡迎……這不是富人專享的服務。你不需要給小費，」摩根說。「對我來說，有人願意把這種經驗放在我手裡，是一件神聖和充滿力量的事。他們今晚在這裡花費兩百美元，但他們得到的服務跟花費四千美元的客人沒有兩樣。」

○○○

聽起來有點理想主義。從我在馬睿亞餐廳觀察到的情況看來，實情並非如此。所有的客人一律平等？在一個有葡萄酒PX與PPX的系統裡，客人之間的平等程度並不相同。有天晚上，一位可能投資歐瑞奧餐廳的客人來用餐，我發現每一道菜都是主廚查理．帕爾默親手呈上。

但在我看完餐廳的演化史之後，我很驚訝地發現摩根的話頗有幾分道理。儘管米其林星級餐廳的晚餐既昂貴又遙不可及，卻真的包含平等主義的精神。

我們所熟悉的現代餐廳，是比較晚近才發展出來的現象。餐廳誕生於法國，時間是貴族開始被送上斷頭台的二十年前。在那之前，「restaurant」（這個字毫無意外來自法語）指的是一種用牛骨髓、洋蔥，或許再加一些火腿皮或歐洲蘿蔔（parsnip）做出來的清燉肉湯。一七〇八年的《通用字典》（*Dictionnaire Universel*）說，這是一種「能使生病或疲勞的人恢復體力的食物或療方」。巴黎人可以去「restaurant」點這道同名清燉肉湯，而且這裡也只賣這樣東西。當時的法國餐飲業者各自屬於約莫二十五個同業公會，公會會員只能各自賣一種特製料理。數百年來，飢餓的美食家想喝清燉肉湯只能去「restaurant」，想吃烤野味只能去

「rôtisseur」（烤肉店），想吃豬肉製品只能去「charcutier」（豬肉鋪），想吃雞肉只能去「poulailler」（雞肉鋪），想大吃一頓食材由廚師決定的工人大餐，只能去「traiteur」（熟食店）。（當時的人民若想知道把這些佳餚（以及更多食物）放在同一張桌上享用是什麼感覺，可以買票進凡爾賽宮，觀賞皇室成員在眾目睽睽之下用餐。這種長達數世紀的傳統叫做「*grand couvert*」（大餐桌」。）嚴格區分湯品、雞肉與完整餐點供應者的作法，在革命人士衝進巴士底監獄之前就開始放鬆。法國舊制度被推翻之後，同業公會也隨之瓦解，貴族的私廚流入大眾市場。到了十九世紀初，手邊有多餘閒錢的人，都可以享受過去專屬於上層階級的餐飲經驗。保羅・路卡斯（Paul Lukacs）在《葡萄酒的發明》（*Inventing Wine*）一書中提到，餐廳是「文化民主化的一種形式」。他說在葡萄酒上尤其明顯，因為過去只有貴族能享用的葡萄酒，現在也流入餐廳的酒窖。在餐廳裡，人人均可享用美酒佳餚。最支持享樂主義的法國人尚－安泰爾姆・布希亞－沙瓦涵（Jean-Anthelme Brillat-Savarin），在他一八二五年的著作《味覺生理學》（*Physiology of Taste*）中寫道，依照他個人的淺見，發明餐廳的人簡直就是「天才」。「只要是花得起十五或二十枚金幣的人，都能在一流餐廳裡坐下，享用跟王子一樣好或甚至更好的食物，」他發出驚嘆。**這就是我一直想要告訴大家的事啊**，我完全可以想像摩根這麼說。布希亞－沙瓦涵肯定會欣賞摩根的平等精神。時至今日，只要訂得到位子、付得起費用，摩根隨時準備好為你服務，無論你的收入是高是低，都能獲得相同水準的服務。摩根的服務一絲不苟，無論一一四號桌的客人是誰，他都會盡力確認他們享用到跟王子一樣好或甚至更好的食物。

摩根對語言和禮儀的極度講究，或許讓人覺得他生錯了時代。他好像是由《唐頓莊園》（*Downton Abbey*）的管家卡森（Carson）訓練出來的人。大部分二十九歲的人不會哀嘆「美國人念錯『foie gras』（肥肝）的各種方式」，或是裝飾主盤被錯誤使用。但是他對禮儀的執念不無道理：服務的儀式確實很重要，而且不只是為了防止食物滴在桌巾上。研究餐桌禮儀的歷史學家與人類學家追蹤了服務風格的演進，而這些改變的文化影響遠遠超越食物。

最劇烈的變化莫過於十九世紀從「法式風格」（service à la fraiçaise）轉變成「俄式風格」（service à la russe）。這一次再度由法國人帶領變革。傳統上，法國、英國和美國的豪華饗宴都是以「法式」風格上菜。賓客上桌時，會發現桌上已陳列許多共享的菜餚，然後由服務生在（以最不會打擾賓客的方式）後續上菜時，把這些菜餚重新擺上，讓賓客自己互相遞菜（如果你最近曾經外出用餐，應該會發現這種風格有個新名字，叫「共餐」〔share plates〕）。法式風格是一種早期的晚餐劇場，菜餚是盛裝在大盤子裡、令人摒息的舞台作品：砂鍋、舒芙蕾、堆疊的肉凍、雕花的水果、高腳酒杯、樹枝狀的燭台與大花瓶。等到賓客開始用餐時，食物通常已經冷掉了。一八五六年曾有位法國主廚抱怨，菜餚通常「已失去某些基本特色」。天曉得是什麼讓法國人終於不想再吃微溫的烤羊肉，但是到了一八八〇年代，俄式風格取代了法式風格。至此，食物的味道取代了虛有其表。服務生按照主廚安排的順序，按部就班地端上事先分裝成一人份的菜餚。其他國家紛紛起而效尤。歐瑞奧的廚房做出來的每一道菜，都奠基於俄式風格的節奏與邏輯。

在俄式風格的主導下，主廚對菜單享有更高的決定權，服務生在用餐區的重要性也變高了，而賓客則是失去了互相遞菜閒聊這種輕鬆的社交互動。看似微不足道的服務變化，改造了用餐的結構與社交功能。歷史學家認為，這是吃飯從社會共享轉變成展現廚藝的轉捩點。主廚獲得決定上菜順序、時間與菜色的權力，因此餐桌上的明星成了主廚，而不是賓客。

最後一次在歐瑞奧跟著摩根實習的那天，我彷彿親眼見到另一種服務風格。除了俄式風格，還有一種類似「心靈風格」的服務（service à l'esprit）。和馬睿亞的維多莉亞一樣，摩根也渴望為客人帶來肉體和精神上的滿足。我在與保羅・葛瑞可聊天的過程中，第一次聽到這種想法，當時我們在討論風土酒吧用瘋狂方式對待客人。保羅認為，服務只是整體經驗的一部分。他曾為紐約市的餐廳鉅子丹尼・梅耶工作，那段時間他領略到除了服務需求，還有待客之道（hospitality）的需求。兩者不同，但是對餐廳來說同等重要。「服務是送菜上桌的技術。待客之道是送菜上桌時給人的感覺，」梅耶在回憶錄《餐飲之路》（*Setting the Table*）中如此寫道，「你為了客人而做的事，才能讓客人感受到待客之道。只是對客人提供服務，稱不上待客之道。」

摩根細心又體貼的服務，體現真正的待客之道。領班、雜工、送菜員與外場服務生都比較注重上菜，但是我覺得摩根想要營造一種心理狀態、一種氣氛。或許這跟他當過演員有關，又或許是因為劇前餐時段（pre-theater）湧入歐瑞奧的客人展現的匆忙感。無論原因是什麼，摩根似乎都在客人面前進行一場表演。良好的服務與待客之道是一種表演，一種為用餐經驗定調的演出。主廚躲在廚房裡，服務生背負著時間壓力，只有侍酒師才有餘裕跟客人親切互動，提升用餐經驗。

對餐巾與倒酒一絲不苟，是摩根對賓客表達尊重的方式。在某些方面，這令人聯想到經過精心安排的日本茶道，是一種大師們終其一生追求完美的藝術。茶道的重點不是幫別人倒一杯茶，而是對客人表達敬重。跟侍酒一樣，每一個動作都有意義：茶泡好之後，主人謹慎地把茶碗順時針轉兩圈，把茶碗的正面（最美的那一面）轉向客人。就算客人不知道茶碗的方向，或是不知道摩根倒酒時用手掌面對客人的聖經典故，也不可能看不出你為了謹慎呼吸與轉動手腕所付出的努力。如同好聽的音樂，摩根的服務帶給客人的感受超越禮儀的表面功夫，能使客人感到愉快。從他的用字遣詞、肢體語言到他擺放酒杯的精準程度，都能感受到他取悅客人的用心。

摩根相信這些細節加總起來，他能為歐瑞奧餐廳的觀眾營造出與觀賞戲劇一樣的感受。「餐廳跟戲院一樣，能療癒人心，使人再度變得完整；讓他們注意到自己在世界上的位置，以及身為人類的自覺。身為人類，他們是特別的、獨一無二的，用一種其他人無法取代的方式存在，」他說。

「我們走進餐廳，是因為我們想被照顧，」他補充道，「每個人都需要被照顧。我們都比自己想的更脆弱、更纖細。」巴黎最早的餐廳廣告打的口號是：「我將使你恢復元氣。」摩根為客人所做的事與此並無二致。

摩根喜歡引經據典（他叫自己的媽媽「太陽神」，叫爸爸「酒神」），我認為並非每一位侍酒師都用相同的嚴肅態度對待工作。[5]不過，要是你日復一日天天連續工作十四小時，你應該會明白這件事為什麼重要，以及是什麼使它如此重要。一一二號桌的客人或許不會在吃銀鱈時，想到今晚他們可能「再度變得完整」。但若非摩根相信有此可能，這件事就絕對不會發生。

現在輪到我試試身手，看我能否守護賓客的感受和靈魂。或者應該說，看我能否說服專業侍酒師協會我具備這樣的能力。

5「太陽神與酒神」是西方哲學裡一種二分法的概念，分別代表節制與放縱。

CHAPTER

10

考試

The Trial

朋友問我是不是要參加什麼侍酒師考試時，我都會裝作一副有沒有通過都沒差的樣子。我告訴他們，光是準備認證考試就有豐富的收穫。「你知道，過程才是最重要的，」我說，但其實我的內心深處沒那麼平靜。

事實上，我下定決心要通過。我一頭栽進侍酒師工作與生活方式的各個面向已將近一年，只差沒真的變成侍酒師。我現在豈能放棄。此外，侍酒師的葡萄酒狂熱深具感染力。我一開始執著於弄清楚他們為什麼對葡萄酒如此執著，沒想到最後我執著的目標變得跟他們一樣。酸度高的麗絲玲、洗鼻器、細葉香芹、優雅擺放的杯墊、冰得恰到好處的生物動力種植薄酒萊。一個接著一個，我全盤接受。尤其是在觀察摩根侍酒和領略了服務的真諦之後，我決心要嘗試外場工作。

在歐瑞奧餐廳實習之後沒多久，我參加了有七十道筆試題目的初級測驗。我通過了。這表示我晉級到下一個階段，可以參加認證考試。這應該是令人振奮的一件事。才怪。

我一直都知道通過考試對我來說是一條荊棘路。認證考試的目標考生是至少在葡萄酒或服務業有三年經驗的專業人士，我不但只有不到一年的準備時間，而且還是個無知的老百姓。隨著認證考試的日期漸漸逼近，勝利的希望也顯得愈來愈渺茫。我在青年侍酒師比賽的表現簡直是一場災難，更糟的是，我在考試前幾週聽到的消息也很殘酷。跟我聊過的每一個人似乎都至少考了兩次才通過。幾位侍酒師朋友才剛剛名落孫山，其中一位服務於丹尼・梅耶旗下的餐廳。他們的餐廳會幫員工上葡萄酒課，這是一大助力，因為別處都沒有認證考試的準備課程。這位朋友暗示我別抱希望。「你最大的障礙是沒有外場經驗，」我去他的餐廳打聽考試結果時，他這麼告訴我。「我在外場工作得夠久，肌肉記憶確實發揮了作用。這將是你的難關。」我驚慌地跑去找摩根。他向我保證，如果我能記住同業公會的參考手冊裡百分之八十的資訊，大概就沒問題了。好吧，應該不難。但是仔細一想，光是法國就有六種不同的參考手冊，而且大部分的手冊內容都比美國憲法還長。舉一個我必須記住的、比較「明顯」的例子：RM是「récoltant manipulant」（獨立葡萄農香檳）的簡稱，意指釀酒師用自己種植的葡萄所釀造的香檳，百分之九十五的葡萄必須來自自家葡萄園。（喔，還有呢，SR是「société de récoltants」（果農聯合公司香檳），CM是「cooperative manipulant」（釀酒合作社香檳），ND是「négociant distributeur」（經銷商香檳）、MA是「marque d'acheteur」（買家品牌香檳）、NM是「négociant manipulant」（貿易商酒廠香檳）。這些我通通都得記住。）

理論測驗直接考葡萄酒的知識。我已經準備了一千張字卡，並且把字卡載入手機，所以無論何時何地，我都能花時間記住基本但毫無邏輯可循的葡萄酒小常識。例如一般等級（Normale）的蒙塔奇諾布雷諾紅酒必須在採收後第五年的一月一日才能上市，珍藏等級（Riserva）的布雷諾紅酒必須等到第六年。因為，就是這樣。我只要一有機會就趕緊複習。「其實那是一支『trocken』的麗絲玲，也就是乾的意思，」我在晚餐桌上糾正我婆婆。「雖然它是遲摘酒，但是每公升的剩餘糖分還不到九公克，這是人類的舌頭能辨識甜味的下限。」麥特驚恐地看著我。我說話的樣子愈來愈像摩根了。

侍酒測驗除了必須開酒和侍酒之外，也必須回答其他跟酒有關的問題，包括調酒（賽德卡〔Sidecar〕用了哪些原料？）、開胃酒（麗葉利口酒〔Lillet〕是什麼做的？）以及餐後酒（我們在考慮要點蘇格蘭或愛爾蘭威士忌，兩者有何差異？）當然，我必須回答假客人點的食物適合搭配哪些酒款，這也是考試項目。我必須把大量的特定酒款記在腦海裡，包括名字、價格、酒廠、葡萄品種、年分與風格。基本上，我必須記住五十到七十款葡萄酒。侍酒測驗很像一種把益智桌遊、國標舞比賽和盲飲揉在一起的奇特活動。就連我的個性也將接受考驗。跟廚師不同，侍酒師會與用餐的賓客直接互動，所以我必須向協會展示我不但游刃有餘，而且很有親和力，能贏得陌生人的信任。協會的講義詳細說明正確的〈專業侍酒師舉止〉，第一句就是「沉靜有自信，但不能態度高傲。」我是沉靜有自信，還是態度高傲呢？我害怕地思索著。我有好多問題、好多疑問。我覺得自己可能需要上表演課。

就連我自認是強項的盲飲，現在也前途堪憂。考試幾週前，協會公布了考試將使用全新的盲飲表格式，我們要把自己對葡萄酒的印象記錄在盲飲表上，評審將根據盲飲表評分（大師級考生盲飲六款酒，並且大聲說出來；認證考生則是紙筆測驗分析兩款酒）。盲飲表把葡萄酒的各種特性放在不同欄位，我們必須分析這些特色：果香或花香、結構、葡萄品種等等。考生一邊盲飲，一邊填入答案，最後把盲飲表交給評審評分；評審都是大師級侍酒師。沒什麼問題，除了盲飲表的新設計之外。協會在盲飲表上加入新欄位，修改了評分量表，加入新的葡萄品種，還想出各種新特色。侍酒師在社群媒體上集體精神崩潰。「我想你們應該理解當我看見全新的盲飲表時有多驚慌，」一位巴爾的摩的男士寫道，他有十六年的餐廳工作經驗。「我對測驗的安心感已被徹底毀滅。」我可能也會說同樣的話，如果我曾經有過任何安心感的話。

我跟著摩根和其他侍酒師的盲飲訓練，是針對難度較高的大師級侍酒師考試，這表示我盲飲的酒款數量（以及分析的深度）都超越認證考試。但是我聽說，如果測驗當天太緊張會破壞味蕾的微妙和諧，這太恐怖了，我絲毫不敢鬆懈。現在我每天早上除了聞酒鼻子香氣大師組的五十幾種氣味，早餐前還會獨自在廚房裡盲飲。為了維持我對酒精、酸度與糖分細微差異的敏感程度（辨識酒體結構的祕訣），我也進行一種味蕾鍛鍊法；這種鍛鍊法是加州大學戴維斯分校的感官科學家開發出來的，用來訓練專業葡萄酒評審。在他們的指示之下，我訂購了燒杯、實驗室天平與化學物質粉末，數量大到可能會被列入FBI觀察名單。接下來，我請麥特調製濃度精準的檸檬酸、醋酸、蔗糖和威士忌稀釋液幫我做盲飲測驗，我必須說出每一種溶液的濃度。每一種化學物質調製四種濃度，我從三十種溶液中隨機拿取盲飲。這種味蕾測驗我做了幾十次（抱歉，麥特），直到我確定自己分辨得出中等酸度與中上酸度，以及百分之十二、十三與十四的酒精濃度。我幾乎每次都猜不到夏布利，為了記住它的味道，我說服麥特幫我做聯想記憶練習。這是約翰．倫德斯楚姆建議的練習，他是我在德勒斯登認識的神經科學家。「最好的配對聯想，」約翰建議，「是一邊做愛一邊做你想記住的事。」如果你夠聰明的話：咳嗽咳到鼻子噴出夏布利是最令人沒「性」趣的事。

至少我在ＥＭＰ的盲飲夥伴們都能體會我的絕望。他們的大師級侍酒師考試也快到了，大家都很緊張。有人吵了起來。亞尼克．班哲明即將應考第九次也是最後一次，在搞砸考試前最後一輪的盲飲結果時，他對拍檔發了脾氣。「該死的，拜託！你真的很煩！給我建議！我一週後就要考試了！」他怒吼。同一天，平常處變不驚的摩根居然來不及在時間內完成盲飲。這是菜鳥才會犯的錯，印象中這是他第一次犯這種錯。焦慮也逼出摩根內在的哲學家。他的推特發文變成一連串的激勵格言，例如「沒用的人才在乎結果。國王和神祇注重的是過程」。

對摩根與其他侍酒師來說，通過協會高一級的考試可能意味著豐厚的加薪。根據同業公會的調查，大師級侍酒師的年薪約為十五萬美元，是認證侍酒師的兩倍以上（六萬美元），是初級考生的將近三倍（五萬五千美元）。在紐約市，經驗豐富的侍酒師年薪介於六萬到十四萬美元（最高）之間，大部分來自小費，這意味著他們仰賴顧客的慷慨與餐廳的名氣。大師級侍酒師的薪水高達十五萬美元，不過離開餐廳為大型餐廳集團管理葡萄酒、成為批發商或顧問，收入都會更高。許多侍酒師確實選擇離開，因為不想再面對令人精疲力竭的夜生活，以及缺少彈性、保障與福利的工作。有些餐廳可能會提供健保或退休制度，但大部分的餐廳都很吝嗇，因為利潤不高而剝削員工，通常都讓小費支付大部分的薪水，而不是真的加薪。（這種陋習也曾鬧上法院。一位侍酒師曾說：「經營餐廳只能遊走在法律邊緣。」）摩根這個世代的侍酒師入行的年紀都比前輩年輕許多，聽說部分是因為愈來愈多人從小就接觸葡萄酒，而且成長於食物革新的年代；部分是因為他們畢業於經濟衰退的二〇〇〇年代晚期；還有一部分的原因是餐飲業很小器。

「現在侍酒師的平均年齡是二十七歲，不是四十七歲，」李維・達頓（Levi Dalton）說，他曾經當過侍酒師，現在經營播客節目《喝一杯》（I'll Drink to That）。「餐飲業老是說：『喔，我們想鼓勵年輕人入行。』但其實他們的意思是：『我們想鼓勵廉價勞工入行……我們寧願不要中產階級的員工。我們要把工作機會留給願意一週工作八十或九十小時，又不會抱怨薪水太低的人，因為他們有機會了解葡萄酒。等他們對待遇感到不滿時，我們就另外找願意做的人。』差不多就是這樣。確實已經輪替了一整個世代的侍酒師。」

不過，有許多大師級侍酒師堅稱，自己並非為了錢參加考試。「以我們的經驗與知識水準來說，跟其他產業相比：銀行、金融、法律、醫療，我們的薪水是這些高薪人士的九牛一毛，」大師級侍酒師蘿拉・威廉森（Laura Williamson）告訴我，「這與個人的成長和道路有關。動力來自啟發。」當然不會有人嫌棄錢多。但自大不可取。我聽說老一輩的侍酒師會抱怨，有太多新世代的侍酒師只是為了出名而入行，包括像摩根這樣的人。這才是專業服務人士的大忌，因為他們不應該成為關注焦點。

無論是為了名利，還是為了追求知識和累積經驗，專業侍酒師協會的測驗總是人滿為患。紐約的認證考試一下子就額滿了，我只好在我想要的考試時間內，找距離最近的城市報名：維吉尼亞州的維吉尼亞海灘（Virginia Beach），位於華盛頓特區以南三小時車程的一段人工沙灘。有一群海岸科學家曾經推選這裡為「本月海灘」，因為這裡「幾乎完全與天然海灘形成的過程無關」。

一開始，我覺得很煩。飛機上很乾，可能會弄壞我的鼻子，對我的免疫系統造成嚴重打擊。感冒是我現在最不想碰到的事。但是我漸漸改變想法，現在我非常期待認識在舊金山或紐約等葡萄酒大城以外工作的侍酒師。為了認識當地侍酒師，我在同業公會的網站上發了一則訊息。安妮．楚拉爾（Annie Truhlar）在維吉尼亞海灘的餐廳業服務了二十年，她叫我在考試前一週的星期六打電話給她。她快速接起電話，但掛電話的速度也一樣快。她正在念書。十分鐘後回電給我。她不想被打斷。

我們終於講了電話，安妮主動表示要到機場接我。因為讓網路上素未謀面的陌生人載你永遠是個好主意，所以我告訴她下週一下午在入境大廳外會合。

○　○　○

安妮坐在駕駛座上對我招手。她開著一輛深灰色育空休旅車（Yukon SUV），擋風玻璃上有裂痕。

「我從十二歲之後就沒搭過飛機了，」我上車之後她說。安妮三十五歲，圓圓的臉看上去有點晒傷，說話帶著一絲非常微弱的南方長音（雖然她的侍酒技術很「到位」，但是她希望協會不會考「要命的醒酒」）。她在溫斯頓－撒冷（Winston-Salem）長大，她的祖父母經營兩座農場、幾間出租房屋和一個露營車休憩區。她最北只去過馬里蘭（Maryland），那是幾個月前的事，她去參加第二次認證考試。

「為了上一次在巴爾的摩的考試，我拚命用功了兩個星期，把聰明藥（Adderall）當成糖果狂吃。[1]沒通過我真的**超沮喪**，」她說。她決定再試試看。「我有一些存款，所以我想說算了，我還要再考……這是該死的第三次……我已經花了一千美元！才第二級！天啊。」

三百二十五美元的考試費用，對薪水（用安妮的話）「少得像屎」的人來說是筆鉅款。精確地說，時薪四．五美元，外加小費。安妮的老公查克（Chuck）是鉛管工人，他不是很支持她動用存款，尤其是家裡還有四個孩子。但安妮告訴他，拿到協會的認證之後薪水會大躍進，比她在潮水社區學院（Tidewater Community College）拿到的餐旅準學士學位有價值多了。此外，有愈來愈多餐廳只雇用通過協會考試的人。

「我們有時候只能收支打平，」安妮說。休旅車快速開上公路，「對我來說，侍酒師認證真的等於在服務業的收入增加。真的差很多。從靠小費吃飯變成底薪六萬美元。」

噴射機的巨響偶爾會淹沒她說話時的句尾。「奧西亞納空軍基地！」安妮高聲說明。海軍的噴射戰鬥機隊基地距離佐伊斯餐廳（Zoës）只有十五分鐘車程，黑色戰鬥機劃過天空。佐伊斯是一家海陸餐廳，也是我們的考場。「大家都說這是『自由之聲』，」安妮扯著喉嚨說，「有些人貼的保險桿貼紙寫著：『如果你不喜歡這聲音，滾回你原來的地方。』」

說到軍隊，安妮十七歲的兒子正在里奇蒙（Richmond）宣誓加入海軍。我們開往維吉尼亞海灘大道時，她侃侃而談地介紹她的家庭。安妮的繼父是美國陸軍樂隊的隊員，她本來也打算加入。她整個高中歲月都在行進樂隊吹銅管樂器，她以為自己也會加入陸軍樂隊，但高三那年她懷孕了，十七歲。她跟查克搬進一輛露營車，安妮跟媽媽一樣進入餐飲業，在北卡羅來納州的橄欖園餐廳當服務生。安妮在滿十八歲的一週之後生下孩子。在那之後，她幾乎每一種外場工作都做過，也做過幾種內場工作。我們沿著大西洋大道（Atlantic Avenue）緩慢前行，這是這座城鎮最熱鬧的街，她指了指一家大西部餐廳，她曾在那裡的櫃檯工作。同一條路上還有惡夢鬼屋、捍衛戰士迷你高爾夫球場、歐法吉糖果店、富比士鹽水太妃糖。還有豔陽賣場，大大的櫥窗裡放了衝浪板、防曬乳、一塊寄居蟹告示牌，以及螢光色系的坦克背心，上面寫著「扭吧」。隔壁是一間刺青店，也提供「徹底殺菌」的身體穿環服務。

安妮進入葡萄酒的世界，原因很單純：「想知道能賺多少錢。」她曾在騎士高爾夫與遊艇俱樂部（Cavalier Golf & Yacht Club）工作，那是由在維吉尼亞歷史悠久的家族創辦的會員制俱樂部。有天晚上她服務的某桌客人點了一瓶五百五十美元的蒙哈榭。「我不知道這瓶酒為什麼可以賣到五百五十美元。我只知道我賣出這瓶酒，金額加到帳單上。他們已經花了三百美元在食物上，所以我做了一桌一千美元的客人。我做了一千美元的帳單！我可以分到兩百美元！只花了一個半小時？我一點也不介意賺一百美元的時薪，你懂嗎？這種事不常發生，但是我很好奇：『那瓶酒為什麼可以賣到五百五十美元？』我心中充滿疑惑，

1 Adderall是治療過動症的安非他命緩釋製劑。

就一頭栽進去了。」

對摩根和我認識的其他侍酒師來說，葡萄酒是天職。他們可以放下神經生物學和英國文學的學位，追求酒窖裡的生活，因為這是他們的熱情所在。他們利用週末研讀奧地利麗絲玲的精采年分，因為他們認為這麼做「很有成就感」，這是上層階級與中上階級的人渴求的狀態（以及奢侈的樂趣）。對安妮來說，找到葡萄酒的工作，查克跟她的孩子都能過得輕鬆一點。不是為了另一份更令人心滿意足的工作而捨棄辦公桌。這幾乎是安妮唯一的選擇。我找到了和摩根恰恰相反的人。摩根對葡萄酒的執著近乎瘋狂，安妮對葡萄酒的執著非常務實，甚至現實。

安妮第一次參加認證考試前不久，遭到俱樂部開除。她的上司指控她刷卡時盜刷小費。「子虛烏有，」她說。兩個月後她才終於在柏樹岬鄉村俱樂部（Cypress Point Country Club）找到一份服務生的工作。當她發現這裡不是賣蒙哈榭的那種俱樂部，而是賣盒裝酒的俱樂部時，已經來不及了。柏樹岬幾乎只賣峽谷路（Canyon Road）的葡萄酒，在你家附近的小酒店一瓶賣五．九九美元，而且紅酒應該都加了不少神奇藥水。「太令人心碎了，」安妮說，「我兩年就胖了二十八公斤。」柏樹岬稱不上有喝葡萄酒的客人，安妮為此傷心，但這種情況在維吉尼亞海灘似乎很常見。這個城鎮有一種「俗又大碗」的氣質。我們開車時經過好幾家吃到飽海鮮自助餐；一個以小義大利為主題商場，但是它叫做「大義大利」；海邊高聳又龐大的飯店林立，遮擋了視線，連站在海濱道路上也看不到大海。

安妮決定要讓顧客愛上葡萄酒。她的第一任上司離職後，她趁第二任上司到職之前不再訂購峽谷路葡萄酒，改訂精釀啤酒、新款葡萄酒和一些氣泡酒。她想出潘趣水果酒酒單，推出葡萄酒一瓶特價十五美元的「葡萄酒星期三」，還為在這裡辦婚宴的新娘提供桑格里亞（Sangria）與氣泡葡萄酒方案。最後她終於說服老闆給她侍酒師頭銜。「我的老闆連那是什麼都不知道，」她說，「他跑去查完字典後跟我說：『好吧，那你就是那個……對，侍酒師。』」

這是兩年前的事了。現在安妮覺得自己陷入困境。三十美元一瓶的葡萄酒對柏樹岬的客群來說已是上限。「我好不容易進了香檳，才兩瓶，但是沒人願意花五十美元喝一瓶香檳，」我們駛離鬧區大街時她抱怨道。「我沒有發揮實力的空間。」她跟柏樹岬的同事也處得不好。「他們覺得：『那個安妮，她覺得自己是侍酒師，所以連大便都是香的。』」至少這一點，在維吉尼亞跟紐約都一樣。

安妮把車開進維吉尼亞海灘三家希爾頓飯店的車道上，目的是為了讓我看一下位在飯店停車場下方的薩拉姬亞牛排餐廳（Salacia），它在這裡算是很高級的餐廳。她告訴我，這是少數幾家符合侍酒師協會服務水準的餐廳。她讓休旅車處於怠速狀態，深深地凝視這家餐廳。「那才是我要去的地方。我打從心底知道，我可以把這樣的一家餐廳打理得非常好。」

○　○　○

我本來打算一個人對著電腦一邊吃晚餐，一邊複習智利的葡萄酒規定，但是安妮邀請我一起盲飲，結果我們跑到另一家希爾頓飯店的酒吧。

安妮跟我互相考試，我們都為了保護味蕾而斤斤計較。她因為鼻塞而焦慮萬分，可能是感冒或過敏，所以她點了一盤酸辣雞翅，希望能刺激鼻子暢通。我的漢堡送來時居然有生洋蔥。生的洋蔥！他們不知道生洋蔥對味蕾的汙染程度有多強嗎？我用刀子把生洋蔥一一挑出，因為我不想摸到洋蔥，萬一隔天早上手指上還有餘味就糟了。

我們的信心隨著時間一點一滴流逝。此時安妮已經可以接受幾個月後她必須去羅利（Raleigh）重考，那將是第四次。我猜我也一樣。

「我念書念了三年，」她發出哀號，「整整三年，還是有很多記不住的東西。我一看到題目，腦袋就一片空白。我差點連自己叫什麼名字都忘了。」

我有摩根當我的葡萄酒神仙教母。安妮只能靠自己。她想加入當地的一個品酒團體，但他們每週四下午聚會，她得上班。取得同業公會的參考手冊也不容易，因為是線上版本，安妮沒有電腦。就算她有電腦，她也不知道怎麼用。她在騎士俱樂部的上司是認證侍酒師，但是在柏樹岬沒有人能給她建議。她可以說是在考試的過程中學會倒酒、走路、談話、裝扮與摺疊餐巾的技巧。協會的正式系統跟柏樹岬的休閒氣氛截然不同。安妮第一次參加認證考試時，她穿著白襯衫、黑領帶跟黑圍裙，也就是她平常的制服，顯然不知道協會規定只能穿套裝。

這尷尬地突顯出我的訓練有多奢侈。我仰賴感官科學家、大師級侍酒師、即將成為大師級侍酒師的人，甚至還有調香大師幫我設計詳盡的訓練方法，教導我加強嗅覺。葡萄酒收藏家慷慨地打開酒窖，讓我有機會品嘗我買不起的酒，再加上成千上百湧入紐約的批發商提供的（大量）免費葡萄酒，因為紐約是全球酒款最多元的葡萄酒市場。安妮只能單打獨鬥，而且她沒有退路。

那天晚上我努力入睡，但只要閉上眼睛就會看見字卡。摩根寄了封電郵給我：「前一天晚上一定要睡飽並且多補充水分！失敗的準備就等於準備失敗！」沒這麼簡單，尤其是轟隆隆的戰鬥機好像隨時要降落在飯店停車場的時候。這只是一場愚蠢的考試，我一直用這句話紓緩緊張情緒，卻又在浴室裡努力翻找能當耳塞的東西。我發現我的緊張不只是為了自己，我也很擔心安妮。如果我沒通過，人生不會有影響。我可以再考一次。沒有人靠我生活。但是對安妮來說，通過考試或許能大幅改善家計。這不只是一場愚蠢的考試。

○　○　○

隔天早上安妮來接我，我們兩個人的氣色都很糟。她很擔心自己的新套裝不夠好。她猶豫要不要刷牙，現在很後悔用了牙膏。喝咖啡簡直是場折磨。該喝熱的、冰的還是不要喝？她選了冰咖啡，這個決定是對的嗎？

在自由之聲的陪伴下，我睡得不多。天剛亮我就醒了，燙外套、複習、控制刷牙時間，給舌頭足夠的時間恢復。盲飲是今天的第一項測驗，我要帶著食慾和中性的味蕾進考場。一切都按照計畫進行，直到我的舌頭前端不小心燙到。要命的茶。我想找些葡萄酒來漱口，讓自己適應一下可怕的新環境，但是迷你吧台沒葡萄酒。我打電話去客房服務點一杯夏多內，電話另一頭的女子沉默了很長的一段時間才說，現在就喝酒是不是太早了，她必須跟上司確認一下。我的開瓶器在機場過安檢時遭到沒收。新開瓶器沒那麼順手，我很害怕。我覺得我好像不認識自己了：這個因為**開瓶器**緊張兮兮的人是誰？我們驅車前往考場，安妮指著一幢磚造公寓大樓，後面是鳥頸超市（Birdneck Food Mart），前不久有一架奧西亞納基地的戰鬥機墜毀在這裡。這似乎是個惡兆。

我們把車開進佐伊斯，這是一棟護牆板建築，位在幾棟辦公大樓後方。我忽然有一種參加殯葬業大會的感覺。臉色陰沉、身穿黑色西裝的男男女女在停車場忙碌遊走。大部分看起來都是二十幾歲。我參加初級測驗的時候，坐我旁邊的考生是皮拉提斯教練跟醫療器材工程師。這裡幾乎所有考生都在餐廳工作。金髮的亞力克斯（Alex）才二十四歲，在新澤西郊區的一間餐廳賣酒。戴文（Devin）是道餐廳（TAO）的服務生，這家餐廳是紐約模特兒的最愛。尚恩（Sean）是超級時髦的酒保，腳上穿著古馳樂福鞋，沒穿襪子；他跟未婚妻一起從里奇蒙開車過來，他的未婚妻打扮得很像麥莉・希拉，負責管理三家餐廳。她說她跟尚恩是「餐廳威力二人組」。有幾位女性考生是佐伊斯的員工。「我早上噴了鼻炎噴劑，」其中一個得意地說。唯一的老百姓是一位女性，叫小潔（JJ），四十幾歲，主業是幫美國航太總署設計研究型衛星，副業是糕點廚師。

早上八點鐘，安妮跟我在佐伊斯的紫紅色卡座裡隔著桌子對坐。我立刻擔心起燈光（太暗）與窗簾的顏色（紅色）。這些條件都不適合盲飲。

閉嘴，我告訴自己。緊張摧毀自信，你需要十足的自信才能感受這些味道與氣味。等待其他考生就座時，我閉上眼睛。呼吸。腦袋放空。

摩根召喚武術傳奇大師李小龍的智慧，指引我如何戰勝盲飲——「把頭腦放空，」摩根的信一開始就引述了李小龍的話，「沒有形體，也沒有形狀，就像水一樣。把水倒進杯子裡，它就變成杯子……你就是水，朋友。」據說武術大師會進入心智清澈澄明的狀態，或是「無意識的意識狀態」，叫做無心，意思是「不要思考」。他們放下思想、情緒、恐懼和自我，用一種純粹、零干擾的方式接受面前的經驗。在這種「毫無防備」的狀態下，他們覺察、觀看，然後做出反應。無心經常被比喻成水之心，像水一樣的心。在這樣的狀態裡，心智平靜無波，猶如池塘的水面，可以映照出面前的一切。緊張與情緒會激起漣漪。「最重要的是，」摩根在信中重複，「盲飲跟酒無關。重點是你，以及你的偵測能力鍛鍊得如何。」

雖然摩根第一次用武術來比擬的時候，我覺得聽不懂（而且充滿懷疑），但我必須承認武術跟盲飲確實有相似之處。聽起來或許瘋狂，但是用禪來思考真的有幫助。盲飲時你必須「把腦袋放空」，全然地覺察與接受。你必須放下懷疑、恐懼與情緒，如此才能吸收當下最微小的細節。你必須關掉腦袋裡想要走捷徑的那個區塊，例如品牌；你必須忘記過去搞砸的經驗，或是這排酒裡可能有兩杯維歐尼耶白酒。大部分日常經驗會形成我們的認知偏見，這是理所當然的事。盲飲的時候，你必須拋棄這些偏見才能成功。你必須觸及真實體驗，不要被成見或自大的濾鏡影響。我發現有意識地去思考世界的真實本質，而不是我對世界的想像，會給我全新的觀點。

四位大師級侍酒師的其中一位站起來做了簡短說明。我們有四十五分鐘完成測驗的前兩個部分：盲飲兩款酒，以及做完四十個筆試題目。「想得愈久，錯得愈多，」他說。考試開始。

我拿起面前的白酒，沒有晃動就先深深聞了一下，捕捉葡萄酒靜置時集中的氣味。它的氣味很細緻。柑橘味，鹹香多於甜香。有鹽水味。像海水裡放了一團酸奶油。我開始在剛才發下來的盲飲表上打勾。稻草色。葡萄柚、檸檬、梨子、龍蒿。我碰到「花香」這個欄位時感到猶豫。我勾選了「輕微／無」，隨即劃掉，改選「顯著」。我再次嗅聞。然後劃掉「顯著」，又選了「輕微／無」。**想得愈久，錯得愈多。不對，不要懷疑自己。把你感受到的記錄下來。腦袋放空。**嗅覺疲勞開始顯現。我拿起紅酒聞一聞，試著重振嗅覺，然後再回到白酒。

我劃掉「顯著」，再度圈選「輕微／無」。有一點（我想到都覺得怕的）礦物味。不可能……吧？確定是乾。不是新橡木桶。酸度中到中上，酒精濃度中等，有一種酚類的苦味。尾韻比成熟的果實更酸。舊世界的可能性高於新世界。我跟周圍的人一樣嘖嘖嘖地吸吮葡萄酒，聽起來像同時在通一百條阻塞的水管。

初步結論：涼爽或溫和氣候（低酒精、高酸度）、夏多內（梨子、柑橘、中強度香氣）、舊世界（顯著礦物味、尾韻偏酸，帶香草、石頭調性）。我再度吸吮。最終結論（我不敢相信我真的要寫下答案）。一定是。布根地，我寫下答案。夏布利，年分一至三年。我心中默默感謝約翰．倫德斯楚姆，然後繼續作答。

我聞了一下紅酒的氣味，然後放心地呼出一口氣。我知道答案。不可能有別的答案。紅寶石色澤。成熟的覆盆莓、草莓、黑莓、李子、藍莓、黑醋栗，有果醬特色。微微帶一點吡嗪。香草、肉桂、烘焙香料，嘴唇與牙齦之間有乾澀的單寧：絕對是新橡木桶。我跳過「野味、血液、醃肉、皮革」的欄位，因為聽起來既噁心又不符合答案。乾，帶甜味的單寧，酒精濃度中等到中上，酸度中等。最終結論：卡本內，加州，年分一至三年。

我放下試飲表，拿起理論考卷時，注意到安妮臉色蒼白、表情專注地寫著答案卷。考題包含選擇題，但大多是簡答題，都算簡單。有一題列出幾個酒廠的名字：拉亞堡（Château Rayas）、孔特諾酒莊、露森酒莊（Dr. Loosen），要考生寫出每一個酒廠使用的主要葡萄品種。寫出奇揚替的兩個子產區。把以下的加州美國葡萄產區由北到南排序。瑞士的主要葡萄品種是什麼？「夏思拉（Chasselas），」我寫下答案，感謝安妮昨晚邀我複習。可以標示為夏布利一級園的葡萄園有幾個？如果你花二十美元買一瓶酒，每瓶酒可倒五杯。如果想獲得百分之二十五的利潤，一杯酒必須賣多少錢？哪一條河緊鄰艾米達吉？我可能通過考試嗎？

○　○　○

安妮跟我是最後交卷的兩個人。我們跟著大家走回停車場，考生們試著逆向回推盲飲的酒款。

答案五花八門，包括澳洲希哈、法國希哈、內比歐露、田帕尼優、馬爾貝克、卡本內。

「很多人都回答了卡本內，」戴文說，他很早就交卷，做了全面性的調查。至於白酒，他聽到的答案包括灰皮諾、白梢楠、白蘇維濃、夏多內。我發現有另外三個人也答了夏布利的夏多內，包括亞力克斯，那個新澤西男生。安妮考慮再三之後答了白梢楠。

每位考生都要在指定的時間返回佐伊斯進行侍酒測驗，但是大家都聚在餐廳門口。一方面是為了互相打氣。但最主要的原因是，我們希望剛考完的人能透露一點考場的情況。似乎很糟糕。考生一次四人一起進入佐伊斯餐廳，考完再一起出來。他們腳步蹣跚，露出身體多處承受重擊的虛脫感。

「我……我好像差點哭出來，」在華盛頓一家飯店的餐廳裡工作的艾倫（Aaron）說。此刻他臉色慘白。

安妮後來告訴我，她也看到了小潔，那個航太總署的衛星設計師，她忍著眼淚抽噎地跑出考場。「我過敏，」小潔堅稱。

考試費用、參考書、旅費和練習用的葡萄酒，每一個考生大概都花了三千美元準備考試。下了這麼多成本使他們惱怒，失去加薪、升官或新工作的機會更是令他們沮喪。「我真的需要這張證照，」安妮說。她跟許多考生這輩子幾乎天天都在外場工作，但是侍酒測驗的標準高於他們的實際經驗。

「不會有客人問那樣的問題！從來沒有客人那樣問。評審問了我奇怪的問題，」有個男生怒氣沖沖。「根本就是故意的。」

麥莉．希拉複製人感同身受。她的評審點的那支香檳令人摸不著頭緒。

安妮陷入驚慌。「我碰到香檳的酒莊舌頭就打結，因為我平常很少接觸香檳，」她偷偷告訴我。

她的擔憂是對的。這個等級的考試，評審可能會考我們法國的主要香檳酒莊。這些是重量級的葡萄酒製造商，大量生產全世界最受歡迎的香檳。更精確地說，我們必須知道每一家酒莊的頂級佳釀（tête de cuvée，字面上的意思是「最佳年分」）。這些葡萄酒是酒莊最好、最貴的產品，通常只會推出葡萄收成特別好的年分。你或許會買一瓶酩悅香檳（Moët & Chandon）給喜歡的人，但是酩悅香檳的頂級佳釀香檳王（Dom Perignon）你只會買給心愛的人。一九九六年的香檳王在馬睿亞餐廳一瓶要價六百五十美元，比柏樹岬最貴的香檳貴了不只十倍。

安妮從未喝過、端過這些昂貴葡萄酒，甚至連看都沒看過。問題不是她不懂香檳，而是柏樹岬不是會賣香檳王的那種餐廳。幾分鐘前，安妮興奮地說她幫柏樹岬進了一款新的氣泡酒叫「藍中白」（Blanc de Bleu），深受新娘喜愛。如果凱歌酒莊（Veuve Clicquot）的貴婦香檳（La Grande Dame）是香檳界的伊莉莎白女王，藍中白氣泡酒就是迪士尼公主。這種藍紫色的酒用藍莓萃取液調味，顏色卡通到製造商必須說明酒裡真的有加「頂級葡萄」。安妮在工作上沒有任何認識這些年分香檳的理由。她對這些香檳的風味沒有感官記憶，不知道這些法文名字的意思，也沒有自信能正確地念出這些名字。對她來說，它們只是她不得不記住和複述的聲音而已。

我立刻停止複習調酒的內容，幫安妮考試。

「羅蘭百悅酒莊（Laurent-Perrier）的頂級年分香檳叫什麼名字？」

沉默。「我不知道，讓我想一想？偉大……那個字怎麼念？世界？」

偉大世紀（Grand Siécle）。我們又試了幾題。泰廷爵酒莊（Tattinger）的香檳伯爵（Comtes de Champagne）。酩悅酒莊的香檳王。羅蘭百悅酒莊……

「可惡。羅蘭百悅，嗯，世紀……」

「偉大世紀，」我說出答案。「Grand Siécle。」我問她有沒有背過任何一款羅蘭百悅的香檳資料。也許可以編一個故事來記住這個名字。

「我不認識任何羅蘭百悅的香檳。」安妮想了一想，「羅蘭百悅……羅蘭百悅……羅蘭百悅……我的朋友羅蘭有個大屁股。」她終於笑了，這是今天第一次。「好，本世紀最大的屁股！羅蘭百悅。偉大世紀。」

○ ○ ○

我們的考試進行到輪我上場為止。安妮抱了我一下。

「跟托盤融為一體，」她嚴肅地說。

考官請我在入口處停下來。我的服務對象是大師級侍酒師基斯（Keith），考官告訴我，我必須稱呼他為基斯大師。基斯大師要喝的酒是二〇〇二年的邱吉爾年分香檳（Sir Winston Churchill cuvée）。

我的胃緊張到縮起來。到目前為止，所有資訊都顯示我必須打開一瓶氣泡酒，並且幫評審倒一杯氣泡酒。但是直到這一刻之前，無論多麼渺茫微小，協會依然有可能（其實更像是我個人希望）讓我開氣泡酒以外的酒。

氣泡酒是認證考試的標準考題，我知道。但是今年做了這麼多改變，盲飲表、更嚴格的標準等等，我暗自希望其他酒款也會納入考題。我在青年侍酒師比賽時爆開的那瓶紅酒或許很糟。但是我開氣泡酒的紀錄更加淒慘。

長達數週的練習只是讓我知道，從我鬆開線籃到把酒倒進杯子的這段時間內，有多少事情可以出錯。瓶塞曾經掠過我的太陽穴，射向天花板。酒瓶曾經在我一拉開瓶塞，就溢出普羅賽柯氣泡酒。還有兩瓶無論如何打不開。「你無法取得侍酒資格，因為你可能會奪人性命，」摩根的朋友，侍酒師米雅，在看過我開酒的技術之後這麼說。

在短暫地祈禱基斯大師有買很完善的保險之後，我走進考場。

基斯大師獨坐在一張四人桌旁。有兩個盤子上放著兩張列印出來的紙，寫著「女士」。基斯大師說，他跟他弟弟帶著老婆來這裡用餐。

「你好嗎？」基斯大師問。他很瘦，油亮的黑髮往後梳，兩鬢微白。

「我很好，你好嗎？」我的聲音頻率很高，高到我差點聽不見自己的聲音。我遵循摩根的建議：回答完整的句子。希望基斯大師能感受到我們之間共同的人類情感。

基斯大師重複了一次他要點的是二〇〇二年的邱吉爾年分香檳。「是哪家酒莊做的？」基斯大師假裝感到好奇。

「是保羅傑酒莊（Pol Roger）。」第一關，通過。我順時針繞行桌子，在侍酒站摺疊了兩塊餐巾，標示酒杯的位置，把冰桶拿過來。我把酒拿給基斯大師看，說出年分和酒廠名稱。我手裡的酒當然不是真的邱吉爾香檳，而是用便宜的卡瓦氣泡酒來代替真品，畢竟協會不可能花錢買幾十瓶頂級佳釀。我試著保持冷靜，把這瓶致命武器靠在胸前。一隻手握著槍管，一隻手扶著瓶身。

基斯大師仔細觀察。我一邊旋轉，一邊祈禱。發出美好的、輕輕的「修女放屁」的聲音之後，酒瓶終於釋放了瓶塞。

我一邊倒酒（兩位女士優先，然後是基斯大師的弟弟，最後才是他），基斯大師一邊閒聊般問我問題。香檳的好年分有哪些？我能否推薦幾款愛爾蘭威士忌？他要吃木板烤鮭魚，適合搭什麼酒？嗯。如果是相同葡萄品種的澳洲酒呢？

有件事很奇怪，也出乎我的意料：一切進行得很順利。

我輕鬆作答。這是我第一次把考題掌握得如此得心應手。我站姿英挺，舉手投足充滿自信。事實上，我散發魅力。在他考驗我的專業程度時，我推薦他喝聖塔芭芭拉（Santa Barbara）、索諾瑪與雅拉谷（Yarra Valley）的白酒。我準備放酒用的冰桶時，他隨口問道下次他造訪紐約時，應該去哪裡吃飯。我說基斯大師顯然喜歡好香檳，就像這瓶邱吉爾年分香檳，他應該會喜歡瑪塔餐廳（Marta），那是很多侍酒師的愛店，因為香檳價格公道。他露出笑容。我也露出笑容。

雖然我的外場經驗僅限於在歐瑞奧和馬睿亞餐廳實習（硬要說的話，還有我家廚房跟青年侍酒師比賽），但是我的肌肉記憶發揮了功能。這有點像是學跳舞。前面三十二次的練習用來思考腳的位置，第三十三次想都不用想，身體會自己動起來。在這一刻之前，這件事從未發生在我身上。剛好在我需要的時候，一切水到渠成。

我繼續巧妙地回答了幾個與調酒配方與開胃酒選項有關的問題。然後，就像餐廳裡真正的客人一樣，基斯大師向我道謝。他說，他會考慮一下。

○ ○ ○

我坐在外面等安妮考侍酒測驗的時候，旁邊坐著一位四十幾歲的男士，他是葡萄酒批發商。即將登場的侍酒測驗讓他緊張到雙手發抖。

這一天結束時，我心中充滿挫折感，並非來自早上的葡萄酒。雖然我對自己的表現比過去更有信心，但是我對協會沒有信心。

專業侍酒師協會以維持葡萄酒專業人士的高標準而感到自豪。他們堅持正式的服務禮儀，因為他們認為，只要考生掌握了最高標準的服務，隨時可以選擇放鬆標準。很好。我對這個觀念沒有疑慮。我也喜歡標準，愈高愈好。

但令我擔憂的是，協會對葡萄酒服務的想法跟真實世界完全脫節。我們像一個被遺忘的飲酒部落，準備迎接一個葡萄酒烏托邦的到來。在這個烏托邦裡，只有富豪才會出門吃飯，大家聊到石英土壤都非常興奮，而且人人都隨身攜帶冰桶。從納爾遜・洛克斐勒（Nelson

Rockfeller）的年代到現在，紐約有多少餐廳（除了EMP和相同等級的餐廳）還給每張桌子準備專用的冰桶？哪家餐廳願意犧牲放桌子的空間，擺放冰桶與冰桶架？或是讓服務生抱著冰桶走來走去？安妮、戴文、亞力克斯、我，甚至包括摩根：我們拚死拚活地準備，熟悉一套在大多數情況下完全不適合現代餐廳的標準。安妮花了三年和至少一千美元，卻發現這些規則無法用自然的、有條理的方式學會。侍酒測驗的情境是多數人在自己的餐廳裡絕對不會碰到的。當然，餐廳應該向協會的標準看齊。但是，協會難道不該向餐廳的實況看齊嗎？

葡萄酒界經常在談提升服務品質，但我不禁要懷疑，協會的作法是否鼓勵了我們最該反對的行為：懶惰的味蕾。為了通過考試，安妮、我以及維吉尼亞海灘的每一位考生都必須記住頂級佳釀香檳，因為協會告訴我們這些香檳是最好的香檳。我們不一定要知道為什麼它們是最好的香檳。我們從未喝過這些香檳，當然不可能自己決定好不好喝。它們是最好的香檳，是別人告訴我們的。布根地的特級園，或是知名的露森酒莊、拉亞堡和孔特諾酒莊的經典酒款也都一樣。當我們說這些酒是好酒時，大部分的侍酒師只是在道聽塗說。

在其他領域，例如藝術史或現代詩，學生也都必須認識經典作品。但是他們有機會實際欣賞這些作品。他們比較分析畢卡索與波提且利的筆觸，或是愛略特與葉慈的詩，然後發展出屬於自己的想法，判斷一個作品好不好、為什麼。

喝葡萄酒的人只是重複官方說法。我們沒有親自喝過這些據說很棒的酒款，就把它們加入好酒名單。有些人會去品嘗，然後形成自己的意見。但是這些酒很貴，大部分的人喝不起。我們推薦這些酒，是因為別人向我們推薦了這些酒。這不是把侍酒師變成真正的酒政的方法。這種方法製造出葡萄酒的刻板印象，讓相同的老舊觀念根深蒂固。

我想到第一次在風土酒吧與保羅・葛瑞可碰面時他說過的話。他抱怨葡萄酒界現在的服務觀念一敗塗地。更多侍酒師、更多書籍、更多高尚的頭銜。但是沒有為客人送上更多葡萄酒。我想，也許是時候換個新觀念了。

○
○
○

安妮走出考場時，整個人像洩了氣的皮球。

「我不夠好。我不認為我做得夠好，」她說。她必須離開那裡，所以我們回到她車上，開車兜兜風。她帶我來到沙灘上，這裡是她跟查克結婚的地方，當時兩個年紀最小的孩子一個捧戒指，一個當花童。她打給查克。「可惡。我在提供葡萄酒建議的時候，說話速度應該再快一點，」她對著電話說。查克說了什麼，她掛了電話之後看起來更加沮喪。「該死的路易・佳鐸（Louis Jadot），」她用力拍打方向盤。她在必須提供餐酒建議時，忘了這個名字。「攻擊或逃走。我選擇了逃走。那個時候，我腦袋裡所有的資訊都跑光了。」我們經過騎士飯店的磚牆，這是一間翻新過的高級飯店。「我本來打算爭取一個將在四月份空出來的職缺，」她已經做了最壞的打算，「該死的路易・佳鐸。」我們在沙灘附近的烤肉攤買了墨西哥玉米餅，然後又繞回佐伊斯。「看在上帝的份上，還有以耶穌之名神聖的一切，我希望我能通過，」安妮把車開進停車場。「為什麼我連一款酒都想不起來？我明明列了清單。伯恩丘（Côte de Beaune）。伯恩丘！路易。該死的。佳鐸。我應該建議該死的路易·佳鐸才對。」

我們在佐伊斯的用餐區後面集合，等待考試結果。餐廳的人端出氣泡酒，大家都緊張得喝不下。

基斯大師負責發言。他直接宣布結果。「分數已經計算完成。」很多人沒有通過。盲飲和理論測驗結果還不錯，但侍酒有待加強。簡言之，我們太友善、姿態太低、太輕鬆。他提醒我們，賓客若沒主動問你，不要自我介紹。不要忽視賓客的品味。如果他們喜歡高級酒，也願意花錢，就不要推薦便宜酒款。「喝三百美元、兩百美元頂級佳釀香檳的賓客，你為什麼要賣他們二十、三十、四十美元一瓶的酒？……這就好像『哇！他們是有錢人！我們一起花錢享樂吧！』」除非賓客詢問價格，否則不要主動提到價格，這樣太低俗。「你絕對不會在女王面前提到價格。她會說：『什麼？你知道我有多少錢嗎？拖下去斬了。』」

他們開始宣布通過考試的考生。新澤西的亞力克斯通過了。使用鼻炎噴劑的女侍通過了。安妮·楚拉爾。

「是我，」安妮一臉震驚。

「你是安妮嗎？」賈瑞大師（Jared）一邊看名單一邊問道。

「我的天啊，」安妮拿著她的證書。「我的天啊。」她握了基斯大師的手，接著是凱西大師（Cathy），然後是賈瑞大師。「我考了三次。非常感謝你們。我的天啊。」她抱了抱我。她熱淚盈眶，盯著自己的證書。「我的天啊，真不敢相信。」

「安傑羅・佩瑞茲（Angelo Perez）。」

「不會吧，」安妮說。她的眼神仍停留在證書上。

「尚恩・拉波薩（Sean Raposa）。」

「我的天啊，」安妮用手指摩挲自己的名字。

「比昂卡・波斯克。」

「我的天啊！」安妮抬起頭，用力地抱住我。「太好了！太好了！」

大師們把刻有協會標誌的紫色胸針發給我們，這代表我們都是認證侍酒師了。我們把胸針別在外套上。我發了一張新配件的照片給摩根。

「歡迎加入我們的行列！」他立刻回覆，「也就是地球上最棒的一門專業。」

○　○　○

安妮打電話給查克，興奮地對著電話大聲尖叫，然後把亞力克斯、戴文、小潔和我裝上她的修旅車，載我們去鬧區喝一杯。

戴文和小潔沒有通過考試。賈瑞大師認為小潔開香檳的聲音太大聲。「那不是伊莉莎白女王的屁，是鄉下農婦的屁，」小潔低聲抱怨。她認為賈瑞大師不讓她通過，是因為她在航太總署工作，而不是餐廳。亞力克斯的評審在他的意見表最上方寫了「勉強，勉強通過」，但他依然欣喜若狂。他完全猜錯紅酒，他答了內比歐露，他之所以通過是因為猜對了白酒。他的答案是夏布利的夏多內。協會從不公布盲飲答案，但此刻我確定就算不看酒標，我的答案肯定是正確的。

紫色胸針散發一種權威感，安妮、亞力克斯跟我自信滿滿地展現新身分，或許也有點高傲。

「有一半會被我倒掉，」談到南非葡萄酒時，亞力克斯說道。

他點了一杯沙洛斯維（Charlottesville）的酒廠釀的酒，然後在杯緣吸吮了一口。「差強人意，」他說。

亞力克斯把「枚利達吉」（meritage）跟「艾米達吉」搞混時，安妮糾正了他。「艾米達吉位在隆河，」她提醒他。接著她請服務生問酒保，戴文點的單杯梅洛是什麼時候開的。有氧化的味道，應該已經開了一段時間。服務生確認之後說，是三天前開的。他們問他與酒單上各種愛爾蘭威士忌有關的問題，幾乎和考試時基斯大師問我的問題如出一轍。

想到可以用證照換取加薪，安妮就感到雀躍不已。

「他們若不幫我加薪，我就離職。他們**一定要**加薪，」她舉起莫希多慶祝。但是她不會讓這張證照改變自己。

「我會保持隨和的個性，」她說，「我不會變得高高在上。」

亞力克斯搖搖頭。「喔，」他說，「我一定會變得**高高在上**。超乎你的想像。」

CHAPTER

11

外場

The Floor

與其說保羅．葛瑞可請我去上班，不如說他是用激將法賭我敢不敢去上班。

半年多來，我每隔幾週就跟風土酒吧的瘋狂天才老闆碰面一次。我們坐在他位於風土酒吧翠貝卡店地下室的辦公室裡，也就是他的地底巢穴，從酒單到布根地之夜無所不談。我喜歡他對葡萄酒無拘無束的想法。我們總是下午碰面，有時候他會激動批評「深奧的葡萄汁」；有時候他會怒氣沖沖地罵耶穌的第一個奇蹟：把水變成葡萄酒，保羅覺得這是奇蹟界最令人遺憾的奇蹟。「他讓大家以為釀酒很簡單。」

既然我通過了認證考試，我打算跟他討論來風土酒吧工作的事。我還沒提，他就先開口了。保羅寫了一封電郵給我，說我通過考試跟寫葡萄酒的文章都很棒，但是我難道不想「用一種真實和根本的方式在現場影響改變嗎？」「你不想趁著年輕改變世界嗎？」他問道。

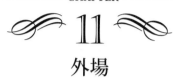

這是葛瑞可大哥的慣用手法：展現魅力，讓你產生一種志得意滿的錯覺，然後刺你一下，使你願意乖乖配合。

我在風土酒吧看過他對別人用這一招。某個週三晚上，我們聊完之後，他走到外場幫忙招呼客人。保羅向一桌二十幾歲的客人打招呼，他們點頭致意，他微笑，他們也微笑。下一秒他們驚訝得目瞪口呆，因為保羅突然大聲說：「這是一場酷炫之旅！」他指著酒單上的一支酒。「超酷，超炫。但是！」他突然壓低聲音，傾身向前，好像打算給他們特殊優惠，不想讓別人聽見。「我願意帶你們體驗一下酷炫之旅。你們想加入這場酷炫之旅嗎？」

他們當然想。隔壁桌都聽見了，一個活潑的金髮美女拍拍我的肩膀。「我們想問一下，那是什麼酒？」

我也想加入這場酷炫之旅。所以，我當然想去保羅的店裡工作。

自從進入葡萄酒的世界，我一頭栽進盲飲會、比賽、批發商晚宴、大師級侍酒師訓練營、葡萄酒社團、葡萄酒俱樂部、葡萄酒拍賣會和葡萄酒讀書會。我砍過動物屍首的頭，搬過成箱的酒下樓梯，聞過狗毛，而且八成也對牙齒的琺瑯質造成無法挽回的傷害。我渴望了解是什麼勾起葡萄酒阿宅的熱情，感官更敏銳的人生是什麼感覺，是什麼賦予葡萄酒永恆的魅力，以及在這個充滿唬爛的產業裡，哪些事情才是有意義的？這些問題都找到答案之後，我的最後一個挑戰是帶著我學到的東西走進餐廳工作。

我最初踏上這場葡萄酒之旅時，心中對葡萄酒的殿堂懷有渴望，例如EMP，侍酒師在用水晶與桌布裝飾的餐廳裡堅守協會的行為準則。我纏著摩根和維多莉亞讓我在歐瑞奧與馬睿亞餐廳練習，部分是為了通過認證考試，部分是因為我希望他們能幫我在紐約的米其林星級餐廳找到工作。因為我的努力與人脈，現在這扇門似乎已經打開了。

但是，在我從維吉尼亞海灘回紐約的路上，我重新思考我的選擇。我發現這些餐廳已經不再吸引我。與協會、安妮、保羅接觸的經驗改變了我的觀點。協會的八股答案和嚴格政策使我充滿挫折感。他們似乎不在意葡萄酒產業與酒客的複雜現況。安妮在協會的準則之外，找到各式各樣、確實有效的方法用葡萄酒取悅顧客。我也知道參加布根地之夜的酒癡和那些葡萄酒PX，就算沒有我也會繼續暢飲葡萄酒。在精緻講究的餐廳裡，我只會接觸到愛酒人士。但我想接觸的是對葡萄酒懷疑、恐懼的人，那些聽到黑皮諾有「森林地面」氣味會大翻白眼的人，因為我過去也是如此。

從多重感官結構到難以定義的品質，我所觀察到的一切都告訴我，由協會掛保證的正式服務實在太過狹隘。對的作法不一定正確。葡萄酒本來就已令人卻步。把它高高地供奉起來，一點幫助也沒有。風土酒吧幾乎百無禁忌。在這裡，我可以把自己對酒與對人的發現統整起來，幫助其他人體驗我經歷過的蛻變。

○ ○ ○

保羅用一種完全叛逆、近乎瘋狂的方式，吸引每一位客人來喝他鍾愛的「含酒精葡萄汁」。如果紐約市是侍酒師如僧侶般聚集沉思布根地美酒的聖城，那馬睿亞餐廳就是這座聖城裡的葡萄酒聖殿。至於保羅，他就像狂熱的福音傳播者，用方言傳教，在戶外施洗。其實，這不是比喻。幾年前的夏天，保羅開車橫越美國的時候，曾在北卡羅來納州的一間教堂外放了一個洗禮盆。他手裡拿著酒瓶，以麗絲玲教會的名義為人們施洗入教（當然是在為他們洗淨夏多內的罪之後)。保羅既像瘋子也像先知,《紐約》雜誌對他的風土酒吧做了貼切的比喻:「精神病房兼實驗室。」

葡萄酒界有不少傳教士。拉皮奇歐餐廳的喬·坎帕內爾選酒的信念是:為紐約人介紹以傳統工法釀造的有機手工葡萄酒。但是喬也跟多數人一樣,是一位理智的餐廳經營者。但保羅為了推廣自己的葡萄酒信念,不惜激怒生意夥伴,疏離客人,承受員工的反抗。他拒絕販售無法感動他的葡萄酒,儘管「熟女果汁」很暢銷,他也不賣。他堅決不賣粉紅酒,直到他手下的一位侍酒師求他重新考慮,因為如果到了五月酒單上還沒有粉紅酒,翠貝卡區的媽媽們八成會抓狂暴動。我認識保羅的那段時間,他剛剛跟生意夥伴拆夥,風土酒吧從五家縮減成兩家。

無所謂。因為保羅永遠都在構思增加信眾的新計畫。跟亞馬遜網站(Amazon)合作販售風土酒吧精選葡萄酒,或是跟星巴克合作。寫一本書。其實是十六本,每本都有十六章。一年出版一本,十六年後「組合成一部藝術作品」。六罐裝的風土酒吧自有品牌罐裝葡萄酒。印有釀酒師頭像的T恤。去他的馬得拉之夜,我們要舉辦馬得拉之月。請代班侍酒師品嘗德國葡萄酒女王!

你無法忽略葛瑞可大哥。他用盡全身力氣吸引大家的注意。你踏進風土酒吧的那一刻,他一定會大聲招呼你:你好嗎?歡迎!在你離去之前:祝你有個美好的夜晚,謝謝你!幾年前,他穿著格紋西裝在丹尼·梅耶的葛瑞梅西客棧(Gramercy Tavern)工作。我沒看過這套西裝,但我敢說它一定「非常驚悚」。(保羅的時尚哲學是:「如果你看到我的第一個反應是視覺衝突，就表示我成功了。」）風土酒吧的員工手冊嚴禁「說髒話」。保羅才不在乎。他用「搖滾吧」（rock 'n' roll）取代「謝謝」，用「去他的搖滾」（rock 'n' fucking roll）取代「是」。有家顧問公司曾包下風土酒吧後面的包廂慶祝公司改名，把原來「i」改成驚嘆號「！」。慶祝會的主辦人居然請保羅不要說那麼多髒話。「嗯，這應該他媽的簡單，」客人走遠後保羅生氣地說。保羅散發魅力，擅長交際應酬，雖然臉上有奇怪的鬍子，還是有一種令人費解的帥氣。

信奉葡萄酒規則的傳統人士抨擊保羅的動機。他們說他只是愛出鋒頭。葡萄酒界流傳的八卦說，其實他並不是**真正**的喜歡葡萄酒。「他只是把葡萄酒當成表達工具，」一位侍酒師惡毒地說。

那又如何？保羅表達得很清楚。他希望大家喝葡萄酒，而不是盲目崇拜葡萄酒。保羅的酒單，又稱聖經，能使讀者看了就想喝酒。一位年輕的侍酒師告訴我，他是因為聖經才決定做葡萄酒的工作。無論如何，只有這本酒單能使我哈哈大笑。只有這本酒單能讓我在看完必要資訊之後，還想**一看再看**。裡面有俄國總統普丁的上空照，介紹街頭園遊會的冗長文章，內行人才看得懂的笑話，向釀酒師致敬的文章，向搖滾樂手盧．里德（Lou Reed）致意的文章，代班批發商，對川普的長篇批評，尼采的名言，雪莉酒的知識，還有像「黑皮諾是葡萄界的琳賽．羅涵（Lindsay Lohan）」這樣的句子，整本酒單看起來很像一九八四年左右的《i-D》時尚雜誌。以下節錄部分內容：

如果耶穌跟撒旦生了一個兒子（我想首先要問的是：耶穌跟撒旦是在怎樣的狀態下結婚？），他應該會叫做瑟吉．荷察（Serge Hochar）[1]……他拯救我，也折磨我……他精心釀造美味的葡萄汁，有時候不適合人類飲用。跟瑟吉相處一小時，猶如在涅槃境界散步，或是在賴克斯島（Rikers Island）[2]的公共浴室洗每週一次的澡。一言以蔽之，我愛上了瑟吉．荷察。

說麗絲玲很偉大，就像說普丁是俄國的麥可．柯里昂（Michael Corleone）……均衡……就連菲利普．珀蒂（Philippe Petit）[3]也會感到驚奇……長壽……就連摩西站在這些葡萄酒旁邊也只是個年輕小伙子。性感……如果附近有一瓶麗絲玲，夏娃肯定會丟下禁果。

歐巴馬總統需要來杯麗絲玲。為什麼？……因為麗絲玲讓人頭腦清楚，每個人都需要……因為我們不想要有情緒。我們想要的領導能力。領導能力需要風險。風險需要骨氣。現在你似乎已有加州夏多內的骨氣：空洞、死氣沉沉、沒有個性。

希臘舉國上下都需要來杯麗絲玲。為什麼？……因為你們需要徹底改革才能把希臘推向現代，擁有穩固的經濟政策。一杯麗絲玲就能踢走你們的地中海懶散氣息，因為你們擦了太多防曬乳，也太過沉浸在過往的豐功偉業裡……因為歐盟不爽你們二〇〇九年的GDP是負百分之十．七……一杯冰涼的麗絲玲最能夠撫慰傷痛……因為要還一千一百億歐元給歐盟與國際貨幣基金需要多存點古希臘銀幣，最划算的作法就是來杯麗絲玲。

聖經裡有波爾多經典酒款，也有奇特的黎巴嫩粉紅酒。保羅的葡萄酒哲學無法輕易歸納為自然工法、小酒廠或時髦另類的製造商。保羅要傳達的福音是：卑微的葡萄酒有福了（「我剛好生長在一個使我熱愛賤民的世界裡。我喜歡被排擠的東西。我喜歡不是循規蹈矩的東西，」他告訴我。）真誠的酒有福了，因為它們將被倒進酒杯裡（「符合『好喝』定義的酒，就是對地方、對葡萄、對人都很真誠的酒。每次喝到這樣的酒，它都會帶我回到一個非常非常有靈性的地方。」）超越與啟迪的人有福了，因為他們將成為風土信徒（Terroirist），也就是保羅的追隨者（「我們想要為顧客高舉一個目標，當他們離開這裡之後……覺得有收穫。」）溫柔的和未被發現的酒有福了……不被看好的克羅埃西亞葡萄，老是需要額外說明的另類希臘酒（「我想當說故事的人，不是拔瓶塞的人。」）

風土酒吧、聖經、保羅的品味、保羅的態度，全都令人著迷。保羅曾獲得詹姆斯・畢爾德獎的傑出葡萄酒服務獎，《世界精品葡萄酒》雜誌（*The World of Fine Wine*）把風土酒吧列為全球最佳葡萄酒吧（World's Best Wine Bar），這本刊物是葡萄酒版的《紐約書評》。一輪又一輪的侍酒師、批發商、酒評家與葡萄酒作家走進風土酒吧的金屬大門，感受保羅的魅力，啜飲保羅倒的任何酒。這裡是有野心的侍酒師的培訓場，他們有不一樣的侍酒觀念：多一點人性，少一點規定。我遇過一位侍酒師，他說看見保羅的手臂上有一個大大的麗絲玲

1 瑟吉・荷察是知名黎巴嫩酒莊主人兼釀酒師。
2 賴克斯島是紐約市主要的監獄區。
3 麥可・柯里昂是電影《教父》的主角，菲利普・珀蒂是法國的高空鋼索藝人。

(假)刺青，扭轉了他的觀念。「我覺得，這個人簡直酷斃了，」他說，「那是我第一次發現，『哇，原來龐克跟葡萄酒可以並存。』」保羅的員工來自紐約最有名的餐廳：波瑟、葛瑞梅西客棧、聯合廣場餐館(Union Square Café)，他們為了追求真理之路，來到葛瑞可大哥的「一視同仁菁英葡萄酒吧」。現在，我也是其中一個。

○　○　○

從保羅的龐克搖滾美感，你一定看不出來他是在最老派的傳統餐廳裡長大的孩子。是那種服務生會在桌邊燄燒甜點，而且一定穿著西裝的餐廳。他兒時最早的記憶是拉斯卡拉餐廳(La Scala)閃亮的玻璃杯跟叉子，這是多倫多一家正式的義大利餐廳，由第一代葛瑞可大家長創立，也就是保羅的祖父(保羅的叛逆精神或許就是遺傳自祖父：聽說在禁酒令的年代，保羅的祖父曾走私烈酒到美國)。

保羅對家族企業毫無興趣。他想成為職業足球員，最好是踢義大利球隊的中場位置。「我喜歡掌控。」他甚至跑去參加美國奧運代表隊的選拔，結果被告知他沒有資格，答案很明顯，因為他是加拿大人，這是奧運代表隊，好嗎？他就讀於聖麥可學院(St. Michael's College)，這是多倫多大學底下的一所天主教學校。大學時期他專注投入服務業，是執行，不是研讀。他和朋友組了一個蘇格蘭裙雙人組，叫做「磨難」(Torments)。他們週一到週四籌劃一場盛大的英國新浪潮舞蹈活動，週五舉辦，週六還道具，週日休息。毫無意外地，最後保羅被退學了。他在四年內修過的學分非常少，少到如果他現在回大學念書，需要花整整兩年才能獲得學位。「沒錯，我是個壞學生，」他說，「但是我玩得很爽。」

退學後，保羅不得不在家族餐廳裡工作，無論他是否有興趣。他在拉斯卡拉餐廳工作了一個夏天，然後他父親送他到義大利去，跟著義大利釀酒歷史最悠久的家族學習葡萄酒。保羅離家時對葡萄酒一無所知，抱持著可有可無的心態。回國時，他已經「相當有天份」。他找到了自己的舞台：葡萄酒結合藝術、歷史、宗教、餐桌文化。「我覺得：『我找到了。研究葡萄酒，讓我有機會做我熱愛的其他事情。』」在拉斯卡拉餐廳短暫工作一段時間之后，他搬到紐約。從此再未離開。他在紐約的指標性餐廳像是雷米（Remi）、高譚（Gotham）、葛瑞梅西客棧學習葡萄酒的儀式，也在卜利餐廳（Bouley）工作過一陣子。卜利餐廳是主廚大衛・卜利（David Bouley）精緻的法國餐廳，保羅在這裡工作了二十八天之後，因為總經理「是個大混蛋」而陷入強烈恐慌，他想要給極度驕傲的保羅一個下馬威。保羅說，這件事「至今仍是我這輩子最糟糕的經驗」。

二〇〇四年，他又回到自己開派對的日子。保羅負責葡萄酒，主廚馬可・坎諾拉（Marco Canora）負責廚房，他們合開了哈斯餐廳，這是一家溫馨舒適的托斯卡尼餐廳。後來又開了風土酒吧 E. ViL（也就是東村）跟四家葡萄酒吧。十二年後，他們拆夥了。現在每週一到週五，早上九點到午夜，五十一歲的保羅都會待在風土酒吧翠貝卡店的地下室一個充當辦公室的櫃子裡，旁邊有一隻猴子布偶、幾支有瓶塞味的葡萄酒要退給批發商，還有幾盒亮藍色的ＯＫ繃，這樣若有ＯＫ繃掉進食物裡才可輕易發現。他依然充滿使命感，如同著魔。用葛瑞可大哥的話來說：「這不是該死的嗜好。」

○ ○ ○

值班時，我穿上風土酒吧的T恤。歐瑞奧和馬睿亞餐廳的A字裙跟西裝外套，掰掰。我要做的第一件事，是記住風土酒吧的單杯葡萄酒。有天晚上保羅叫我坐在吧台旁，一次試完七十七款酒。試完就說我可以走了。

大部分的夜晚，外場會有三名侍酒師，加上一名送菜員幫客人倒水、整理桌面跟上菜。風土酒吧翠貝卡店可以坐七十五個客人。由於外場人數很少，所以我們都不只做一樣工作。在其他餐廳，我們只要侍酒就行了。在這裡，雖然我們的主要工作是侍酒，但我們是侍酒師、服務生、碗碟收拾員、帶位員兼經理。

我們的單杯葡萄酒選擇比其他餐廳的整本酒單還長，所以每次有人點單杯葡萄酒，感覺跟幫忙他們挑一支葡萄酒差不多。

我們每一個人，都被保羅的熱情以及他對傳統的鄙視吸引。摩根剛到紐約當侍酒師的時候，曾經與賈絲汀（Justine）共事過。風土酒吧的顧客都跟賈絲汀很像（年輕、時髦、熱愛美食），她很喜歡跟客人聊天，用他們明白的方式，用真誠的話語，而不是裝模作樣。傑森（Jason）本來是機械航太工程師，後來成了建築師、攝影師、新進程式設計師，他極力讚揚保羅是有「真材實料」的人。其他葡萄酒專家「都是滿嘴唬爛」。莎賓娜（Sabrina）在大部分的晚上擔任傳菜員，她做過風土酒吧的行銷業務，在認識保羅幾年之後，開始感受到葡萄酒的魅力。

風土酒吧或許不是正統餐廳，但只要保羅一息尚存，這裡絕對不會雜亂無章。我一成為保羅的員工，我們談話時的口氣就變得截然不同。忙亂的夜裡，保羅會從地下室走上來幫忙，看到我們做錯時就大聲斥責我們。他讓我們知道風土酒吧階級分明：我們是水手，他是海盜船長，不照規矩來就跳到海裡去吧。我們依然必須嚴格遵守某些服務規則。我花了二十分鐘學習如何擺放餐巾和收盤子。「請尊重乳酪！」某天晚上開工前，他一邊指著一塊變形的乳酪，一邊對我們大吼。傑森拿著兩根叉子打算放在客人的盤子旁邊時，保羅緊緊抓住傑森的雙手。「這裡不准用手拿叉子，」他壓低聲音說。傑森犯了徒手拿叉子的嚴重錯誤，他應該把叉子放在盤子裡。保羅會巡視外場問我們問題，這些問題只有一個令人滿意的答案：「因為我是一個無能的白癡，老闆。」「為什麼二十號桌的酒到現在還沒送到？」「你怎麼可能沒看到侍酒站的地上有餐巾紙？」有一整個月的時間，他只用嘶吼的方式對我說話。

冷靜、惱怒的保羅更加恐怖。我現在想到那天晚上的事，還是會緊張到胃部打結：保羅在為吧台的兩位女性介紹舌頭味覺區時，我說這是過時的科學知識。值班結束後，他把我叫進辦公室，那一刻我才知道「氣到發抖」是非常直白的描述，不是比喻。他說話的速度很慢，確定我有把他的命令聽進去。「絕對……不要……在客人面前反駁我，」他說。我察覺到他的語氣裡有一種近乎邪惡的歡愉，似乎在思考如果我違抗命令的話，他會如何捏碎我。「如果再來一次，我們兩個就永遠不會再說話了。」

外場的工作壓力很大。現在我只能靠自己。客人生氣的時候，沒有摩根或維多莉亞幫我取出快碎掉的瓶塞，或是建議布根地的白酒該搭什麼酒杯。我同時應付許多客人、舌頭和自我意識，在服務、待客之道與理智之間取得平衡。

不是每次都成功。剛開始上班時，有天晚上因為我不可饒恕地花了七分鐘服務七十號桌的兩位客人，賈絲汀對我大發雷霆。那兩位客人對葡萄酒毫無所知，但是非常想要了解。我想我可以為他們介紹經典酒款，告訴他們一個完整的故事，所以我高談闊論地介紹了波爾多。一八五五年的分級、左岸跟右岸、馬的騷味、葡萄混釀。我轉身離開時，他們點了我推薦的葡萄酒並且躍躍欲試。我去拿酒時一頭撞上賈絲汀。我要去酒吧拿葡萄酒，但是她雙手叉腰，擋住通往酒吧的去路。「你在幹嘛？」她問。「你不可以花那麼多時間服務一桌客人！你不可以給他們那麼多資訊！他們根本消化不了那麼多東西！你站在那裡用他們聽不懂的詞講話，他們根本不會承認自己聽不懂。而這個時候，你負責的其他桌都要**燒起來了！燒起來！**你不能在桌邊逗留。」

從觀察摩根點酒以及幫客人點酒，我知道身為侍酒師，我只需要知道兩件事：客人的預算跟口味。然後發揮配對的功能，就像亞馬遜網站推薦書籍，或是網飛（Netflix）推薦影片一樣。如果你喜歡羅亞爾河的白蘇維濃，你一定會喜歡拉契優帕拉維奇酒莊的弗拉斯卡蒂白酒（Pallavicini's Frascati）。「你今天晚上想喝什麼？」我問客人。對不熟悉葡萄酒語言的人來說，這個問題可能很嚇人。如果客人猶豫不決，我會提供選擇題：新世界或舊世界？果香或泥土香？黑莓或牛糞？如果他還是無法回答，我會問：你最喜歡哪個樂團？

這招是跟保羅學的。他相信葡萄酒能跟任何東西搭配，因為他知道我們能說服你愛上任何一支葡萄酒。「聽著，我們處理的是全世界最變換莫測的東西：品味，」保羅在開會時這麼說。如果你喜歡《流行尖端》樂團（Depeche Mode），那你一定會喜歡我們的《流行尖端》葡萄酒。他揮手對虛擬的客人說：「『喔，我有非常適合《流行尖端》的葡萄酒。』客人會說，『這傢伙在說什麼啊？』然後我把該死的酒端上桌，重點是看我的心情怎麼樣，反正肯定適合《流行尖端》，」他說。「我可以讓酒單上任何一支該死的酒都適合《流行尖端》。」

塑造客人的味蕾有多重要，我在一次特別差勁的服務經驗裡得到了震撼教育。有一組六位客人，穿西裝與正式襯衫，坐在二十五號桌。主人是一位四十幾歲的男士，想點一瓶一百美元以內的加州卡本內。例如喬丹卡本內（Jordan Cabernet）。也就是說，他想點「熟女果汁」。

「我想喝有力道的酒。強勁又有力道，」這位矮小禿頭的男士說。

他看見酒單上一瓶要價三百美元的酒時，震驚到差點暴怒，所以我知道他大概不太懂葡萄酒。但至少他知道加州卡本內有豪華感，喝起來也有豪華感。

我們沒有在他預算內的加州卡本內，也沒有味道類似典型加州卡本內的其他紅酒。保羅喜歡買酒體跟他的身材一樣纖瘦的紅酒，以這位客人的預算來說，只有一款符合他想要的豐厚感。我可以建議他喝來自（天啊）以色列的佐拉（Tzora）。但是它沒有「納帕谷」的響亮名氣。

我拿這瓶酒過來給他試飲，另外準備了兩款我知道他一定不喜歡的酒，這是賈絲汀教我的招數：「讓他們選出他們非選不可的酒款。」我先倒美麗諾（Merino），這是來自阿根廷的希哈。[4]

他做了個鬼臉。「不夠有力。」

接著倒佐拉，來自以色列的卡本內蘇維濃混釀。「勉強可以。」

最後是弗朗薩克（Fronsac），來自波爾多、梅洛味濃厚的紅酒。

他的表情非常難看。「喔，我不喜歡。難喝死了。最後這瓶肯定不行。」

他決定三瓶都不選。我沒有其他選擇了。我們尷尬地來回討論數次，為了等保羅的建議又等了好久。最後這位男士受不了了，也很不耐煩，所以決定算了。他決定點那支以色列紅酒。他已經等了十五分鐘還沒喝到酒。

保羅比客人更加憤怒。我下班後，他把我留下來。

「你才是司機。客人不是。客人以為自己是司機，其實司機是你，」他怒火中燒。「如果我帶著一群人一起吃飯，我說我喜歡加州卡本內，這句話聽起來很帥。我只是在朋友面前炫耀而已。突然之間，你建議我喝以色列酒？這是怎麼回事？這是什麼玩意兒？我不想喝這個！他們當然會拒絕……我認為這支佐拉選得很好……我會帶著這支酒走過去說：『先生，這裡不是加州，這裡是以色列。喬丹是一支酒體適中、口感豐厚、風味十足的酒。果香強烈、單寧溫和。這該死的就是你想要喝的酒。』說服他接受這支酒。」

「確實有唬爛的成分，」保羅承認。「我會影響這位先生的想法，告訴他，嘿，這不是加州卡本內，但是味道很接近。你必須讓他們對自己的選擇感到滿意。」

我回想布根地之夜和心理暗示的力量。當然，我們都相信別人說的話，尤其是味道。尤其是葡萄酒。把它說成好酒，它就是好酒。

這不是為了欺騙客人。我們想要溫和地說服客人放下任何阻擋他們享受新風味的偏見。我承認以色列紅酒不是加州卡本內那樣的大明星。如果你喜歡強勁又有力的酒，這就好像點了乾式熟成的肋眼牛排，服務生卻送上沙威瑪。但是這支佐拉真的很美味，如果你願意給它機會，你一定會愛上它。納帕迷通常一喝就愛上，像猶太人一樣舉杯高喊「敬生命！」(L'chaim)，為聖地乾杯。像這樣的頓悟除了需要開放的心胸，還需要侍酒師的一點小心機。老百姓以為所有的麗絲玲都很甜，甜酒很俗氣，我可能會在倒酒的時候故意遮住酒標，或是刻意忘記先說葡萄品種，這樣客人才願意試試看。

我知道熟悉葡萄酒的侍酒師外出飲酒時，為什麼願意把自己完全交給侍酒師。我的同事跟我認識風土酒吧酒單上的每一瓶酒，宛如它們是活生生的人類：哪些是流行酒款，哪些有缺陷，哪些引人深思，哪些拗口難念，哪些啟發人心。幫客人找到風味適合的酒款，看他們喝酒時瞪大眼睛的模樣，是很令人興奮的事。雖然我們有時候確實會鼓勵客人點貴的酒，但那不是為了多賺三美元，而是為了讓他們喝到一瓶更加卓越的酒。以前聽到摩根和維多莉亞說，他們有時候會把樂趣看得比獲利更重要時，我都會有點反感。現在不會了。

4 網路資料顯示這款希哈應為智利酒。

○ ○ ○

葡萄酒已滲入我日常生活的每一個縫隙，直到我開始在風土酒吧工作，我才驚覺自己改變了這麼多。此時距離我第一次見到摩根，已過了將近一年。我們第一次聊天就是在風土酒吧。現在我為坐在那天我們坐過的位置上的客人侍酒。

在我回答與酒單有關的問題，以及引導客人閱讀酒單的同時，我漸漸發現我看待葡萄酒（和食物）的方式已經演化了。我在乎自己喝什麼，也在乎你喝什麼。

我看見這杯液體有可能成為一扇體驗之門，你無須離開座位就能到另一個地方，看見不一樣的風景。喜歡一款葡萄酒，是從它身上得到滿足感的必備條件，但光是這樣還不夠。令人印象深刻的葡萄酒，是需要花點力氣才能弄明白的葡萄酒。你沒有辦法一下子理解它。產地是哪裡？我嘗的……是松針味嗎？這是怎麼做出來的？我為什麼突然懷念起大學時的女朋友，和我們去松林荒原健行的事？當一杯葡萄酒為你留下一個故事，就表示它發揮了完整的潛力。這故事可能關乎葡萄酒本身，以及在德國用曾曾祖父的祖傳方法釀酒的那個嬉皮。也可能是你喝這杯酒的那個晚上，麗絲玲的甜香立刻使你心情飛揚，所以你回家的時間比預期中晚了一點，你笑得好用力，笑到酒吧老闆（那個鬍子怪怪的人）跑過來看發生什麼事。又或許是一個跟你有關的故事，因為過去你以為只用在基本生存的那些感官，拓展了你的理解範圍，你為此感到震驚不已。食物也可以誘發這樣的感受。但是這種被溫柔地推進一個令你思考世界、思考本身定位的經驗，透過葡萄酒會比食物更容易、更負擔得起、也更可靠。

當客人打開聖經就直接選擇自己熟悉的酒款，風土酒吧的侍酒師會很傷心。「太可惜了，酒單上有許多更好的葡萄酒，」一位同事看到我為兩位客人取了一支夏多內時輕聲說。不久之前，我可能會覺得這種說法高高在上。但說真的，我們都很失望自己沒機會讓你稍微驚訝一下。或許開啟一個新觀點，或至少讓你質疑你對風味的理解。保羅要求上他的葡萄酒課程的老百姓發誓，同一款酒絕對不喝兩次。我會把這件事告訴客人，看看我能否說服他們走入未知的疆界。

別誤會，我當然願意幫你送上夏多內或氣泡蘋果酒，你開心，我也開心。但是，我的內心深處知道在我可以為你提供的豐富選擇裡，氣泡蘋果酒很無聊。太淡了！科爾努阿耶（Cornouaille）是能深深打動人心的酒，是藍紋乳酪、蘋果醋與昔得蘭迷你馬騷味的組合，非常驚人，層次複雜。貝拉堡（Château Belá）的麗絲玲像舒伯特與葛麗絲・凱莉（Grace Kelly）生的寶寶，風味保證像上述畫面一樣令人難以想像。還有一款田帕尼優的味道就像以一種非常美好的方式吸吮舊馬鞍。除了到加州酒鄉短程旅行之外，也可以聞聞黎巴嫩、奧地利、希臘、以色列、斯洛伐尼亞的氣味。不用喝多，不用真的點，甚至不用付錢。我們只是希望你能試試。

但是有很多人連試都不肯試。有時候，客人沒那個心情，他們辛苦上了一天班，現在他們只需要（保羅語氣）一杯該死的葡萄汁。碰到這樣的情況，我很樂意退下，然後為他們送上酒精。

可是有更多、更多人之所以不願意讓我帶領他們前往下一個階段，是因為他們害怕。害怕葡萄酒，害怕顯得蠢笨，害怕犯錯，害怕不了解差異，害怕問愚笨的問題，害怕聽到充滿術語（例如「醛類」）的冗長回答，也害怕把未知的東西放進嘴裡。我看到成年人對一杯葡萄酒感到畏怯，就像幼兒被要求吃花椰菜一樣表情扭曲。味覺與嗅覺確實是最有侵入性也最私密的感官，都是讓外物進入身體。但是這些人的反應好像我想毒死他們，彷彿啜飲這些葡萄酒是很痛苦或危險的事情。「這是什麼？」一位中年女子尖聲說。有些人似乎以為這是故意針對他們。「你們這裡賣的酒真怪，」另一位客人責難地說。「這酒好怪，它為什麼這麼怪？」碰到味道與氣味，只要是不熟悉的、未知的、沒嘗試過的，本能反應就是拒絕。把這種東西放進身體裡？謝謝，再聯絡。

我經歷過一場感官冒險。現在，換我每天晚上在風土酒吧鼓勵大家踏上屬於自己的冒險。困難的是，如何說服他們。

○ ○ ○

假如你打算造訪風土酒吧。你打開門，覺得這裡看起來非常休閒、輕鬆。我們都穿著牛仔褲和T恤。木桌、金屬凳、坑坑巴巴的吧台、小小的開放式廚房。入口有一塊黑板，上面寫著：跟我們一起變怪咖！沒有包覆皮革的菜單，沒有桌巾，沒有帶位員，沒有西裝，沒有精緻的花束。後方的螢幕上播放著老電影：《鐵金剛》、《捍衛戰士》、《真善美》。這裡沒有柔和爵士，只有音量稍嫌過大的大衛・鮑伊（David Bowie）和查克・貝瑞（Chuck Berry）。

你走進店裡，我們大聲向你打招呼。或許是保羅，不知為何率先看見客人的總是他，儘管靠近門口的是我。**歡迎光臨風土酒吧一切交給我們**。我們把酒單放在你面前，一本黑色的三環活頁簿，貼滿貼紙，寫滿塗鴉（「如果你那麼喜歡曼扎尼亞雪莉酒〔manzanilla〕，為什麼不乾脆跟它結婚？？」）。這本酒單說，我們並不與世隔絕，我們也活在你的世界裡。這是葡萄酒，但你無須嚴肅以對。搖滾吧。

接著你看到一大堆葡萄酒名。**你不知道該怎麼辦**。什麼是埃帕諾米（Epanomi）？瑪拉格……什麼？麗絲玲旁邊為什麼寫著「TA」、「RS」？為什麼單杯葡萄酒長達**六頁**？馬爾貝克在哪裡？沒有松塞爾？真的嗎？

去他的搖滾。

保羅想引發危機，因為危機使人不得不對話。他要你看不下去，闔上酒單。事實上，他的夢想是不要有酒單。「但紐約是一個充滿控制狂的地方，不是每個人都願意交出控制權。」尤其是保羅自己。希望你在不知所措的情況下，願意讓我們成為你的嚮導。

在你驚慌失措地環顧四周的那一刻，或是當我看見你來回翻了酒單三次，想要找個方向時，我會默默走到桌邊。這取決於你坐在哪一桌。如果是二十六號桌，我大概得擠進隔壁的固定式沙發座，這樣才能一邊跟你說話，一邊監控用餐區：二十一號桌跟二十三號桌需要加水嗎？二十五號桌的那瓶酒喝得怎麼樣？如果你在二十七號桌，我必須擠進牆角，這樣才能觀察大門：「**歡迎光臨，請隨便坐。**」

我還沒走到你身旁，就已經在觀察你，試著猜測你是誰、想喝什麼酒。維多莉亞用刻板印象推測客人喜好的這一招非常有用。我們離華爾街很近，所以你可能是金融業人士。穿正式襯衫和正式皮鞋的人在六點鐘的快樂時光特價結束之前，可能重量不重質。女性金融業人士（A字裙和名牌包包）都對自己很好。我推薦美味的俄勒岡皮諾，一杯十八美元。你可能是翠貝卡的藝術家，這裡的藝術家不多了，如果你是，那麼你八成早就來過，我會告訴你有哪些新酒款。你有可能是葡萄酒阿宅，我會指出特別的酒款。如果你是第一次約會（可能性極高，這種客人很多），你可能想省錢，而且希望我為你們提供娛樂。（摩根有好主意。節目開始！）你們之間氣氛尷尬，想要一款有故事的酒做為話題。我會推薦由技藝精湛的瑟吉．荷察釀造的謬薩爾莊園，他在黎巴嫩十五年內戰期間，把酒窖當成防空洞；而且，你上一次喝黎巴嫩葡萄酒是什麼時候？第三次約會（有點自在又不太自在）通常是火力全開，爭取上床的機會，如果你是每週都帶新女伴過來的常客（每次都假裝是第一次來，每次都用公司卡結帳，每次都把女伴空腹灌醉好在吧台旁親熱），我會強力促銷乳酪盤，好讓女伴喝光她的希哈。事先警告：你不是無名氏，我們很會看人。

我會走到你的桌旁，主動攀談引誘你開口說話。我不會問答案簡短的是非題。「怎麼了？」我會這麼問。或是「你有什麼想法？」我偷學推特跟臉書的開場白，因為這兩個平台最了解如何讓人敞開心胸、大聊特聊。我愈了解你，就愈能說服你和引導你決定要喝什麼酒。

我會衡量你想要哪個版本的我。你希望我高談闊論嗎？或是給你一杯酒就好？你希望我仰慕你嗎？還是教導你？我必須知道自己必須扮演哪一種角色。我在每一桌客人面前，都是不同的我。

無論你是誰，無論你的答案是什麼，我都會試著讓你喜歡我，讓你對我產生信任感，願意接受我推薦的新酒款。男性或女性、常客或新客，這個引誘的過程必須快速完成，最多不能超過三十秒。你是來陪朋友、女友或同事的，而我還有兩張桌子要整理、要到別桌推薦酒、送帳單、擦酒杯、幫二十一號桌倒酒、去酒窖，還要閃躲在角落惱怒的保羅。

我差不多知道你要喝什麼酒之後，就可以推薦我知道一定會帶給你樂趣的酒。有趣的從這裡才開始。

我的推薦台詞每次都不一樣。我在每桌客人面前即興演出。隨機應變。摩根和維多莉亞沒有什麼脫稿演出的自由：好年分……現在非常適飲……。在風土酒吧，我們完全享有創作自由。

我會動用我所知道的一切，說服你跟著我踏上今晚的旅程。品酒筆記、預期的影響力、盲飲、嗅覺的原理，甚至還有托斯卡尼的葡萄酒法規與釀造香檳的方法。

如果你是葡萄酒阿宅，你會明白這些傳統術語。我想讓你知道，我也明白你的語言，讓你對我有信心。優曲曲（Jurtschitsch）是經典的奧地利綠維特利納白酒，帶柑橘味、高酸度，有蘿蔔跟白胡椒的氣味。如果你是充滿好奇心的業餘酒客，我會用故事激發你的想像力。這款蓋納赫（Quenard）來自法國一個與瑞士相鄰的地區，結合法式浪漫與瑞士的精準度。如果你想跟我調情，我會告訴你如何用舌頭感受高酸度與高酒精度。如果你對葡萄酒一無所知，我會丟掉葡萄酒詞彙，用詩與大眾文化的自由聯想來引發你的興趣：就是我們去參加批發商的試飲會時，摩根隨口說出的那些東西。這支維歐尼耶非常葛妮絲．派特洛，花香、清新、略微豐厚。這支香甜有桃子味的麗絲玲是唱《愛我吧》(*Love Me Do*) 那個時期的披頭四；另一支則是《派伯中士的寂寞芳心俱樂部樂隊》，節奏強勁，酸度極高。我會推薦濃郁又大膽的金．卡黛珊酒款。纖瘦、給人海明威感覺的酒款。或是風度翩翩、穿絲絨家居袍的花花公子的酒款。我會形容得非常誇張：「這款酒就像是你高中時認識的那種女孩，名列前茅的假正經，大家都知道她偷偷在廁所裡抽大麻，」我對一位客人說。「我不知道你在說什麼，」他說，很合理。不過，這招通常很有效。「我認為你剛才描述的酒是詩人艾略特（T. S. Eliot），」你可能會說。

我不會徹底拋去協會的行為準則。我拿傳統開玩笑的時候，會清楚讓你知道，我對傳統非常熟悉。我會拿著酒瓶，酒標對著你念出完整的資訊，就像我為基斯大師侍酒時一樣。接著我會開玩笑地說：「看起來像真的葡萄酒，對吧？」在我謹慎營造的對話中，插入一句俏皮話。我帶著一塊餐巾，手掌對著客人從右邊開始倒酒，並且小心擦拭瓶口，因為我知道用正確的方式侍酒是一種尊重，即使你並不知道。摩根一定會很自豪。

最棒的時刻是客人頓悟的時刻。他們嘗到某個味道時，開關突然打開，於是他們發現：**這就是我一直在尋找的味道**。一個引發好奇心的風味。他們想要喝到更多。他們突然不再滿足於「差強人意」的酒。

為了實現這種時刻，我們分享自己的工具。給一個人品酒筆記，他會心滿意足一個小時。教會他如何品酒，他的人生從此不同。如果你說：「隨便來一杯，反正我喝不出差別。」我會送上兩杯天差地遠的酒，一杯來自布根地，質地混濁，有蔓越莓汁的味道；另一杯來自阿根廷，像巧克力布朗尼麵團／鳳梨可樂達調酒。你喝出差別了嗎？我問道。我會解釋舊世界與新世界的差異，涼爽與溫暖氣候的差異。你發現其實你喝得出差別。你知道從此以後，你將從飲食之中體驗到許許多多的故事。

如果店裡比較不忙，我會在你的桌邊停留久一點，介紹幾款你不熟悉的酒，考考你每次啜飲一口酒之後，分泌了多少唾液。很多嗎？因為酸度高。像檢查自己有沒有口臭那樣呼出一口氣。燒灼感有多強？這是判斷酒精濃度的方式。保羅畫出舌頭味覺區教客人評估酒體結構時，我會沉默旁觀。「好，現在你的舌頭前端有刺刺的感覺嗎？」他問，「超振奮的，對吧？去他的搖滾。」

○ ○ ○

我嘗試用一杯酒或一瓶酒，帶領風土酒吧的客人四處探險，有時成功，有時不那麼成功。有些客人不願意透露自己確實感受到特別的魅力。他們可能找我過去，說很抱歉打擾我，但是他們想知道這支酒的名字。還有能不能拍一下酒標的照片？

有些客人開心地喝完第一杯之後，會請我再推薦一款不一樣的酒。我曾帶領一對兄弟從比較安全、酒體飽滿的希哈，跳躍到俄勒岡的黑皮諾，然後是法國黑皮諾，最後喝到略乾的麗絲玲。

有些顧客會直接告訴我，他們有多喜歡這款酒。每次我走回他們的桌邊，他們都有新的心得。他們會像我一樣發揮想像力寫品酒筆記，所以我知道他們認真思考過酒杯裡的酒。有一桌客人一次點了三款卡本內弗朗。他們說一款是泰勒絲，一款是艾拉妮絲·莫莉塞特，最後一款是史恩·康納萊。

有時候，要判斷我是否達成目標會比較難。我認為以下的時刻意味著我的成功：客人喝了酒之後，陷入自己的世界。他的眼神不與旁人交會，而且面無表情。他不再與身旁的人交談，而是進行一場內在的對話，只因為他剛剛嗅聞了一團氣味分子。他看起來心不在焉，彷彿不小心闖進一個陌生的地方。或是歪著頭，靜默了一下，彷彿有人問了他問題，而他正在努力思考答案或捕捉線索。

我不在意自己是否為客人找到了開啟頓悟的酒。發生在他們與葡萄酒之間的事，專屬於他們。那是他們自己的冒險。

啜飲一口葡萄酒不像聽一首歌或看一幅畫，可以立刻感動許多人，用一句歌詞或一道筆刷，就能解開永恆的訊息。葡萄酒的轉變發生在酒瓶裡，緩慢地朝無可避免的終點演進。拔開瓶塞的那一刻，變化更為劇烈。我們啜飲的第一口酒跟最後一口酒，並不是相同的酒。你喝下的那口酒，跟我喝下的這一口也不一樣。因為每個人身體的化學反應、DNA結構或記憶的基礎都不相同。葡萄酒只為你、為我而存在，而且只存在於當下這一刻。它是在與良伴愉快共處的時光裡，專屬於個人的頓悟。請細細品味。

EPILOGUE

最純粹的盲飲

The Blindest Tasting

我還必須參加最後一次的盲飲測驗。這是我試過（或聽過）最徹底的盲飲方式。我必須閉上眼睛、塞住耳朵、把頭放在一個塑膠框裡，連一公分也無法移動。接著，我必須鑽進一個又窄又暗、跟棺材差不多大小的空間裡。非常強調「盲」，也非常強調「品嘗」：我聞不到葡萄酒的氣味。我只能含著一根細細的塑膠管，等待別人把紅酒、白酒或水噴進我的嘴巴裡。

我有大約二十分鐘的時間維持平躺，腳邊的一位男士負責注射葡萄酒（或水），以及喊出指令。

「漱口！」

「吞嚥！」

這個配置雖然奇怪，但聽起來應該不陌生。它借用了兩個富開創性的實驗（見第四章），用ｆＭＲＩ功能性磁振造影儀掃描葡萄酒專門技術的本質。第一項實驗由義大利的研究團隊進行，發表於二〇〇五年。第二項實驗由法國團隊進行，以前人的研究為基礎，發表於二〇一四年。兩項研究都找來侍酒師與業餘酒客，在ｆＭＲＩ裡啜飲、漱口和吞嚥葡萄酒，以便科學家觀察風味刺激了哪些大腦區域。受試者無須辨識這口酒是阿根廷馬爾貝克還是加州梅洛。不過，為了確定受試者對風味進行了批判性思考，實驗人員會問他們三個問題：一、你有多喜歡這款酒？二、這是什麼酒？紅酒或白酒，以及三、你覺得同一款酒是否喝到不只一次？兩個研究團隊各自發現，當專家品嘗與分析葡萄酒時，大腦亮起的模式跟新手完全不一樣。

我接受密集的葡萄酒訓練和味覺探索已有一年多。我也證明了自己可以表現得像個侍酒師：外場工作、協會考試，以及盲飲一排酒。美國侍酒師協會的主席安德魯・貝爾說我的盲飲表現很好，甚至可說是出色。他曾是我的盲飲老師，我的進步令他感到驚訝。如果給我一杯用傳統葡萄品種釀造的任何酒款，我可以立刻說出這是什麼酒。

但是我也發現，葡萄酒專門技術是一種靠不住的技術。我看過期待欺騙感知，也一再目睹心智才是調整感官的至高力量。雖然我一開始對超級嗅覺和超級味覺感到疑惑，但現在我不再懷疑了。進階的、極度熟悉風味的侍酒師並沒有比常人更好的感官條件，例如十倍的味蕾或多出幾千個嗅覺受器基因。但是他們思考的方式非常獨特。他們用更成熟的方式去感受與詮釋風味，這一層濾網讓一切變得不一樣。

大腦是我追求葡萄酒專業的最後疆界。科學家已找到葡萄酒阿宅的大腦特色。現在我只需要知道，我的大腦屬於哪一種。

○ ○ ○

幫大腦拍照可能沒有你想的那麼簡單，首先我發現，我居然需要先獲得許可才能看一看我的大腦。從斯德哥爾摩到芝加哥的科學家我都求過了，終於得以爬進一台功能性磁振造影儀，因為有一項味覺研究剛好正在進行。這項研究的領導人是仁川聖瑪麗醫院的鍾龍安（Yong-An Chung，音譯），地點在韓國。哈佛醫學院放射學系的助理教授柳承植（Seung-Schik Yoo，音譯）經常與聖瑪麗醫院的團隊合作。他仔細檢視了之前的侍酒師實驗規則，然後他與龍安同意盡量忠實地複製這些實驗，幫助我完成這最後的盲飲測驗。我飛到南韓，與個性陽光、好奇心永無止歇的承植碰面。他的研究包括3D列印皮膚，還有連接大鼠與人類的大腦，看看我們能否透過思想控制大鼠。承植告訴我，他小時候在《時代》雜誌的封面看到一顆人工心臟，從此對生物醫學充滿熱情。「那張照片刺激了我的大腦邊緣系統，」他笑著說（他後來解釋道，邊緣系統與情緒和動機有關）。他邀請我吃午餐的方式是：「我們來幫大腦補充一些葡萄糖吧。」他絕對是幫助我的最佳人選。

承植帶著我穿過聖瑪麗醫院的停車場，穿著病人服、連著點滴架的病患，拖著腳步在車輛之間穿梭。我跟著他走進地下室的一個房間裡，躺在狹窄的塑膠擔架上，好讓他把我推進fMRI裡。我必定看起來很緊張，因為承植要我別在意造影儀的磁鐵發出的低沉隆隆聲響。他知道有些研究生把這種聲響混音成歌曲。

我確實緊張，但是跟震動骨頭的fMRI無關。首先，我擔心自己很擔心。有一群穿著白袍的男人即將窺探我的大腦，我擔心他們把我的焦慮看得一清二楚，因為儘管是情況好的時候，我的焦慮依然破表。不只如此，我很害怕在一年多的努力付出、訓練和盡心盡力之後，我的大腦還是無用的笨蛋，對葡萄酒一竅不通。

我閉上眼睛試著沉澱思緒，前排牙齒咬住一根吸管。在我漱口和吞嚥一連串的葡萄酒時，承植和同事掃描我的大腦；然後他們掃描對照組的受試者，一位跟我同年齡、同性別的業餘酒客，她也一樣漱口和吞嚥。一如之前的受試者，我們也回答了幾個跟實驗中品嘗到的葡萄酒有關的問題。聖瑪麗的科學家也和之前的研究者一樣，他們將處理實驗數據，然後比較我和控制組的大腦活動。

幾週後，承植寫了電郵給我，告訴我實驗結果已經出爐。我開車前往他位在波士頓的辦公室，坐在他旁邊看掃描結果。我一到，他就讓我坐在他旁邊，急切地在筆電上敲打鍵盤，叫出我的檔案。畫面出現我光禿禿的、被砍下來的腦袋，在灰色的背景裡旋轉：一個沒必要的惡夢，由fMRI免費贈送。**實驗結果可能更糟，至少你的頭還連在脖子上，**我告訴自己。

承植叫出一張格狀圖，每個格子都是一張黑白的大腦掃描圖像，總共有九十幾張。許多掃描圖像上都有橘色、黃色跟紅色的斑點，承植快速為我說明這些圖像。如同之前的研究，他和同事比較了對照組和我的大腦活動，色斑是我的大腦比較活躍的區域。他指出一小塊紅斑：這表示我的舌頭動得比對照組厲害。我不太好意思讓別人如此了解我，我突然覺得自己毫無遮蔽。

二〇〇五年的研究發現，品酒時，侍酒師的大腦有三個關鍵區域比對照組更加活躍。其中兩個分別是左腦的眼窩前額葉皮質（orbitofrontal cortex）與左腦的腦島（insula，又譯島葉），據信它們會合作處理氣味、味道和其他感官資訊，再把它們變成一種氣味的印象。這兩個區域也處理複雜任務，例如決策、演繹推論，以及把價值和愉快的感覺指派給味道。最後這項功能在左腦島尤其顯著。科學家相信這個長期被忽視的大腦區域，有助於區分人類與動物。它把情緒和文化意義附加在感覺經驗上：臭味變成厭惡，撫摸激發對愛人的慾望，高音C使人驚嘆女高音的詠嘆調，看見有人割傷手指會引發同理心。腦葉受傷可能會阻礙我們理解爵士樂傳達的情緒，或是小提琴的哀泣。身與心在這裡匯合，我們把感受的經驗變成有意識的思想。簡言之，對於我們賦予周遭一切事物意義，腦島扮演著關鍵角色。

我的大腦跟專家比起來有何不同？承植敲打了幾個鍵。兩張圖像的這些區域都是橘色。承植對我露出笑容。我眼神呆滯地望著他。這是好消息，他說：我的大腦跟原始研究的七位侍酒師一樣，這些區域都比對照組更加活躍。

根據二〇〇五年的研究，第三個侍酒師比較活躍的大腦區域是背外側前額葉皮質（dorsolateral prefrontal cortex），簡稱DLPFC。這個有趣的大腦構造會一直發育到成年期，幫助我們理解抽象推理、記憶、計畫、專注力，並且整合來自不同感官的資訊，當然還有其他功能。研究人員觀察到專家的DLPFC很活躍，但業餘酒客的不活躍，因此做出了有趣的結論：「侍酒師品酒時的分析方式，似乎取代了沒有經驗的對照組身上比較情緒性的一般經驗。」訓練不只讓侍酒師對氣味和味道更加敏銳，也教會他們分析這些刺激物，而不是只有情緒反應。我們看著承植螢幕上的圖像。我的這些區域也都是亮橘色。

診斷結果？我說話的方式、走路的姿勢都像個葡萄酒阿宅，fMRI的掃描結果也證實我理解世界的方式像個葡萄酒阿宅。這些練習和訓練真的改變了我的大腦。

科學家面對實驗結果時，通常都很擅長不動聲色，但是承植表現得近乎興奮。

「這實在太酷了！」他笑得很開心。「說不定，你真的就是救世主，」他開玩笑地說。「或許我看了太多《駭客任務》。你就是救世主！」

但承植還沒說完呢。他要我繼續看他的電腦。他選了幾張我的大腦中央有橘斑跟黃斑的圖像，那是丘腦（thalamic）與紋狀體（striatal）的區域。早期的研究並未檢視這兩個區域，但是我大腦裡的這兩個區域也比對照組的更加活躍。承植認為，這是不容忽視的重要結果。他興奮地發現我品酒的時候，我的「深層腦」會啟動。那一排斑紋加上另外三個區域，意味著皮質—紋狀體—丘腦迴路發揮作用。當我們啟動執行功能時，這條大腦路徑就會亮起來。這是什麼意思呢？承植在螢幕上點來點去。複雜的問題解決。「試著辨識黑皮諾以及酒裡的成分，這是非常複雜的問題解決，不是嗎？」承植說。選擇回應……「啊，我喜歡這個。」偵測錯誤……「喔，棒呆了。」偵測新事物。召回遙遠的記憶。處理新記憶。這個區域控制這麼多高階大腦功能，我喝酒的時候這個區域亮起來，承植說：「其實非常合理。」

喔，還有一件事。承植並未在實驗中要求我推測我喝到什麼酒。但是我的盲飲腦自動啟動。被拉出ｆＭＲＩ之後，我告訴承植我覺得白酒是布根地的夏多內，年分應該是二〇一三年，紅酒是同年分的加州黑皮諾。承植把酒瓶拿給我看。完全正確。

〇 〇 〇

我踏上這場旅程時，熱切地想要了解人類能否強化感覺，用更生動、資訊更完整的方式體驗生活。首爾的掃描結果以及過往的研究都顯示，訓練確實會改變我們，而且速度與深度都超越我們所想。但這些結果不只證明我們可以演化，更重要的是，這種轉變為什麼有意義。

碰到一模一樣的味道和氣味，對照組的大腦相對陰暗，受過品酒訓練的人會動用大腦更具批判力、分析力、與高階的區域，也就是科學家所說的「專業能力控制的高認知處理」。簡言之，我們與風味的連結更仔細也更進階。實驗的設計（純粹輸入風味，沒提供品牌、酒標或價格）排除了安慰劑效應的可能性，例如被極為昂貴的白馬莊或是稀有的謬薩爾莊園所影響。這些實驗結果顯示，鍛鍊感官是讓體驗更完整、更深刻的先決條件。感覺不再虛無飄渺、無法記錄。相反地，感覺是可以理解、探索和分析的。感覺激發好奇心、批評、聯想、欣賞，還有厭惡、狂喜、哀傷或驚訝等情緒。感覺使人開竅，啟發人心。感覺成為記憶，收錄在構成我們理解世界的經驗圖書館裡。嗅覺和味覺並不是原始的、動物的感覺。鍛鍊嗅覺和味覺時動用到的大腦區域，正是提升我們的反應、為生命賦予意義，以及使我們成為人類的區域。

透過承植的掃描圖像，我看見過去我只能用抽象的方式感覺到的東西。最明顯的改變發生在餐桌上。葡萄酒從調味料的角色（讓食物變好吃的可食用配件）變成主角。我不再只是聞「葡萄酒」。麗絲玲會觸發一連串的聯想，從人與地方，到哲學與歷史時刻。用保羅的話來說，一款酒可能是「一場酷炫之旅」。它也可能是速食之旅，讓我回想起我在沙加緬度貿易展看到的橡木片和液體單寧。也可能是造訪波爾多城堡的奢華旅行，以兒時在哥倫比亞河峽谷健行的記憶呈現。但每一款酒都是一場旅行。在我意識到之前，我已經把葡萄酒當成你一定要看的畫或是一定要看的書在討論，因為就如摩根保證過的那樣，你的人生或因此被「重新定義」。我從未直接告訴客人，喝了我即將送上的酒，「你身為人類的本質將會改變」，就像摩根那樣。但是，我確實有這麼想過。

我進食與品嘗的方式不一樣了。有時候，我身旁的每一個人都看得出來。我不確定艾密莉・波斯特（Emily Post）對於每一次叉起食物都先聞一聞有何看法[1]，但現在的我就是這樣。我發現這樣吃飯特別有樂趣。我可以藉此對食材抽絲剝繭，回家後複製同一道菜。我變成**那些**啜飲葡萄酒之後，不像值得尊敬的人類一樣好好吞下去，而是用牙齒去磨它，嗅聞它，然後發出漱口的咕嚕聲，好像快在陸地上溺斃一樣，就連在公眾場合也不例外。有時候我的葡萄酒知識不是負擔，而是資產。有天晚上跟朋友吃飯時，他彷彿以為我是靈媒般瞪著我看，因為我若有所思地說一模一樣的兩款酒，陳釀等級應該會比珍藏等級粗獷一些、沒那麼細緻。「你怎麼會知道這種事？」他很好奇。因為，我告訴他，我花了將近**五百個小時**背誦字卡。

更常發生的情況是，只有我一個人察覺出差異。我會咬下一口食物，然後覺得我終於明白多年來常聽到的一句笑話是什麼意思：**鹽抵消山吉歐維列的酸，脂肪抵消山吉歐維列的酸度**。**天啊，說得真好！**幫食物調味時，我對名稱、顏色和價格都變得更加敏銳。我開始質疑自己特別愛吃的東西，例如小包裝巧克力。我重新愛上料理界的賤民，例如美國乳酪。我知道，我都知道，那是化學加工品，「乳酪」比較像是一種委婉的稱呼。但是那種口感真是太讚了，完美的少許鹹味跟雞蛋相輔相成，也為貝果提供恰到好處的溼潤度。

雖然我在日常生活中發現了新的價值，但我依然喜歡昂貴美食或美酒帶來的歡愉（如果你打算開珍藏的好酒來喝，歡迎與我聯絡：bianca.bosker@me.com）。喝珍貴的葡萄酒帶來的獨特喜悅跟有鑑別力地細心品嘗，兩者之間並無衝突。或許其他人不會因為打開一瓶一八九三年的玫瑰山堡這樣的酒而感到興奮，一瓶比飛機、女性投票權、兩次世界大戰和網際網路更古老的葡萄酒。我會。我深深喜愛這種感覺，每啜飲一口，我都覺得自己與歷史緊密相連，我用從未經歷過的方式用身體消化歷史，並且用一種幾近不道德的方式，把握住這個摧毀傳家之寶的邀請。二〇一五年的葡萄酒就算再怎麼卓越，也無法仿製這種感覺。稀有酒款的魅力不只來自風味，也來自名聲、歷史、年紀、稀有程度與價格。但這並不代表名貴的酒一定是好酒。它們背負著符合宣傳（或成本）的壓力。最好的酒，無論是什麼等級，都帶著故事。雖然要將就喝我不愛的酒是比較難，但現在我比較容易看見這些故事，要找到我喜歡的酒就變得比較簡單。

我會說，我現在是一個比較細心的酒客，但我的朋友可能有別的說法。「吹毛求疵」應該是他們會選擇的形容詞。我們一起去餐廳吃飯時，我會跟侍酒師聊很久。酒錢也比過去多出許多（老香檳是讓我花大錢的弱點），而且我會拉朋友去逛有賣特別酒款的酒店。朋友來我的公寓吃晚餐時，總是因為不知道該帶什麼酒而陷入恐慌，有些乾脆帶一手百威

1 艾密莉・波斯特是美國二十世紀初的禮儀作家。

啤酒以示抗議。「喔，真的沒所謂，我什麼酒都喝，」我說，因為我記得幫摩根和戴納買乳酪那次壓力有多大。我什麼酒都喝，至少會喝一小口。但僅限於一小口。保羅的「喝完一口，還想再來一口」的品質原則對我甚有助益。

我在準備認證考試的時候，甚至在我開始在風土酒吧工作之後，我的親朋好友經常開玩笑說，一整天都在喝葡萄酒肯定很辛苦，他們真希望自己能早點想到離職去「研究」酒精飲料這種好主意。同樣的一群人會把我拉到角落，把臉靠過來輕聲地向我承認他們對葡萄酒一無所知。所以他們會問我，如果想擁有跟侍酒師一樣的大腦該怎麼做？

我給他們的建議，是對我來說很有用的作法：先累積感官記憶。什麼都聞，然後加上文字。翻出冰箱、食物櫃、藥櫃和香料架裡的每樣東西，考考自己是否認識胡椒、小豆蔻、蜂蜜、番茄醬、泡菜、薰衣草護手霜。以安妮為榜樣，注意到任何氣味都把它說出來，就像介紹剛走進家門的朋友那樣。以摩根為榜樣，一邊品嘗一邊尋找模式，如此你就能像他一樣「把微小差異單位組織成系統」。掌握對結構的基礎認識：用口水判斷酸度，用灼熱感判斷酒精濃度，用乾燥的口感判斷單寧，用持續的時間長短判斷尾韻，用濃郁的柔和度判斷甜度，用重量判斷酒體；把基礎認識用在你品嘗的葡萄酒上。事實上，你可把它用在你品嘗的任何東西上。要有系統：一整個星期只喝夏多內，了解夏多內的特性，接下來換黑皮諾，然後是白蘇維濃、卡本內弗朗（Wine Folly網站為每一種風味提供有用的簡短說明）。喝酒的時候給自己一點時間思考你是否喜歡它，然後想想為什麼。學保羅．葛瑞可，偶爾品嘗葡萄酒本身的味道，而不是你想像它應該是什麼味道。學布根地之夜的參加者，偶爾喝昂貴的酒。普通酒款跟所謂的好酒都要嘗試，看看你是否同意這樣的區分。學侍酒師安妮，打破規則，做你覺得對的事，不要害怕做實驗。這段我用來鼓勵朋友的建議，通常會以偉大的釀酒學家兼風味哲學家艾米爾．培諾的話做結語：「品酒的人如果想要有效品酒，必須先找到品酒的理由。」飲酒出於渴望，但品酒須有目的。

○　○　○

我當然有偏見，但整體而言，我認為在一個更有意義也更正面的演化過程中，我的假惺惺傾向只是比較次要，也比較可忍受的副作用。

盲飲絕對保證會讓你覺得自己像個白癡，如同空中瑜珈和純數學一樣。征服六款匿名葡萄酒是一種孤單的練習，你只能自立自強。你不習慣相信感官，但盲飲時你必須相信，然後說出你不習慣說出的那些名字。完成之後你說出答案，但是要有心理準備，因為大概會有十個人告訴你這個答案有多愚蠢，怎麼可能是浸泡新橡木桶的酒，明明就是不鏽鋼槽。你可能會慘敗得一塌塗地，而且永遠有觀眾。

這麼說或許違反直覺，但我發現盲飲訓練帶給我耳目一新的安全感，這種安全感也滲入生活的其他方面。掌握味覺使我對每件事的感覺都更有信心，尤其是碰到不確定的情況。我親身證實作家費雪的直覺是對的：「有能力選擇你必須吃的食物，而且刻意這麼做，會使你在面對更長期的決定時，有能力發揮勇氣與手腕做出選擇。」

這樣的信心也帶來全新的覺察。我愛上禪的「無心」，不是因為我認為我的味覺鍛鍊把我變成融合武術與飲酒的某種佛教大師，而是因為這個比喻最貼近我的體驗。

我在和摩根以及其他侍酒師相處的經驗中，明白了「無心」狀態的價值：清空腦海中的思緒與雜念，完整地、清晰地沉浸於當下。盲飲的時候，我會試著達到類似的心理狀態。在征服一排葡萄酒的幾分鐘內，我放下成見和情緒；這使我更加明白成見和情緒也會在其他的情況發揮影響力。

透過這個新觀點看世界，我發現了許多變化。美麗在意想不到的地方現身。就連在紐約的單調通勤也有意想不到的豐富收穫。我不再聞到「街道」或「城市」的味道。中央公園的洋槐樹開的花又臭又香，使空氣裡充滿腐爛的、蜂蜜的甜味，黎明初升之際，清爽的香氣如同清涼陣雨灑在身上。週日早上行走在上西區，令人心安的洗衣服的氣味將我包圍，甜膩而濃郁。中城區有個地方不知為何總是飄散著香草味，西區公路的商業區發出冰冷金屬與鹽水的強烈氣味。我期待七月寧靜的週末，紐約少了一些人與汽車廢氣，突顯出城市的日常氣味：黎明時分，門房往水泥地上灑水，水泥釋放出潮土味；小吃攤附近濃濃的油煙味與香料醃菜味；美甲店飄出定型噴霧的味道；在午後傾瀉的陽光烘烤下，垃圾釋放出泡泡糖與屍胺的氣味（或許有些人覺得這味道很噁心）。但是，我忍不住細細品嘗這些氣味，它們是我所居住的城市的心跳。

○ ○ ○

我躺在功能性磁振造影儀裡雙眼緊閉、塑膠框卡住我的頭的時候，一個想法突然浮現腦海：這是最純粹的品嘗方式。羅伯・帕克等一干酒評家或大師級侍酒師，都無法超越如此純粹的盲飲。這是地球上最中性的品酒環境。

這也是享用葡萄酒最糟糕的方式。非但無菌，也沒有任何我已學會如何欣賞的葡萄酒資訊。陳年白酒的金黃色光芒。波爾多紅酒的馬鞍褥麝香。由針筒注入塑膠管、再流到我舌頭上的液體沒有靈魂。

靈魂來自人。這時候，巨大的掃描儀器正在觀察我的大腦把胺基酸與類胡蘿蔔素的混合物變成一個故事，這故事或許有發人深省的潛力，或甚至使人覺得渺小，覺得自己只是盛裝著水與器官的容器。

每個人都有能力找到和品味葡萄酒裡（以及其他感官經驗裡）的靈魂，前提是願意去尋找。你不需要是富二代，也不需要有喝免費葡萄酒的門路。你不需要擁有超級感官。你甚至不需要戒咖啡，或是每週二早上十點就酗酒。感受葡萄酒與釋放感官就從專注開始。還有，用熱情灌注自己。

謝辭

Acknowledgments

感謝許多大師級侍酒師、助理侍酒師、調香師、批發商、收藏家、釀酒學家、放射學家、感官科學家、聯覺高手（synesthete）、探險家、拍賣家與享樂主義者，他們慷慨與我分享熱情和專業知識。雖然書中並未提及每一個人的名字，但是他們都對這本書的成形有所貢獻。每當我想起與他們的對話，總是既歡喜又感恩。為了維持清楚的條理，書中調動了這些對話的時間順序，但是無損內容的正確性，也忠實描述我浸淫葡萄酒世界一年半的經歷。

由衷感謝喬．坎帕內爾與拉拉．羅文哈爾，他們信任地把葡萄酒交給我，並且耐心回答我永無止境的疑問（通常不只問一次）。感謝傑奧夫．克魯斯永遠不會過度簡化任何內容，並且允許我跟著侍酒師同業公會一起探險。感謝安妮．楚拉爾的義氣與坦率。感謝維多莉亞．詹姆斯分享過人的智慧與機智（還有絕佳的阿馬羅利口酒）。感謝保羅．葛瑞可去他的搖滾，以及給我工作機會。感謝大衛．達列山卓（David d'Alessandro）極為慷慨地讓我這個味覺普通的一般人，加入他的超級味覺團體。感謝托瑪斯．胡梅爾和他的同事允許我進入實驗室，親眼目睹鼻子、嘴巴和大腦的神奇功能。同樣感謝柳承植、鍾龍安和他們在仁川聖瑪麗醫院與哈佛醫學院的團隊，因為有他們的好奇心、支持與信心，我才有機會成為迷你神經科學家。感謝摩根．哈利斯（對於他的感激之情，我可以用一整章的篇幅來表達），他親切地與我分享他的世界、知識、精采的品酒筆記、夏布利、和他對葡萄酒的熱情。他是我原本不知道我其實需要的葡萄酒靈媒，並且與我分享了無價的優雅品味。

少了琳賽・舒利（Lindsey Schwoeri）的支持，書中所有的經驗都不可能實現。琳賽是最棒的編輯和傑出的朋友，感謝她與艾蜜莉・哈特利（Emily Hartley）及企鵝出版社的團隊以無比的耐心、用心與熱情照顧這本書。每個人的生命中都需要一位李察・派恩（Richard Pine），我永遠感謝他對我的支持，守護我的祕密，以及幫我爭取印刻威爾經紀公司（尤其是依萊莎・羅斯坦〔Eliza Rothstein〕）的支持，使這本書得以實現。感謝凱倫・布魯克斯（Karen Brooks）、羅傑・柯恩（Roger Cohen）、彼得・古德曼（Peter Goodman）、亞莉安娜・赫芬頓（Arianna Huffington）、蘇珊・奧爾良（Susan Orlean）、約翰・麥克菲（John McPhee）與克萊夫湯普森（Clive Thompson），謝謝你們成為我的啟發與嚮導。

這本書與我的人生密不可分，我的意思是，它佔領了我的生命。因此，我誠摯感謝許多朋友與同事對我不離不棄，忍受我宿醉時的抱怨，邀請他們參加味覺實驗，以及仔細閱讀我丟給他們的任何東西，特別是凱瑟琳・安德森（Kathryn Andersen）、克利斯多夫・伯格（Christopher Berger）、達多・德維斯凱迪克（Dado Derviskadic）、安娜・哈曼（Anna Harman）、克莉絲汀・米蘭達（Christine Miranda）、戴芙妮・奧茲（Daphne Oz）和亞莉珊卓・薩瑟蘭－布朗（Alexandra Sutherland-Brown）。感謝阮宗（Zung Nguyen，音譯）與凱西・哲曼（Cathy Germain）提供的精神支持和零食，以及坦雅・蘇賓納（Tanya Supina）開心地分享她對葡萄酒的喜愛，也激發我對葡萄酒的喜愛。我要為我父母蕾娜·蘭契克（Lena Lenček）與吉德翁·波斯克獻上巴比倫王瓶的巨大感謝，謝謝他們對我有信心，做我的好榜樣以及提供建議。你們寫來的每一封電郵我都看了。幾乎都看了。

INSIDE 7

葡萄酒宅神

CORK DORK

作　　者　比昂卡・波斯克（Bianca Bosker）
譯　　者　駱香潔
責任編輯　林慧雯
封面設計　蔡佳豪

編輯出版　行路／遠足文化事業股份有限公司
總 編 輯　林慧雯
社　　長　郭重興
發 行 人　曾大福
發　　行　遠足文化事業股份有限公司　代表號：（02）2218-1417
23141新北市新店區民權路108之4號8樓
客服專線：0800-221-029　傳真：（02）8667-1065
郵政劃撥帳號：19504465　戶名：遠足文化事業股份有限公司
歡迎團體訂購，另有優惠，請洽業務部（02）2218-1417分機1124、1135
法律顧問　華洋法律事務所　蘇文生律師
特別聲明　本書中的言論內容不代表本公司／出版集團的立場及意見，
由作者自行承擔文責。

印　　製　韋懋實業有限公司
二版一刷　2023年5月
定　　價　540元
I S B N　9786267244180（紙本）
9786267244197（PDF）
9786267244203（EPUB）

國家圖書館預行編目資料

葡萄酒宅神
比昂卡・波斯克（Bianca Bosker）作；駱香潔譯
－二版－新北市　新北市：行路
遠足文化事業股份有限公司，2023.05
面；公分
譯自：Cork Dork
ISBN 978-626-7244-18-0（平裝）
1.CST：波斯克（Bosker, Bianca）　2.CST：葡萄酒
3.CST：品酒
785.28　　112003052